Sabrina Fox

BodyBlessing

Sabrina Fox

BODY BLESSING

Der liebevolle Weg zum eigenen Körper

Allegria

5. Auflage 2012

Allegria ist ein Verlag der Ullstein Buchverlage GmbH
Herausgeber: Michael Görden

ISBN 978-3-7934-2214-3

Titelfoto © Björn Kommerell
Umschlaggestaltung:
geviert München / www.geviert.com
Illustrationen S. 113, 114:
Mimi St. Clair / www.mimistclair.de
Lektorat: Ralf Lay
Gesetzt aus der Century Gothic
Satz: Keller & Keller GbR
Druck und Bindearbeiten:
CPI – Clausen & Bosse, Leck
Printed in Germany

Blessing:

- eine Danksagung
- ein Segen Gottes
- etwas Nützliches, wofür man dankbar ist
- ein Gebet zum Schutz
- eine Unterstützung

»Als Erstes musst du den Körper lieben.
Die meisten machen sich über ihren Körper lächerlich,
weil sie ihren Körper nicht als perfekt sehen.
Ehre und segne dieses wundervolle Gefäß,
das dir gegeben worden ist, um es zu bewohnen.«

Theo

»Niemals sollt ihr euren Körper hassen.
Niemals schaut ihn mitleidig an.
Niemals sollt ihr ihn fürchten.
Niemals wollt ihr einen Gedankengang unterstützen,
indem ihr auf euren Körper schaut
und ihn als einen Defekt oder Misserfolg seht.«

Solano

Inhalt

Für Julia

Vorwort

Wenn mir früher jemand gesagt hätte: »Sprich doch mal mit deinem Körper und vergiss nicht, ihn zu segnen«, hätte ich innerlich den Kopf geschüttelt und mir vorgenommen, doch ein bisschen Abstand zu dieser seltsamen Person zu halten. Mit dem Körper reden? Wie soll denn das gehen? Ihn segnen? Wozu?

Mein Körper »hing« damals »an mir herum« und sollte funktionieren. Wie mein Auto, meine Waschmaschine und mein Computer. Fraglos. Klaglos. Selbstverständlich. Doch das tut er, wie wir wissen, nicht immer. Warum eigentlich? Was will unser Körper von uns? Will er überhaupt etwas?

Unser Körper schickt uns Zeichen. Gibt uns Nachrichten. Manchmal klare Anweisungen. Denn unser Körper ist auf unserer Seite. Auf der Seite unserer Seele. Nicht immer auf der Seite unseres Verstandes.

Die Geschichte unserer spirituellen Entwicklung als Menschen ist deshalb voll von Geschichten gegen den Körper. Er wurde als »niedrige« Energie eingestuft, man sollte ihn überwinden, ignorieren, manipulieren und/oder in der Meditation oder im Gebet schnellstens verlassen. Die wenigsten Menschen lieben ihren Körper, und noch weniger halten sich wirklich zu hundert Prozent in ihm auf. Das ist auch gar nicht so einfach, denn das Nachdenken hält uns häufig davon ab, wirklich präsent zu sein. So treiben wir uns gedanklich entweder in der Vergangenheit oder in der Zukunft herum, voll mit Sorgen und Krisen, die wir uns ausmalen.

Erst seit den letzten Jahren dringt es ins allgemeine Bewusstsein, dass unser Körper nicht mit einem Auto verglichen werden kann, das man – etwa bei Krankheiten – eben ab und zu zur Reparatur gibt und das man anschließend genauso benutzt wie vorher. Vielmehr steckt hinter Krankheiten eine Botschaft.

Wir sollen unseren Körper akzeptieren, und wir sollen ihn lieben – so, wie er ist. Das ist aber nicht so einfach, wenn uns dieses und jenes nicht gefällt, wenn er krank wird oder wir mit einer Behinderung (also abseits der Norm) auf diese Welt gekommen sind. Dank der Flut einschlägiger Publikationen beschleicht uns häufiger die Sorge, dass keiner von uns mehr alt werden wird, ohne Alzheimer zu bekommen oder ins Pflegeheim zu müssen. Alt werden sieht grauenvoll aus. Von den Falten mal abgesehen – an die wir uns ja vielleicht noch gewöhnen könnten –, scheint es später weder mit unserer Blase noch mit unserem Orgasmus noch mit unseren Knien richtig zu klappen. Wir sollen froh sein, wenn wir entweder drei Kinder zum späteren Windelwechseln oder wenigstens eine anständige Pflegeversicherung haben, damit wir nicht einsam und verlassen in einer verkommenen Einzimmerwohnung sterben und es nur die Nachbarn nach Wochen an diesem entsetzlichen Geruch bemerken …

Mittlerweile haben wir uns angewöhnt, an unserem Körper herumzuoperieren. Erlauben uns Lippen, die wir nicht mal mit zwanzig Jahren hatten, Busen, die eine Barbiepuppe vor Neid erblassen ließe, benutzen Viagra wie Vitamin C, damit ja nichts mehr schiefgehen kann, und quälen uns durch Dutzende von Diäten, von der keine wirklich zu funktionieren scheint.

Doch vielleicht wollen uns die Extrapfunde ja auch schützen: vor einer Welt, die uns zu harsch erscheint, vor so empfundenen Angriffen, die wir nicht einordnen können …

… Während ich das schreibe, läuft gerade auf meinem I-Pod das Stück »Don't worry, be happy« von Bobby McFerrin, das eigentlich in meiner Klassik-Musikliste gar nichts zu suchen hat – und beim Überprüfen auch nicht mehr drauf ist. Ich liebe diese kleinen Zeichen …

Ich schreibe hier nicht, um Ihnen etwas beizubringen. Ich möchte Sie nur erinnern. Ich schreibe darüber, weil ich erlebt habe, dass wir – also wir als Seele und nicht wir als Verstand/Persönlichkeit/

Ego – hier sind, weil wir etwas lernen und erfahren wollen. Dafür haben wir dieses Geschenk, unseren Körper, mitbekommen. Sozusagen als Barometer, denn wir haben uns vorgenommen, das Göttliche in Menschenform zu erfahren. Uns selbst als göttlich zu bezeichnen klingt zunächst vielleicht sehr blasphemisch, besonders für streng erzogene Katholiken, auch mir ging das so, und doch erfühle ich mittlerweile, dass dies wahr ist. Wir sind ein Teil Gottes. Wie die Sonnenstrahlen von der Sonne kommen, so sind wir ein Teil der Unendlichkeit Gottes. Und machen hier – auf dieser Erde – eine menschliche Erfahrung. Und dazu brauchen wir nun mal einen Körper.

Obwohl ich sechzehn Jahre in den USA lebte, habe ich eine natürliche Abneigung, englische Wörter in meiner deutschen Sprache zu benutzen. Hier aber verwende ich sie sogar im Titel: BodyBlessing. Die Wörter »Körper-Segen« treffen nämlich nicht genau das, was ich sagen will. Der Körper ist auf Deutsch eben nur Körper. Auf Englisch ist body auch immer eine Art Raum, in dem etwas stattfindet. Mit blessing verhält es sich ähnlich. Die deutschen Wörter »Segen« und »(etwas) segnen« sind Gott oder der Kirche vorbehalten. Ich selbst zögere gelegentlich noch leicht, wenn ich sie auf Deutsch ausspreche.

Das englische blessing hingegen bietet uns viel mehr an. Einmal natürlich den Segen Gottes. Dann enthält ein blessing auch immer noch ein großes Element der Dankbarkeit (zum Beispiel auch beim Segnen unseres Essens), und zusätzlich benutzt man das Wort blessing, um Unterstützung anzubieten – anderen und natürlich auch sich selbst.

Dieses Buch ging durch einige Stufen der Namensfindung. Es soll eine Liebesgeschichte sein. Das Wissen darum vermitteln, dass unser Körper unser bester Freund, unsere größte Liebe, unser wichtigstes Barometer sein kann. Jeder hat seine eigenen Erlebnisse, und hier beschreibe ich meine Erfahrungen und einige meiner Familie, meiner Freunde, meiner Leser und Leserinnen. Nicht alles ist für alle richtig. Lassen Sie uns gemeinsam auf diese Reise gehen. Eine Reise, auf der wir uns wieder als unendliche Seele erkennen, die sich für dieses Leben einen endlichen Körper gesucht hat. Und der will geliebt, einbezogen und gehört werden.

Dieses Buch über das Geschenk unseres Körpers kann man mit einer simplen Aussage zusammenfassen: »Akzeptiere ihn. Liebe ihn. Hör auf ihn.« Nur manchmal braucht es dazu ein bisschen mehr. Dann haben mir Erklärungen, wie ich sie auch in diesem Buch wiedergeben möchte, immer sehr geholfen. Wenn ich etwas verstehe, dann fällt es mir leichter, die nötigen Schritte zu unternehmen. Eben auch den, mich und meinen Körper zu lieben.

Sabrina Fox
München, im Frühjahr 2011

1
Die erste große Liebe: unser Körper

Jede anständige Liebesgeschichte – so sind wir es gewohnt – besteht aus Begeisterung, Leidenschaft, Drama, Liebe, Eifersucht, Verlustängsten und Unsicherheiten, und nicht anders ist es auch bei der Liebesgeschichte mit unserem Körper. Wir waren einmal in ihn verliebt. Ganz am Anfang. Regelrecht begeistert! Wir liebten es, unsere Finger zu beobachten; fühlten uns großartig, wenn wir Geräusche von uns geben durften. Wir waren ekstatisch, als wir zum ersten Mal gekrabbelt sind. Unsere unbeholfenen Schritte wurden von begeistertem Klatschen und »Bravo!«-Rufen begleitet. Als wir dann gelernt hatten, die Toilette zu benutzen, und keine Windeln mehr brauchten, wurden wir mit Küssen belohnt. Unsere Eltern betrachteten uns zärtlich, wie wir da in ihren Armen lagen, und niemals hätten sie sich gedacht: »Mal sehen, wie wir dieses Kind vermurksen können.« Sie wollten das Beste. Das Beste, was sie schaffen konnten. Für manche Eltern war das zwar nicht besonders viel. Aber wir liebten sie. Trotzdem.

Wir krochen zu ihnen ins Bett, wenn wir Angst hatten, und mit einem Kuss und einem In-den-Arm-Nehmen war alles wieder gut. Zumindest für die meisten von uns. Wir liebten den Körper unserer Mutter und unseres Vaters oder wer immer sonst uns die ersten Monate in den Armen hielt und aufzog. Wir liebten die Nähe, und wir liebten die Wärme. Wir liebten die starken Arme, die uns hochhoben, in die Luft schmissen und sicher wieder auffingen. Die Welt war klein und überschaubar, und wir waren nicht verantwortlich für uns selbst.

Sind wir auch heute noch begeistert von unserem Körper? Sind wir noch dankbar? Denken wir an ihn mit Freude oder beschimpfen wir ihn regelmäßig, und dies vielleicht, ohne dass wir es überhaupt wahrnehmen?

Eine meiner Freundinnen zum Beispiel – sie ist Mitte vierzig – hat einiges an körperlichen Herausforderungen zu bewältigen. Sie ist häufig krank und erschöpft. Regelmäßig höre ich von ihr Sätze wie »Ich bin so schlapp«, »Ich sehe heute wieder fürchterlich aus«, »Ich habe so ein schlaffes Bindegewebe« oder »Ich fühle mich wie aufgebläht, schau dir nur diesen Bauch an«. Dabei ist sie eine ausnehmend attraktive Frau. Sie wird regelmäßig sehr viel jünger geschätzt, als sie ist, und sie hat ihre mädchenhafte Figur behalten. Ihre drei erwachsenen Töchter glaubt man ihr nicht. Ihr Mann vergöttert sie seit Jahren. Doch das alles spielt für sie keine Rolle. Sie schimpft häufig mit sich selbst.

Ich fragte sie einmal, ob sie an einem Experiment teilnehmen möchte. Ich gab ihr einen von diesen Handzählern. Das sind solche kleinen Apparate, die in der Regel zwei Knöpfe zum Drücken haben. Einen, um etwas zu zählen, den zweiten – in diesem Fall einen roten –, um alles Gezählte zu löschen. Diese Handzähler werden meistens dazu eingesetzt, Besucher aller möglichen Einrichtungen zu zählen, und häufig steht jemand am Eingang und drückt einfach nur, wenn jemand hereinkommt. Die Aufgabe meiner Freundin sollte es nun sein, jeden Morgen immer wieder auf den Zählknopf zu drücken, wenn sie etwas Schlechtes über ihren Körper dachte und sagte. Beides musste gezählt werden: die Gedanken und die Worte. Jeden Abend sollte sie sich die Zahl aufschreiben und am nächsten Morgen wieder von vorn beginnen. Die Idee dahinter ist klar: Natürlich sollte das Bewusstsein über die eigenen Gedanken und Worte geschärft werden.

Ich gab meiner Freundin diesen Zähler kurz vor unserem gemeinsamen Italienischkurs. Eine Minute später sagte sie: »Ich kann mir einfach nichts mehr merken.«

Ich schaute sie kurz an und sagte: »Drücken.«

Sie weigerte sich. »Das ist aber so! Ich kann mir einfach nichts mehr merken.«

Ich: »Das ist mir egal. Du sollst drücken, wenn du etwas Schlechtes über deinen Körper sagst. Ob das jetzt stimmt oder nicht.«

»Nein, ich drücke nicht.«

»Doch, du drückst«, antwortete ich lachend.

Mittlerweile rangelten wir uns um den Drücker. Sie wollte ihn von mir weghalten, ich wollte ihn drücken. Die Italienischlehrerin schaute etwas befremdet, und schließlich drückte meine Freundin den Knopf doch, aber nicht ohne protestiert zu haben. Wir mussten beide grinsen. Dann allerdings nicht mehr, weil wir unserer Lehrerin diesen Vorfall – auf Italienisch! – erklären sollten …

Ich fragte meine Freundin in der Folgezeit regelmäßig, wie es denn so ginge. Am ersten Tag hatte sie ihn zwölfmal gedrückt. Die Tage später häufiger vergessen. Dann fünfmal. Dann wieder neunmal. Das Bewusstsein schärfte sich. Einen Monat später rief ich sie an und fragte, ob sie bereit sei für den zweiten Teil des Experiments. »Ab jetzt«, so sagte ich ihr, »kannst du den roten Knopf zum Löschen drücken, wann immer du etwas Nettes über deinen Körper sagst.« Es war für eine Zeit Stille am anderen Ende der Telefonleitung. Dann kam ein trockenes »Ich dachte mir schon, dass der zweite Teil schwieriger wird« aus dem Hörer.

Ist sie eine Ausnahme? Bestimmt nicht. Wir wissen, dass jede Beziehung, in der wir die Warnzeichen nicht beachten, über kurz oder lang nicht funktionieren wird. Bei unseren Liebesbeziehungen ist uns das klar. Eigenartig. Bei unserem Körper tun wir das nicht, wie das folgende fiktive Gespräch zwischen Körper und Verstand (Ego) zeigt:

Körper: *Ähm, Entschuldigung, ich unterbreche nur ungern, aber ich bin ziemlich müde.*

Verstand: *Also, wenn ich mit diesem Projekt hier fertig bin, muss ich dringend noch Herrn Müller und die Chefin von*

Dingsda anrufen, dann ... verdammt, wo sind diese Unterlagen? Die habe ich doch irgendwie ... jetzt stürzt mir dieses blöde Computerprogramm schon wieder ab! Nein!!!

Körper: *Ich bräuchte wirklich eine Ruhepause ...*

Verstand: *Wo ist denn bloß mein Handy? Ich muss Rita noch anrufen, wegen des Abendessens. Sind die E-Mails jetzt rausgegangen? Ah ja, okay. Was schreibt denn der schon wieder? Was bildet der sich eigentlich ein? Das beantworte ich von zu Hause aus. Ich muss noch den Mantel von der Reinigung abholen, den brauche ich für heute Abend. Wo ist bloß der blöde Reinigungszettel? Handy? Jetzt aber los. Wo habe ich noch mal den Wagen geparkt?*

Körper: *Das Rad vielleicht? Ein bisschen frische Luft?*

Verstand: *Puh, ist das kalt. Gott sei Dank für die Sitzheizung.*

Körper: (Seufzt.)

Seele: *Wenn ich mich mal einmischen dürfte ...*

Verstand: *Ah ... schon wieder diese Magenschmerzen. Wo sind denn meine Pillen?* (Holt die Pillendose und wägt kurz ab.) *Na ja, jetzt nehme ich mal zwei. Die normale Dosis scheint auch nicht mehr zu wirken.*

Körper: *Ich bin wirklich müde.*

Verstand: *Mach bloß nicht schlapp! In zwei Monaten fahren wir in Urlaub. Reiß dich zusammen.*

Seele: *Das ist zu lange. Wir werden unserem Körper vorher Ruhe gönnen müssen.*

Körper: *Danke, Seele. Das sage ich auch schon die ganze Zeit, aber auf mich …*

Verstand: *Nein, jetzt nimmt der mir den Parkplatz weg! Soll ich das neue Kleid anziehen … ja, das mache ich und die Schuhe dazu.*

Körper: *Die zehn Zentimeter hohen? Die schwarzen? Um Himmels willen, die tun weh!*

Verstand: *Ach, nur ein bisschen. Ich sitze sowieso die meiste Zeit.*

Körper: *Ich würde mich lieber hinlegen. Am besten in der frischen Luft und mit den Füßen in der Erde.*

Verstand: (Schaut aus dem Autofenster zum nahen Park.) *Ich müsste auch mal wieder spazieren gehen. Da geht ja sogar einer barfuß! Der spinnt wohl. Der holt sich ja den Tod!*

Seele: *Unser Körper braucht auch den Kontakt zur Erde.*

Verstand: *Habe ich noch Zeit, mir die Haare zu waschen? Dreißig Minuten? Ja, das müsste gehen.*

Körper: *Bitte, vielleicht wenigstens etwas Stille?*

Verstand: *Und jetzt nichts wie nach Hause.* (Das Radio wird angemacht. Kurz danach klingelt das Handy.) *»Hallo, ja, ich freue mich auf unseren Mädelsabend. Soll ich was mitbringen?« Hoffentlich sagt sie Nein, ich habe* *wirklich keine Zeit. »Du, ich krieg gerade noch einen Anruf rein, bleib dran.« – »Hallo? Ah. Super. Gut, morgen geht. Mittagessen? Ich habe da eigentlich einen Termin, aber der ist nicht so wichtig …«*

Körper: *Halt! Das war doch unser Akupunkturtermin? Da freue ich mich schon die ganze Woche drauf! Den brauche ich dringend! Bitte nicht absagen!*

Verstand: *«Nein, das ist überhaupt kein Problem. Den Termin kann ich verschieben, und ich bin dann so um 13.00 Uhr bei Ihnen. Bis morgen.« – »Süße, bist du noch dran? Ja, das war die Produktionsleitung. Ich glaube, die wollen mein Aufgabengebiet erweitern. Mal sehen. Scheiße, Polizei. Ich ruf dich zurück, ich habe keine Ohrstöpsel.«*

Körper: *Können wir nicht auf das Haarewaschen verzichten und uns stattdessen ein bisschen hinlegen und entspannen? Vielleicht sogar meditieren und auf unsere Seele hören?*

Verstand: *»Guten Tag. – Ich hätte gern einen doppelten Espresso. Ja, zum Mitnehmen. Richtig stark, bitte. Puh, ich habe gerade einen toten Punkt.«*

Viele von uns kennen ähnliche innere Dialoge. Wir wollen nicht darauf hören, was uns unser Körper sagen will. Wir haben einfach keine Zeit, keine Lust oder »Wichtigeres« zu tun. Bis, ja bis sich eine Krise abzeichnet. Auch ich begann meinen spirituellen Weg – wie viele Menschen – mit einer Krise.

Ich war damals Journalistin und Fernsehmoderatorin. Eine meiner wichtigsten Fernsehsendungen wurde eingestellt, und ich galt als öffentlicher Versager. Damals war ich mit einem Amerikaner verheiratet, hatte eine kleine Tochter und lebte in Los Angeles. So begann – Gott sei Dank – mein Aufwachen in ein spirituelles Bewusstsein.

Die erste Zeit meiner spirituellen Entwicklung war auf mein inneres Leben fokussiert. Ich begann zu meditieren. Ich las viele Bücher. Ging auf einige Workshops. Lernte Lehrer kennen. Verließ Lehrer wieder. Hörte von Channelings.*

Ich erlaubte mir Massagen, bekam Jin Shin Jyutsu (eine Art Akupunktur ohne Nadeln) und hörte von Chakren (Energiefeldern im feinstofflichen Körper), die ich öffnen sollte. In den ersten Meditationen – damals am Anfang der neunziger Jahre – wurde ich immer dazu angeregt, meinen Körper zu verlassen. Ich sollte mir vor meinem inneren Auge diverse Gegenden und schöne Plätze vorstellen, in denen ich glücklich war. Eine Bank im Wald. Einen Strand. Schöne Landschaften. Nie sollte ich »in mir« einen Platz finden. Alles war außerhalb.

Das war mir nur recht. »In mir« war nämlich kein Platz, der mir wirklich gefiel. »In mir« wollte ich eigentlich gar nicht sein. »In mir« war ich unglücklich, unzufrieden, unruhig. Ich hoffte vielmehr, dass es »woanders« besser werden würde. Dieses »Weit weg« versprach mir Glückseligkeit. Gängige spirituelle Literatur unterstützte mich dabei.

Es wurde viel von Astralreisen gesprochen, bei denen man nur durch ein dünnes energetisches Band mit seinem Körper verbunden bleibt – wenn's denn sein muss –, und ansonsten wurden wunderbare, großartige himmlische Erlebnisse versprochen. Das war sozusagen die Einweihung zu einem wahrlich spirituellen Menschen. So wurde man endlich (!) die niedrigen Körperbedürfnisse los. Hier fühlten wir uns wohl. Wir flogen der Unendlichkeit entgegen – ohne anstrengende Lebenspartner, Kinder, Familien, Kollegen und Nachbarn. Es gab solche, die diesen Zustand schon

---

* Channeling bedeutet, dass Wesen, die zurzeit nicht über einen menschlichen Körper verfügen, durch den Körper eines anderen lehren.

erreicht hatten und in den höchsten Tönen davon schwärmten, und eben den Rest von uns.

Dummerweise ist nun jede Meditation einmal zu Ende, und auch wir kamen zurück in unseren doch so ungeliebten, schweren Körper, der so gar nichts mit den Gefühlen gemeinsam hatte, die wir in diesen großartigen Meditationen erlebten. Kein Wunder also, dass unsere Mitmenschen, für die unser spirituelles Interesse entweder dubios erschien oder doch zumindest in höchstem Maße naiv, sich die größten Sorgen um uns machten. »Ihr flüchtet vor der Realität«, wurde uns unterstellt, und wir verneinten das ganz entschieden.

Und doch ... flüchtete ich. Meine Engel sagten mir in einer Meditation einmal: »Wir können leichter mit dir Kontakt aufnehmen, wenn du auch zu Hause bist.« Ich wusste genau, was mit »zu Hause« gemeint war: mein ungeliebter Körper.

Ich war jedoch nicht zu Hause. Ich war entweder in der Vergangenheit, in der Zukunft, in den Angelegenheiten anderer Leute oder in meinen Meditationen ganz weit, weit weg. Die Geschichte des Körpers ist auch immer eine Geschichte des Nach-Hause-Kommens: zurück zu der Begeisterung, die wir empfanden, als wir diesen Körper zum ersten Mal anprobierten. Zurück zur Dankbarkeit, dass wir ihn überhaupt haben. Zurück zur Akzeptanz, wie er ist. Zurück zur Liebe für unseren Körper.

2

Wir haben keine Seele, die Seele hat uns

Wir sind unendliche Seelen, die eine menschliche Erfahrung machen. Wenn wir davon ausgehen, dass wir uns selbst – als Seele – diesen Körper ausgesucht haben, dann müssen einige von uns ziemlich fahrlässig gewählt haben, denn wie sonst ist es zu erklären, dass es Behinderungen gibt, schöne und weniger schöne Menschen, große und kleine, angenehm riechende und übermäßig schwitzende? Welche mit Krankheiten, die dann später ausbrechen, und ungesundem genetischem Material.

Aber welche Seele würde sich denn so etwas aussuchen?

Keine, wenn wir nur einmal hier wären.
Keine, wenn es uns nur als Körper gäbe.
Keine, wenn wir am Ende dieses Lebens einfach stürben und uns in nichts auflösten.
Und alle, wenn wir schon Hunderte Male gelebt hätten.

Ich liebe Sissi-Filme. Ja, ich weiß, ich sollte mich eigentlich schämen, aber Sissi war damals, in meiner Kindheit, eine Fluchtmöglichkeit für mich, und deshalb ist mir Sissi liebevoll in Erinnerung. Inklusive all der Wiederholungen, die man für eine Weile im deutschen Fernsehen fast jedes Jahr sehen durfte.

Würde ich mir deswegen Sissi jeden Tag anschauen? Um Himmels willen. Ich würde verrückt werden. Davon abgesehen wäre das schrecklich langweilig. Immer das Gleiche. So schön die geschönte Liebesgeschichte von Sissi auch sein mag. Deshalb gibt es andere Filme. Andere Bücher. Andere Theaterstücke. Andere Fernsehsendungen. Wir sind fasziniert von dem Leben anderer … und ähnlich eben auch von den unendlich vielen Leben, die wir uns aussuchen. Wie im Film müssen wir auch in unseren diversen Inkarnationen von uns selbst, von unseren Umständen, von unseren Herausforderungen, von unseren Talenten, von unseren Dramen hingerissen sein. Wir sind beleidigt, wenn wir von schlechten Schauspielern um die Illusion gebracht werden, dass sie die dargestellte Person auch wirklich sind. Wir wollen keine schlechte Regieführung, und wir wollen keine schlechten Drehbücher. Wir wollen überzeugt werden.

Das sind wir auch jetzt.

Überzeugt.

Tief verwickelt in unser gestaltetes Leben.

Manchmal zu tief. Manchmal erkennen wir nicht einmal, dass wir jedes neue Drama selbst zulassen. Dass wir immer wieder Menschen in unser Leben hereinlassen, die uns nicht guttun. Dass wir immer wieder Entscheidungen vermeiden bzw. genau die Entscheidungen treffen, die uns in diesem Drama, in diesem aufregenden Leben festhalten. Auch wenn wir keine Entscheidungen treffen, treffen wir damit eine Entscheidung.

Irgendwann einmal wachen wir auf. Nicht ganz. Nur so ein bisschen. Es schüttelt uns, und wir stellen uns die Fragen »Wer bin ich eigentlich?«, »Was mache ich hier?« und »Warum mache ich schon wieder das Gleiche?« …

Jeder von uns kennt diese Situation: Wir sind in einer wirklichen, überraschenden Krise. Ein Auto rast auf uns zu. Wir hören eine traurige Nachricht. Oder jemand braucht Erste Hilfe. Irgendetwas Schwerwiegendes ist passiert, und wir sind – erstaunlicherweise – ganz ruhig. Wir haben keine Emotion, außer dass wir eine tiefe Ruhe fühlen und genau wissen, was jetzt unmittelbar zu tun ist. Erst später erkennen wir, was da eigentlich geschehen ist: Unser emotionaler Körper war still. Unser Verstand entspannt. Beide waren in der zweiten Reihe, da, wo sie hingehören. Wir – als Seele – hatten das Steuerrad (oder soll ich sagen: die Fernbedienung?) sicher in der Hand. Auch wenn für die meisten dieser Zustand kurze Zeit später wieder vorbeigeht.

Aber dieser Moment war da. Er hat uns daran erinnert, wer wir sind. Ohne das ganze Drama. Ohne das ganze Hin und Her. Ohne das pausenlose Evaluieren unseres Verstandes in jeder Situation, in der wir uns befinden. Für diesen Augenblick waren wir präsent. Wir waren ruhig. Und wir fühlten uns klar.

In diesem Moment waren wir wach.

Ich kann mit dem Wort »Erleuchtung« nicht viel anfangen. Ich konnte mir nie etwas Richtiges darunter vorstellen. Mit dem Wort »wach« kann ich aber etwas anfangen: Ich bin mir bewusst, was ich tue, was ich denke, und das zu jeder Zeit. Das heißt nicht, dass ich mein Leben nicht genieße. Keine Freude und keinen Sex mehr haben kann, ohne dass ich (bildlich als Seele gesprochen) danebenstehe und mir das Ganze distanziert anschaue. Das wäre ja nun wirklich kein Spaß.

Das Gegenteil ist der Fall: Ich fülle jeden Moment in meinem Leben – nun ja, so viele, wie wir eben mit Übung hinkriegen – mit meiner wachen Präsenz auf. Meiner ganzen Präsenz. Nicht nur der Präsenz meines Verstandes. Sondern der meines ganzen Seins. Das erleichtert mein Leben, und das erleichtert meinen Körper. Es gibt weniger Stresshormone. Weniger Flucht- oder Aggressionszeiten. Mehr Ruhe. Mehr Glückshormone. Mehr Lebensfreude.

Wir erschaffen uns als Seele hier auf dieser Erde eine menschliche Erfahrung, und dazu haben wir unsere Wünsche mitgebracht, unsere Seelenhausaufgaben. Alles, was uns schwerfällt, ist so eine Seelenhausaufgabe. Um dieses Leben zu erleben, brauchen wir einen Körper. Eben den, den wir haben:

Seele A: *Ich fühle, es wird Zeit.*

Seele B: *Ja.*

Seele C: *Ja.*

Seele D: Ja.

Seele A: Die Erde. So ein interessanter Planet. So viele Wahlmöglichkeiten. Ich kann die ganze Palette der Emotionen ausprobieren.

Seele B: Deshalb kommen wir auf die Erde. Es ist unser Abenteuerurlaub.

Seele C: Unser Hobby!

Seele A: (Lacht.) Ja, jetzt wissen wir das. Erinnert ihr euch noch an die Angst vor dem Sterben?

(Alle Seelen erfühlen sich in der Welle der Glückseligkeit.)

Seele C: Ja. Das war wahrlich eigenartig.

Seele A: Der Schleier des Vergessens ist wirklich sehr dicht, denn sonst könnten wir diesen Abenteuerurlaub gar nicht richtig genießen.

Seele B: Stellt euch vor, wir würden nicht vergessen, dass wir für die Ewigkeit sind. Dann würden wir bei jedem eigenartigen Gefühl wie Trauer oder Ärger, Zorn oder Angst sofort in schallendes Gelächter ausbrechen. Und was möchtest du denn dieses Mal erfahren?

Seele A: Dieses Mal möchte ich versuchen, authentischer zu sein.

Seele C: Ich unterstütze dich dabei. Es macht mir immer wieder große Freude, auf dieser Erde zu sein. Wenn ich da in mein erstes Mal hineinfühle …

Seele A: O ja. Ich war fasziniert vom Essen. Dann vom Hunger. Dann wieder vom Essen. Dann vom körperlichen Kontakt. Der Schmerz. Die Lust. Wie ich meinen Verstand zum ersten Mal bewusst entdeckte: toll, was man damit alles anstellen kann. Er muss dauernd beschäftigt werden.

Seele B: Du beginnst in der zweiten Hälfte des 19. Jahrhunderts. Die Seelen, die in dieser Zeit als Menschen leben, lieben es noch sehr, mit ihrem Verstand zu spielen. Und du weißt natürlich, dass dich das allgemeine Bewusstsein beeinflussen kann. Es ist nicht einfach, seine Gedanken und Gefühle sauber von den anderen zu trennen. Noch dazu, wenn es genetische Verbindungen gibt.

Seele A: Ich brauche einige, die mich dabei unterstützen, authentisch zu sein.

Seele B: Ich helfe dir. Ich werde deine Mutter sein. Und da ich mich schon lange angepasst habe, werde ich dir ein Beispiel sein, dich nicht anzupassen.

Seele A: Ich danke dir. Was kann ich für dich tun?

Seele B: Du kannst mir durch deine Bestimmtheit helfen, mich daran zu erinnern, dass auch ich Wünsche und Sehnsüchte gehabt habe, die ich aufgegeben habe, damit ich akzeptiert werde.

Seele A: Das mache ich gern.

Seele C: Ich bin schon seit einer Weile inkarniert und werde dich, Seele B, zeugen. Dann bin ich dein Großvater, Seele A. Ich werde versuchen, dich nach meinem Ge-

dankengut zu formen, damit du deines findest. Verzeih mir das bitte.

Seele A: *Natürlich! Danke für den Gefallen. Danke auch euch Engeln, die ihr mich auf dieser Reise begleitet. Und all den Meistern, die mich unterstützen.*

(Nach einer kurzen Ewigkeit ...)

Seele A: *Ah, ich fühle meine Zeugung. Mein Körper wird weiblich werden. Ich habe mir einige Warnsignale einbauen lassen. Eine sehr empfindsame Haut und einen sensiblen Magen. Ich möchte, dass sie mich daran erinnert, wenn ich mich in ihr nicht wohlfühle. Bitte, lieber Körper, hilf mir, präsent zu sein.*

Körper: *Ja, gern. Ich bin dein Barometer.*

Seele A: *Ich freue mich so, dass ich diesen Körper erschaffen durfte. Ich kann den Herzschlag meiner Mutter hören. Es macht mir Spaß, ab und zu in den Körper hineinzugleiten. Später wird mir das nicht mehr so leicht möglich sein. Außer ich schlafe und verlasse mich, um mich in der Unendlichkeit aufzuhalten. Daran werde ich mich aber meistens nicht erinnern können. Schade eigentlich. Aber doch so richtig. Denn sonst wüsste ich wieder zu leicht, wer ich bin. Und der ganze Abenteuerurlaub wäre kein Abenteuer mehr.*

Als ich das erste Mal davon hörte, dass dieses Leben unser Abenteuerurlaub sein soll, war ich unsicher. Ist das nicht alles ein bisschen zu einfach angesichts des Schmerzes und des Dramas hier auf unserer Erde? Würde jemand wirklich freiwillig verhungern wollen? Freiwillig vergewaltigt werden? Freiwillig für lange Zeit Schmerzen ertragen?

Aber tun wir das nicht auch, wenn wir Filme ansehen? Wenn wir uns in Krimis erschrecken lassen? Wenn wir Bücher lesen, die uns Angst machen? Wir, als Persönlichkeit, als Ego, wollen erfahren, wie das ist. Aus zweiter Hand. In der Sicherheit unseres Kinosessels oder unseres Sofas. Wir überlegen uns automatisch, wie wir in diesen Situationen, die wir von außen betrachten, reagieren würden. Was würden wir tun in solch einer Krise? Und dann sind wir dankbar, dass wir dies nicht erleben müssen. Das Gleiche gilt auch dann, wenn wir als Seele auf die eigenen wirklich erlebten Schmerzen und Schwierigkeiten zurückschauen. Wir sind froh, dass wir sie überstanden haben, und manche dieser Erlebnisse werden Jahre später sogar zu Anekdoten.

Ich lernte, klarer zwischen Seele und Ego zu unterscheiden:

Ich – als Seele – bin für immer.
Ich – als Sabrina – existiere nur so lange, wie ich hier lebe.

Auf dieser Erde, in dieser menschlichen Erfahrung, sind wir nicht nur Seele, sondern wir sind eigentlich vier:

Seele, Körper, Verstand, Gefühl.

Was meine ich, wenn ich von Seele spreche? Als vor kurzem einige Freunde zum Abendessen kamen, sprachen wir über Depressionen, und ein Gast beschrieb dieses Krankheitsbild mit den Worten: »Die Seele ist krank.« Ich wusste, dass er die Psyche meinte, und doch ist die Seele nach meinem Verständnis nie krank. Die Seele kann überhaupt nicht krank werden.

Die Seele hat den Überblick. Die Seele weiß, dass wir für immer sind. Unsere Persönlichkeit, unser Ego, unser Verstand, ich als Sabrina, leide und weiß gelegentlich nicht weiter. Die Seele weiß, dass dies eine kurzfristige menschliche Erfahrung ist. Wir häufig nicht. Ich habe keine Seele, sondern meine Seele hat mich.

Da ich in den Staaten gelebt habe, liebe ich auch die englische Sprache. Sie ist in diesem Fall sehr viel klarer. Da gibt es *spirit*

(Geist) und *body* (Körper), *spirit* ist »Ich«, unendlich; das deutsche Wort »Geist« trifft es nicht. Geist kann unser Verstand sein, und es kann sich dabei genauso gut um einen Geist handeln, der uns im Film erschreckt. Mein *spirit* ist mein heiliger Geist, eben meine Seele. Das Ungreifbare. Unsichtbare. Die Essenz von mir.

Ist die Essenz von mir auch ohne Körper »Ich«? Habe ich noch Angewohnheiten von Sabrina, wenn ich meinen Körper an meinem Lebensende hier verlasse? Werde ich mich noch an Sabrina erinnern und einschmelzen in die Unendlichkeit der Ewigkeit wie ein Wassertropfen im Meer?

So, wie ich das verstehe und wie es sich für mich wahr anfühlt, bin ich als Seele unendlich. Ich suche mir diesen Körper, dieses Leben aus, um etwas zu erfahren. Immer wieder neu. Die Quintessenz meines Lebens behalte ich am Ende als Erfahrung in der Seele. Wenn ich also in einem Leben gelernt habe zu verzeihen, dann wird mir das Wissen um das Verzeihen im nächsten Leben nützlich sein. Das habe ich dann vorher schon einmal gelernt. In der darauffolgenden menschlichen Erfahrung (also einem neuen Leben) geht es vielleicht eher darum, mich selbst zu lieben, und das, was ich in den Leben vorher über das Verzeihen gelernt habe, ist mir jetzt nützlich.

Ich, als Seele, entscheide mich, wie ein Wassertropfen aus dem Meer in ein Glas gefüllt zu werden, in dem ich getrennt vom Meer meine eigenen Erfahrungen machen kann. Zusammen mit anderen einzelnen Wassertropfen, die ebenfalls in ein Glas gefüllt in meiner Nähe sind. Irgendwann einmal lasse ich das Glas zerbrechen, und dann gleitet der Wassertropfen – also ich, als Seele – wieder zurück in die Unendlichkeit des Meeres. Ich weiß, dass ich zum Meer gehöre. Ich weiß aber auch, dass ich »Ich« bin. Und wenn ich will, eine weitere körperliche Erfahrung machen kann. Dazu brauche ich ein Glas. Dieses Gefäß – dieser *body* von Möglichkeiten – ist mein Körper.

Unser Spiel, unser Hobby, unser Abenteuerurlaub ist es, trotz des Aufenthalts in diesem Glas zu wissen und sich daran zu erinnern, dass wir Teil des Meeres sind. Wir wünschen uns, als Seele, wach zu sein. Manche von uns haben dieses erweiterte Bewusstsein mit acht Jahren, manche mit achtzig und manche in den letzten Atemzügen. Wir kommen hierher, weil wir wach sein wollen – trotz unserer menschlichen Erfahrung und trotz des Schleiers des Vergessens –, und damit wir wach werden, haben wir bestimmte Wecker ausgewählt. Jeder von uns seine eigenen. Die einen eine Krankheit. Die anderen ein Familiendrama oder eine berufliche oder finanzielle Katastrophe. Manche Übergewicht, andere Abhängigkeiten. Nicht jeder Wecker weckt uns sanft. Viele von uns wachen schon vorher durch ihre innere Uhr auf und wollen dann doch einfach noch eine Weile weiterschlafen. Dabei tun sie so, als ob sie nichts gehört hätten. Aber wir kennen das alle. Wir werden irgendwann einmal aufwachen. Dabei hilft uns unser Körper.

Wir haben eigentlich drei Körper: unseren Lichtkörper, unseren fleischlichen und unseren emotionalen Körper.

Unser fleischlicher Körper ist unser dichter Körper als Zusammensetzung von Zellen mit einer elektromagnetischen Frequenz. Er kann gesund oder krank sein. Stark oder schwach. Wach oder müde. An ihm erkennen wir nicht nur unsere physischen Verletzungen (Narben zum Beispiel, schlechte Zähne), sondern unser Körper hat auch eine Erinnerung (Magenschmerzen, Migräne, unsere angespannten Nackenmuskeln) und eine visuelle Körpersprache (die Arme sind verschränkt bei Ablehnung, die Fußhaltung ist abgedreht, wenn uns jemand nicht gefällt, und dergleichen).

Unser Lichtkörper ist weniger sichtbar. Er ist erfühlbar. Er gibt seine Informationen an unseren dichten Körper weiter. Dieser Lichtkörper enthält unsere Aura. Zeigt unser Potenzial. Er ist die Leichtigkeit, die uns im fleischlichen Körper (noch) abgeht. Er ist es, der spürt, wenn eine Stimmung im Raum komisch wird. Er erfühlt die Aura der anderen Körper und sagt uns, ob wir dableiben wollen. Er kann Löcher haben, aus denen unsere Energie abfließt. Mit ihm können wir uns mit dem Lichtkörper des anderen verbinden (wenn es der andere erlaubt), um zum Beispiel Krankheiten oder disharmonische Schwingungen zu erkennen. Wenn sich Lichtkörper miteinander verbinden, kann sich eine besondere Innigkeit einstellen. Zum Beispiel auch in der Sexualität.

Unser emotionaler Körper enthält die Schmerzen und Verletzungen, die wir im Laufe unserer Kindheit und unseres bisherigen Lebens aufgenommen haben. Er möchte geklärt und gereinigt werden. Darin liegt unsere in der Psychotherapie genannte »Innere-Kind-Arbeit« oder – wie Theo (gechannelt von Sheila Gillette) es sagt – die Aufgabe, »unsere emotionalen Waisenkinder nach Hause zu holen«.

Solano, der von LD Thompson gechannelt wird, drückt sich so aus: »Du bist Licht. Verdichtet zu Gedanken, die sich weiter verdichten als Körper.« Diese drei Körper sind miteinander verbunden, und einer beeinflusst den anderen. Wenn uns jemand eine wundervolle Nachricht zukommen lässt (wir haben im Lotto gewonnen, wir sind befördert worden, jemand, den wir lieben, macht uns eine Liebeserklärung), dann fühlen wir uns ekstatisch glücklich. Unser ganzer dichter menschlicher Körper fühlt sich leicht und wohlig an. Glückshormone (Serotonin und Dopamin) werden von unserem Körper produziert und überschütten uns mit Seligkeit. Sekunden später kann das ganze Wohlgefühl wieder zusammenbrechen, wenn wir den Lottoschein nicht finden, die Beförderung jemand anderem galt oder der, der uns gerade eine Liebeserklärung gemacht hat, uns im nächsten Moment erklärt, dass er trotzdem mit jemand anderem geschlafen hat.

Unser dichter fleischlicher Körper kam mit bestimmtem genetischem Material auf diese Welt. Auch dieses Material haben wir uns als Seele ausgesucht. Auch hier gilt, was schon vorher gesagt wurde: Nein, wir wollen nicht jedes Mal Eltern mit einem Ponyhof und einem Privatflugzeug. Erinnern wir uns ... wir suchen ein Abenteuer. Dazu gibt es manchmal den Ponyhof und manchmal den gefühlskalten Vater.

Vielleicht sind wir – durch das genetische Material unserer Vorfahren – besonders gelenkig, haben eine schöne Singstimme, entzückende Ohren, einen festeren Knochenbau. Unsere Eltern haben uns eine Schwäche in der Leber, schmalgliedrige Finger und eine Begeisterungsfähigkeit mitgegeben, die schnell in Zorn überspringen kann. Wir haben ein Talent für Sprache mitbekommen, aber auch eine Schwäche im räumlichen Denken. Wir funktionieren besser, wenn wir eine Struktur haben, und da gibt es noch eine Tendenz, Unangenehmes aufzuschieben. Wir lernen schnell. Und all das haben wir uns vor diesem Leben, vor unserer Geburt, so sorgfältig ausgesucht wie ein Drei-Sterne-Koch seine Zutaten. Das entstandene Gericht und unsere Begabungen sind genau so, wie wir sie haben wollen. Beides ist sorgfältig ausgewählt worden: die Zutaten des Chefkochs und unsere Begabungen. Wir sind einzigartig.

Doch was machen wir nun mit dieser Einzigartigkeit? Wir versuchen in aller Regel, uns anzupassen. Nicht aufzufallen. So zu sein wie die anderen. Etwas unpraktisch, finden Sie nicht? Wenn wir bei dem Vergleich mit dem Drei-Sterne-Koch bleiben, würde das bedeuten, dass er über sein exquisites Gericht am Schluss Ketchup schüttet. Kein Wunder, dass wir uns manchmal unzufrieden fühlen. Der »Ketchup« nimmt uns die Luft und die Freiheit.

Wie konnte es nur dazu kommen?

Wir haben uns mit unserem Verstand identifiziert. Ich denke, also bin ich. Und nicht: Ich bin, also denke ich. Unser Verstand hat eine klar umgrenzte Aufgabe: Evaluiere, was um mich herum passiert, damit ich sicher bin. Beobachte, registriere, vergleiche. Wir leben nicht umsonst in der Ära des Verstandes, denn wir – als menschliche Gemeinschaft – wollen erkennen, dass unser Verstand nicht alles ist und nicht alles weiß. Das wäre nämlich fast so, als wenn wir uns bei der Arbeit an unserem Computer nur auf Tabellen verließen. Keine Fotos. Keine Videos. Keine Spiele. Nur Tabellen. Auch schön.

Schön langweilig. Unser Verstand, unser Ego, hat sich so aufgeblasen, dass es manchmal nichts anderes mehr gelten lässt:

Verstand: Ich werde das schaffen! Das ist kein einfacher Job, aber ich schaffe das!

Körper: Ich müsste mich mal bewegen, und ich brauche frische Luft. Mein Rücken tut mir weh.

Verstand: Also, ich muss nur drei, vier Jahre durchhalten, dann bin ich aus dem Gröbsten raus. Dann bin ich Partner in der Firma, und dann verdiene ich richtig viel Geld und kann mir alles leisten, was ich will.

Seele: Weißt du noch, was wir wollen?

Verstand: Klar! Ich will endlich viel reisen.

Seele: Reisen könnten wir heute schon.

Verstand: Nicht so, wie ich es will. Ich will mir keine Sorgen mehr machen müssen. Vicky hat das auch geschafft. Sie ist schon Partnerin, und ich werde das auch.

Seele: Vicky liebt aber, was sie tut.

Verstand: Was soll das denn jetzt heißen?

Seele: Wir lieben unsere Arbeit nicht. Wir wollten etwas mit Reisen machen. Neue Länder, neue Kulturen kennenlernen.

Verstand: Damit verdient man aber nicht genug Geld.

Seele: Wir würden damit genug Geld verdienen und Freude haben.

Körper: Freude? Wie beim Bewegen und Frische-Luft-Tanken?

Verstand: *Besser: Freude so wie beim Einkaufen.*

Seele: *Noch besser: Tiefe wahrhaftige Freude.*

Verstand: *Ich freue mich in drei Jahren, wenn ich Partnerin bin.*

Seele: *Wir müssen aufpassen, in der Zwischenzeit nicht zynisch zu werden.*

Verstand: *Zynismus ist wenigstens ehrlich. Ich kann dieses Geschleime nicht aushalten. Die Leute sind einfach naiv. Die wissen nicht, wie es in der Welt wirklich zugeht. Reisen! Pah! Ich muss mich um mein Leben kümmern, und ich will eine tolle Eigentumswohnung haben. So eine wie Vicky und Peter.*

Seele: *Wozu brauchen wir eine Eigentumswohnung? Wir wollten reisen.*

Verstand: *Hör auf mit dieser Träumerei. Im Leben geht es nicht so, wie man es sich wünscht.*

Seele: *Wir erschaffen uns unsere eigene Realität.*

Körper: *Auftrag an Nebenniere: Schnell Adrenalinproduktion anwerfen. Leber: Zuckerreserven ausschütten – Blutdruck ansteigen lassen.*

Verstand: *So ein Blödsinn. Ich muss mich konzentrieren. Es ist bereits 23.00 Uhr, und der Bericht muss noch fertig werden.*

Körper: *Muskeln in den Schultern anspannen. Magensäureproduktion anwerfen. Stresshormone zweite Stufe. Kopfschmerz! Kopfschmerz!*

Verstand: *Dieser Bericht muss brillant werden. Der beste der ganzen Abteilung, sonst kann ich mich gleich hintenanstellen.*

Seele: *Wir wollen reisen.*

Verstand: Also, hier sind die Unterlagen, da habe ich meine Notizen. Fehlt noch die Tabelle und die Zusammenfassung, und dann müsste ich in ein, zwei Stunden damit fertig sein. Nein! Jetzt habe ich diese Zeitungsartikel im Büro gelassen. Wenn ich um 6.00 Uhr im Büro bin, dann schaffe ich es hoffentlich noch, die Informationen einzufügen. Wenn das nicht um 9.00 Uhr zur Konferenz fertig ist, dann kann ich mir gleich die Kugel geben.

Körper: *Stresshormone Stufe drei. Massive Ausschüttung. Du, Seele: Wie war das noch mal mit dem Gefühl, das so schön wie beim Einkaufen ist?*

3

Wie ich meinen Körper segnen lernte

Wenn ich über meine Vergangenheit rede, dann habe ich in den letzten Jahren immer das Gefühl, als ob ich über eine komplett fremde Person spräche. Manchmal merke ich, dass ich meinen Kopf nach hinten links drehe, als ob dort mein altes Leben stünde. Ich habe über fünfzehn Jahre meine Vergangenheit aufgearbeitet. Ich habe das Gefühl, ich bin damit fertig. Ich will im Heute leben, und meine Vergangenheit interessiert mich nicht mehr besonders. Manches fange ich an zu vergessen. Viele Gefühle von damals betrachte ich jetzt mit einer gewissen Rührung.

Ich war Sabrina, älteste Tochter eines alkoholkranken Vaters. Wir lebten im Münchner Norden, im sozialen Wohnungsbau. Wir hatten kaum Geld – das heißt, mein Vater hatte einiges, nur gab er es für andere Dinge aus –, und ich schlief mit meinen zwei Schwestern in der Küche. Die meiste Zeit meiner Kindheit machte ich mir Sorgen um meine Mutter, da mein Vater auch aggressiv werden konnte.

Ich habe kaum Erinnerungen an meine ersten fünf Jahre und nahm meinen Körper ohne große Aufregung einfach so hin. Ich hatte sämtliche Kinderkrankheiten, die man bekommen kann, und viele Male im Jahr eine Mandelentzündung. Mein Hals war meine sensible Stelle, das allerdings war mir nicht bewusst. Der Hals steht für den Wunsch nach Ausdruck, nach Wahrheit, nach Offenheit und Klarheit. Unausgesprochenes hing dort bei mir fest. Ich war schlank, obwohl es bei uns fast nur Mehlspeisen gab, und sah ganz hübsch aus. Das änderte sich mit zirka zwölf, dreizehn

Jahren. Meine Augen wurden radikal schlechter. Zu vieles, was ich sah, wollte ich nicht sehen. Ich bekam dieses schwarz-beige Kassengestell, das mir auch noch mein schmales Gesicht verstellte, und ich nahm zu. Und zu. Und zu. Ich wog irgendwann einmal über neunzig Kilo. Ich brauchte extra Gewicht, um meine Sensibilität zu schützen. Sexualität spielte in meinem Umfeld schon früh eine Rolle. Es gab sonst wenig, worauf man stolz sein konnte. So musste es dann die sexuelle Erfahrung sein. Auch ich gab mich früh einem Achtzehnjährigen hin, für den Sexualität aus dem Reinraus-Prinzip bestand. Wir beide wussten es nicht besser, und ich tat so, als ob es mir gefiele.

Ich hatte angefangen, mich mit anderen zu vergleichen, und in diesem Vergleich kam ich nicht besonders gut weg. Ich war dick, bebrillt und hatte kein Geld und noch weniger Geschmack, um mich sonst irgendwie herzurichten. Mein Busen wuchs zu meinem Schrecken plötzlich radikal an, und ich fand mich in Körbchengröße D wieder. Damals – im Gegensatz zu heute – war ein großer Busen nicht in Mode. Meiner fing auch noch sehr früh zu hängen an, und das hat sich als Trend nicht wirklich durchgesetzt. Ich begann, meine Schultern nach vorn zu ziehen und meine neue Oberweite unter den für diesen Zweck großartigen breiten Schulterpolstern zu verstecken. Mein Vater schmiss mich mit siebzehn aus dem Haus – ich hatte meine Mutter verteidigt –, und ich musste die Schule abbrechen, um mir einen Job zu suchen. Ich wurde Sekretärin. Ich war einsam. Ich hatte mich noch nicht mit mir selbst angefreundet. Glücklicherweise hatte ich kein Geld übrig, um mir Chips zu kaufen, so nahm ich knapp dreißig Kilo ab, denn das bisschen Geld, das ich hatte, brauchte ich für die Wohnungseinrichtung und meine Fahrkarte ins Büro.

Mein Körper war mir fremd. Ich verbrachte die meiste Zeit mit dem Lesen von Romanen. Ich verschwand nur zu gern im Happy End anderer. Ich hatte weiterhin Mandelentzündungen. Meine Augen wurden immer schlechter, und meine Sexualität war geprägt von gespielten Orgasmen. Anfang zwanzig entdeckte ich – mit Hilfe von erotischer Literatur – die Lust, mich selbst zu befriedigen. Auch da wieder in den Geschichten anderer. In meiner erotischen Phantasie hatten die Männer keine Gesichter und mit mir und meinem Leben überhaupt nichts zu tun.

Ich wäre der ideale Kandidat für eine Probeküche für Diätbücher gewesen. Ich kannte sie alle: die Brigitte-Diät, die Dr.-Atkins-Diät, die Hollywooddiät, die Nulldiät, die Kohlenhydratediät, die Kartoffeldiät, die Mayodiät (neun hartgekochte Eier am ersten Tag, die machte ich am häufigsten), die Rohes-Sauerkraut-Diät (der Geruch war in der Frühe nicht auszuhalten). Das System war immer das gleiche: Ich nahm auf 70 Kilo zu, dann kam ein regelmäßiges »Jetzt-ist-es-sowieso-schon-egal«-Gefühl, das mich dann mit Hilfe sämtlicher Chips-Packungen (die Wohnung war mittlerweile eingerichtet) auf 75 Kilo trieb, um dann wieder mit einer Radikaldiät die Kilos runterzukriegen. Dann vier Wochen nichts, außer einer Hühnerbrühe am Morgen, natürlich ohne ärztliche Aufsicht. Auch hier wurde mein Körper wie ein Auto behandelt. Das geht schon irgendwie.

Warum ich dick wurde, warum ich Mandelentzündungen bekam, warum ich mich nicht hingeben konnte, all das wurde verdrängt. Erfolgreich.

Auch ich wurde erfolgreich. Ich arbeitete viel. Ich lernte schnell, und ich verdiente mehr Geld. Ich kaufte mir Kontaktlinsen. Lernte, wie man sich geschmackvoll kleidet und schminkt, und mein Gesicht und mein Körper wurden mein Kapital. Ich wurde eine charmante Fernsehmoderatorin. An mir wurde herumgequetscht, herumgepudert, herumgeschminkt. Ich wurde fotografiert und konnte mir Dicksein schlichtweg nicht mehr leisten. So wurden meine Diäten und meine Essgewohnheiten rigoroser. Ich rauchte wie ein Schlot. Vierzig bis fünfzig Zigaretten am Tag. Bis mir die Lunge wehtat. Aber auch das wurde verdrängt.

Ich mochte meinen Körper immer noch nicht besonders. Ich wollte seit jeher gern wie Audrey Hepburn aussehen, und das tat ich nicht. Ich wollte gern zart und schmalgliedrig sein und kam mir häufig wie ein Trampel vor. Ich hatte einige elegante und kleinere Freundinnen, und daneben, nun ja ... daneben war ich. Groß.

Manchmal stämmig. Breit. Blond. Heute, wenn ich Bilder von damals ansehe, finde ich mich entzückend. Schade, dass man es nicht weiß, wenn man in dem Alter ist. Ich hatte runde volle Backen, ein herzliches Lachen, und selbst in meiner Pummeligkeit von damals empfinde ich das heute als schön. Seinerzeit war es mir ein Graus. Wenn ich heute auf meine alten Bilder schaue, dann sehe ich meine Augen seltsam leblos. Meine Stirn – obwohl glatt – zeigte imaginäre Sorgenfalten.

Mein Körper »hing an mir rum«. Ich schlug mich häufig an. Wusste nie wirklich, wo ich anfing und wo ich aufhörte. Meine Schultern waren immer noch nach vorn gezogen, was nicht ganz in das Bild einer erfolgreichen Fernsehmoderatorin passte. Ich machte mich kleiner. Auch das war unpraktisch.

Ich heiratete noch mal mit dreißig und wurde schwanger. Mein Körper wurde zum ersten Mal seit fünfzehn Jahren regelmäßig mit Mahlzeiten versorgt. Er brauchte sich keine Sorgen mehr zu machen, ob es in ein paar Stunden noch etwas gibt. Ich nahm in der Schwangerschaft 15 Kilo zu. Ein bisschen mehr, als geraten wird. Zu meinem großen Erstaunen brauchte ich nach der Geburt keine Diäten mehr. Mein Körper, von dem ich annahm, dass er einen langsamen Stoffwechsel hat, belehrte mich eines Besseren. Er hat keinen langsamen Stoffwechsel. Er ist nur schlau. Wenn ich ihm nur sporadisch etwas gebe – manchmal viel und manchmal gar nichts –, dann muss er eben horten. Durch die Schwangerschaft vertraute er mir wieder, und seither bin ich schlank. Ich lernte durch das Vorbild meines Mannes, wie gesund es ist, den Körper zu bewegen. Er trainierte jeden Tag eine Stunde. Außerdem war ich in Gedanken mit meiner Tochter beschäftigt. Ich machte mir keine Sorgen mehr ums Essen. Ich aß einfach.

Ich fing an zu meditieren. Meine Freundin Debbie Renteria – eine Jin-Shin-Jyutsu-Therapeutin – half mir, mich in meinen Körper einzufühlen. Jin Shin Jyutsu ist wie gesagt ähnlich der Akupunktur, aber ohne Nadeln. Es werden die Bahnen der Meridiane, der Fluss des Körpers, angeregt, und einige können das fühlen. Da bewegt sich etwas im Körper. Bei mir bewegte sich nichts. Mein Körper war unter meinem Hals von mir abgeschnitten. Wenn ich mich nicht stieß, mir nicht wehtat oder ich nicht mit meinem Mann schlief, spürte ich ihn nicht. Ich war mein Kopf. Ich war mein Intellekt. Ich war das nicht endende Geplapper in meinem Hirn.

Ich bekam gelegentlich Massagen. Auch da war mein Kopf so beschäftigt, dass ich mich dieser Massage nicht hingeben konnte. Ich konnte sie nicht genießen, während ich sie bekam. Ich wusste erst die letzten fünf Minuten zu schätzen, wenn ich – endlich! – so entspannt war, dass meine Gedanken weniger wurden. Normalerweise war ich auch hier außerhalb meines Körpers. Meine Gedanken schickten mich immer wieder in die Vergangenheit, in die Zukunft, in ungelöste Probleme oder in die Angelegenheiten anderer Leute. Ich war nicht da. Wirklich im Jetzt. Und wenn man nicht da ist, dann kann man seinen Körper auch nicht genießen. Jede Massagetherapeutin zog erschrocken die Luft an, wenn sie meine Schultern berührte.

»Die sind aber hart.«

»Ja, ich weiß«, dachte ich mir. »Und? Sind Sie nicht dafür zuständig?«

Ich war dafür zuständig, aber das wollte ich noch nicht wahrhaben.

Ich fing an, mich für indianische Weisheiten zu interessieren, und wurde angeregt, barfuß zu gehen. Die Erde zu spüren. Darauf zu schlafen. Den Sternenhimmel zu betrachten. Am Feuer zu sitzen. Ich bekam eine heilige Pfeife, einen indianischen Namen, mehr Verständnis für die Natur und dafür, wie wichtig sie für mein Wohlbefinden ist. Ich lernte, Regen auf meine Haut zu lassen. Ich lernte, barfuß zu wandern, ohne mir wehzutun.

Langsam tat sich etwas in mir. Ich nahm meinen Körper bewusster wahr. Wenn ich von Debby Jin Shin Jyutsu bekam, fühlte ich, wie die Körperteile verbunden wurden. Nach ein paar Monaten bemerkte ich, dass ich fühlen konnte, was eine Berührung am Kopf woanders in meinem Körper auslöste. Ich merkte plötzlich, dass etwas in Fluss kam und dass ich eine innere Aufmerksamkeit entwickelt hatte. Ungefähr zur gleichen Zeit bemerkte ich, dass ich Halsweh bekam, wenn ich mich in Gesprächen mit meinen Gefühlen und meinen Wahrheiten zurückhielt. Ist das wirklich ein Warnsignal? Ich fing an aufzupassen, was mit meinem Körper parallel zu meinem Leben passierte. Ich gab ihm die nötige Aufmerksamkeit, die ich ihm all die Jahre zuvor entzogen hatte. Ich hörte auf ihn.

Wenn mein Körper müde war, legte ich ihn hin. Wenn ich keine Zeit dafür hatte, versprach ich, es später zu tun, und – tat es auch. Ich wollte das Vertrauen, das mein Körper durch das regelmäßige Essen in der Schwangerschaft zu mir wiederaufgebaut hatte, nicht aufs Spiel setzen.

Meine Tochter war ungefähr sieben Jahre alt, da merkte ich, wie erschöpft ich war und dass ich mir eine berufliche Pause gönnen wollte. Ich hatte ab meinem siebzehnten Lebensjahr immer gearbeitet. Ich war eine intensive Mutter, immer noch Fernsehmoderatorin, flog häufig mit meiner Tochter nach Deutschland, um Sendungen aufzuzeichnen, fing gerade an, Bücher zu schreiben, und hatte eine Website aufgebaut, die viel von meiner Zeit brauchte. Nebenher musste ich meinen Mann häufig bei seinen beruflichen Terminen begleiten.

Als ich anfing, über diese Pause nachzudenken, bekam ich Sodbrennen. Jeden Tag. Egal, was ich aß. Ich hatte vorher noch nie Sodbrennen gehabt und ahnte, dass es nichts mit meinen Essgewohnheiten zu tun hatte, denn die hatten sich nicht verändert. Ich ging zum Arzt, und er untersuchte mich und gab mir Pillen. Die sollte ich jetzt nehmen. Wie lange, wollte ich wissen. Na ja, meinte er, wohl für immer. Oder bis es aufhört.

Für »immer« war mir auf jeden Fall zu lang.

Ich ging nach Hause, meditierte, und plötzlich kam mir der Gedanke, meinen Magen zu fragen. Wie fragt man seinen Magen? Ich dachte mir, dass ich vielleicht ganz normal mit ihm reden sollte. Wie wenn ich zu einer anderen Person spreche. Und er – zu meiner Überraschung – antwortete.

Ich hielt die Augen geschlossen und fühlte meinen Magen, schmeckte die Magensäure im Mund und sagte mir in Gedanken folgenden Satz: »Warum haben wir Sodbrennen?«

Stille. Dann kam ein Satz zurück: »Weil uns etwas im Magen liegt.«

Nun gut, das hätte ich mir auch selbst denken können, und so fragte ich weiter: »Was liegt uns denn im Magen?«

Kurze Zeit später kam wie eine Welle ein Schuldgefühl über mich und dazu das Wort »Schuld«.

Mir schossen die Tränen in die Augen, und mir wurde übel. Schlagartig war mir klar, was damit gemeint ist: Ich fühlte mich schuldig, eine Pause zu machen. Schließlich arbeitet mein Mann ja weiter, und ich bin immer schon eine selbständige Frau gewesen, schlichtweg aus dem Grunde, dass ich mir Abhängigkeiten nicht leisten wollte. Ich sah doch, wohin es meine Mutter gebracht hatte. Sie konnte meinen Vater damals nicht verlassen, weil sie kein eigenes Geld verdiente und nicht wusste, wie sie uns drei Kinder hätte ernähren sollen. Das war meine Klein-Mädchen-Entscheidung von damals: nie abhängig von einem Mann zu sein. Und dieses »Nichtarbeiten für eine Weile« würde mich – in den Augen der kleinen Sabrina – genau dort hinbringen, wo meine Mutter war.

Ich öffnete die Augen. Ich wischte mir die Tränen ab und war gleichzeitig erschöpft und glücklich. Mein Magen spricht mit mir! Ich besprach das Problem mit meinem Mann. Das Gespräch mit dem Magen habe ich, soweit ich mich erinnere, nicht erwähnt. Klingt auch wirklich sehr komisch, nicht wahr? Erst später habe ich mir angewöhnt, in allem die Wahrheit zu sagen.

Als erwachsene Sabrina erzählte ich meinem damaligen Mann von den Sorgen der jungen Sabrina. Er verstand. Nahm mich in den Arm und ermunterte mich, eine berufliche Pause zu machen. Ich hatte selbstverständlich auch Angst, dass ich nie wieder arbeiten würde, wenn ich einmal eine Pause machte. Doch auch das, so wusste ich, ist die Angst der kleinen Sabrina. Als ich kurz danach die Entscheidung getroffen hatte, für eine Weile aufzuhören, hörte auch mein Sodbrennen schlagartig auf und ist nie wiedergekommen.

Ich habe einen klugen Magen.

Viele Male sprach ich seither mit meinem Körper. Ich beobachte ihn aufmerksam. Er ist mein Freund. Er ist mein Barometer. Ich kann mich hundertprozentig auf ihn verlassen. Selbst wenn er mich »verlässt«, dann macht er das, weil er mir einen Gefallen tun will. Weil ich etwas lernen soll – und dafür danke ich ihm von Herzen.

Ich hatte vor ein paar Jahren einen Skiunfall. Beim Ausleihen der Skier fragte mich der Mann, der die Skibindung einstellte, wie gut ich Ski fahre.

»Durchschnittlich«, antwortete ich.

»Also fahren Sie gut Ski.«

Ich wiederholte meine Durchschnittlichkeit, und er zog die Bindung fest. Ich hatte gleich ein komisches Gefühl, beschloss aber, es zu ignorieren. Das passiert mir leider gelegentlich – und auf die unweigerliche Folge brauche ich nur zu warten.

Die ersten Tage fuhr ich irgendwie vorsichtig. Nach zwei Tagen hatte ich das dringende Bedürfnis, mir jetzt doch endlich auch einen Helm zuzulegen, was ich gleich tat.

Einen Tag später hatte ich den Skiunfall. Während ich durch die Gegend flog – ich war jemandem ausgewichen, der vor mir hingefallen war –, merkte ich, dass mein linkes Bein sich verrenkte und dass die Bindung nicht aufging. Irgendetwas in meinem linken Knie schob sich unnatürlich über mein Gelenk und schnappte dann wieder zurück. Gleichzeitig versuchte ich, entspannt zu bleiben, und wiederholte innerlich: »Alles ist gut. Alles ist gut.« Einer der Skier knallte auf meinen Helm, und mit einem weiteren »Alles ist gut« landete ich auch schon der Länge nach im Schnee.

Ich tone oft – das bedeutet, dass ich Töne und Laute singe, die natürlich aus mir kommen wollen, und auch hier sang ich sofort, um meinen Körper erst einmal zur Ruhe kommen zu lassen. Die eigenen Töne beruhigen den Körper. Meine Freunde waren schnell bei mir. Sie ließen mir Zeit mit dem Aufstehen. Sie kennen mich lange genug, um zu wissen, dass man mein Summen, mein Singen oder meine Stille nicht unterbricht. Sie wissen, dass ich meine Gründe habe, so dazuliegen. Ich fühlte in meinen Körper hinein und versuchte – als Seele –, diese Situation zu betrachten. Als ich dann endlich stand, knickte mir sofort mein linkes Knie weg. Ein Freund stützte mich, und ich fühlte mich wieder hinein. »Eis« kam mir sofort in den Sinn, und das gab es hier ja nun wirklich genug. Ich krempelte meine Skihose hoch und packte mein Knie mit Schnee ein.

Ich fuhr im Schneepflug – alles andere ging nicht mehr – mühsam zur nächsten Skiliftstation und dann mit dem Lift hinunter ins Tal. Immer noch mit dem Gedanken »Alles ist gut«. Der Arzt stellte fest, dass nichts gebrochen war, befürchtete aber eine Bänder- oder Meniskusverletzung. Ich meditierte und fragte, ob ich operiert werden müsste. »Keine Operation«, sagten die Engel.

Ich habe nichts gegen Operationen – manchmal sind sie notwendig – und nahm die Information einfach nur hin. Es stellte sich heraus, dass ich mir das innere Kreuzband gerissen hatte, und auf meine Nachfrage hin, ob man es denn wieder annähen könne, schüttelte der Arzt den Kopf: »Gerissen ist gerissen.« Einer von zehn Patienten kommt ohne Operation aus – wenn er sportlich ist und auch sehr viel Muskelaufbautraining macht –, der Rest braucht zur Stabilität eine Operation, bei der ein alternatives Kreuzband erschaffen wird. Ich wusste gleich: »Ich bin der Eine.« Ich machte meine Physiotherapie, viel Sport und lobte mein Knie. Ich redete ihm gut zu, bedankte mich für die Mühe: »Danke, dass du mein Bein so stabil hältst.« Während der ganzen Zeit »schnappte« mir mein Knie auch nie wieder weg. Ein gutes Zeichen dafür, dass die anderen Bänder und Muskeln das Knie halten können.

So ging das ein Jahr lang. Das einzige Problem, das ich weiterhin hatte, war, dass ich mein linkes Knie nicht mehr richtig abbiegen konnte, und das störte mich sehr. Einer der Trainer meinte, dass dies im Alter sowieso nicht mehr so gut ist, wenn man die Knie richtig bis zum Anschlag biegt. Ich starrte ihn an, und alles in mir schüttelte sich. Nein. Das glaube ich nicht. Das will ich nicht glauben, und so eine Erfahrung will ich auch nicht machen. Ich soll mich in meinen Bewegungsabläufen schonen? Warum denn? Damit es länger hält? Ich suchte mir einen anderen Trainer. Einen, der glaubte, dass man bis ins hohe Alter beweglich sein kann.

Meine Meditationen – meistens liege ich mit meinen Beinen über Kreuz – musste ich jetzt mit einem ausgestreckten Bein machen. Einige Yogaübungen gingen nicht mehr. Und ich konnte mich nicht mehr auf meine Fersen setzen, was mir sehr abging. Ich hatte immer noch Schmerzen beim Beugen des Knies, und die hielten mich davon ab, mein Knie ganz durchzudrücken. Es wurde eine weitere Tomographie anberaumt, um zu sehen, wodurch dieser Schmerz ausgelöst wird.

Ich war gespannt auf das Ergebnis. Sollte ich doch eine Operation brauchen? Mein Arzt zeigte mir die Bilder – die alten und die neuen – und meinte fast beiläufig: »Ihr Kreuzband ist wieder nachgewachsen.«

»Wie bitte?«

»Ihr Kreuzband ist wieder nachgewachsen.«

»Ich dachte, Kreuzbänder wachsen nicht mehr nach?«, fragte ich erstaunt zurück.

»Ihres schon.«

Mein Arzt begann mir die beiden Bilder zu erklären, und ich fühlte ein tiefes, sich ausdehnendes Glücksgefühl in mir hochsteigen, und ich musste meinen Arzt unterbrechen: »Einen Augenblick, bitte. Jetzt muss ich mich erst einmal richtig freuen!« Daraufhin ließ ich einen Jubelschrei in der Praxis meines Arztes los. Ging hinaus ins Wartezimmer und rief: »Mein Kreuzband ist nachgewachsen.« Erstaunte und amüsierte Blicke streiften mich.

Mittlerweile weiß ich, dass Kreuzbänder gelegentlich wieder zusammenwachsen. Mein Arzt, der beide Aufnahmen gesehen hatte, meinte: »Ich habe zwar davon gehört, aber jetzt habe ich endlich auch mal eines gesehen«, und er fragte: »Darf ich eine Kopie davon behalten?« Natürlich erzählte ich dieses Erlebnis ein paarmal weiter. Manchmal war mein Gesprächspartner Arzt, und zwei davon meinten kopfschüttelnd, dass es dann wahrscheinlich vorher nicht gerissen war. Ich lächelte nur.

Die Schwierigkeiten beim Abbiegen meines Knies lagen an einer Zyste – zirka 15 Millimeter dick –, die sich in meine Kniebeuge eingenistet hatte. Ich wurde zu einem anderen Arzt geschickt. Der schlug eine Punktierung der Zyste vor in der Hoffnung, dass sie austrocknet. Nach der ersten Punktierung wurde die Zyste kleiner. Ich ging nach ein paar Wochen wieder hin, sie wurde ein weiteres Mal punktiert, und sie wurde wieder kleiner. Aber es gab immer noch diesen Schmerz beim Abbiegen. Beim dritten Mal fragte ich meinen Arzt, ob man diese Zyste vielleicht herausschneiden könne. Davon riet er mir ab, es sei zu kompliziert. Ich merkte, dass ich noch nicht ganz verstanden hatte, wie diese Zyste funktioniert. Ich bat ihn, es mir zu erklären. Die Zyste, so wurde mir gesagt, hat mein Körper irgendwann einmal aufgebaut. Wahrscheinlich, um irgendetwas zu schützen. Im Idealfall wird sie irgendwann einmal zerplatzen – was wir mit dieser Punktierung zu beschleunigen versucht haben, aber bisher nicht mit hundertprozentigem Erfolg. Ich bat meinen Arzt um ein bisschen Zeit und schloss meine Augen. Ich schickte die Frage nach innen: »Was kann ich tun?«

Plötzlich kam mir der Gedanke, mehrere Löcher in diese Zyste zu machen, damit sie so zerfetzt wird, dass sie platzen muss. Ich sah vor meinem inneren Auge, wie ich – mit abgebogenen Knien – auf meinen Fersen im Behandlungszimmer saß. »Vierzig Minuten«, hörte ich noch. Dann machte ich die Augen wieder auf. Meine Ärzte, muss man dazu sagen, sind einiges von mir gewöhnt. Ich singe regelmäßig, wenn an mir irgendetwas gemacht wird. Ich bitte um gemeinsame Gebete, wenn operiert werden muss. Also alles in allem: Ich bin ein eigenartiger Patient. Mein Orthopäde hatte mittlerweile geduldig gewartet, und ich erzählte ihm von meinem Vorschlag, viele Löcher in diese Zyste zu machen und dann vierzig Minuten lang auf meinen Fersen sitzen zu bleiben, um sicherzugehen, dass sie wirklich zerquetscht wird.

Er lachte, nickte und meinte: »Warum nicht?« Ich liebe tolle Ärzte!

Gleich nach der Punktierung konnte ich ohne Schmerzen mein Knie abbiegen, was schon bei den anderen Punktierungen für eine kurze Zeit der Fall war. Dieses Mal war ich gespannt, ob sich nach dem vierzigminütigen Sitzen mit abgewinkelten Knien dieses Gefühl länger halten würde. Während ich dasaß und wartete, fühlte ich eine große Dankbarkeit für meinen Körper. Mir war plötzlich klar geworden, warum er diese Zyste erschaffen hatte. Sie sorgte dafür, dass ich für ein Jahr mein Knie nicht richtig beugen konnte, damit mein Kreuzband nachwachsen konnte. War das nicht großartig von ihm?

Nach diesen vierzig Minuten war die Zyste für immer verschwunden, und ich kann mein Knie wieder wie vorher normal bewegen.

Zwei Sachen haben sich daraus wieder einmal für mich bestätigt: Wenn du ein komisches Gefühl hast – so, wie beim Einstellen der Skier –, spüre nach, warum(!). Und: Es kann auch etwas nachwachsen und heilen, selbst wenn man sich das nicht explizit vorstellt, sondern nur allgemein seinen Körper bzw. den betroffenen Körperteil tröstet und ihm Wärme und Aufmerksamkeit schenkt.

Ich bin meinem Kreuzband natürlich sehr dankbar, dass es sich die Mühe gemacht hat, noch einmal nachzuwachsen. Obwohl das schon ein paar Jahre her ist, denke ich häufig liebevoll an mein Knie, streichle es und bedanke mich, dass es so wunderbar funktioniert.

Mittlerweile liebe ich meinen Körper. Er ist älter geworden. Bestimmt faltiger. Schmäler. Aber er ist auch beweglicher geworden. Ich fühle mich wohler in mir. Jeden Morgen wache ich auf und bedanke mich bei ihm. Er ist mir »ans Herz gewachsen«. Wie eine liebe Freundin. Ich bedanke mich bei ihm, denn ohne ihn wäre ich nicht hier. Ohne ihn könnte ich hier nicht sein.

4
Außergewöhnliche Körper

Ich unterteile Körper in gewöhnliche und außergewöhnliche. Unter »gewöhnliche Körper« fällt alles, was der »Norm«, dem Durchschnitt entspricht. Alle Farben. Alle Größen. Unter »außer-« oder »ungewöhnliche« fällt das, was wir allgemein als »behindert« bezeichnen. Was heißt eigentlich »behindert«? Es bedeutet, dass es bestimmte Körperfunktionen gibt, die nicht über die übliche Kapazität verfügen.

Wir messen der Intelligenz einen hohen Stellenwert bei. Alles andere hat sich dem unterzuordnen. Erst langsam – durch die grandiosen Ergebnisse in der Gehirnforschung – erkennen wir, dass unsere Gehirne nicht gleich sind. Es gibt genetisch bedingte Veränderungen, die gern als »Normabweichungen« bezeichnet werden. Wir haben als Gesellschaft noch nicht erkannt, dass jeder von uns seine eigenen Talente und Begabungen hat und entsprechend individuell gefördert werden sollte. Stattdessen versuchen wir noch – auch durch unser Schul- oder Erziehungssystem – einen Einheitsbrei zu erschaffen. Die Kinder, wie die Eltern, die in diesem System nicht zurechtkommen, die »anders« sind, werden einem enormen Druck ausgesetzt, denn sie gelten als nicht »normal«. Dabei ist es, wenn man sich einmal anschaut, was landläufig als »normal« bezeichnet wird, doch fraglich, ob »normal« denn überhaupt in jedem Fall so ein erstrebenswerter Zustand ist.

Autismus zum Beispiel wird als tiefgreifende Entwicklungsstörung klassifiziert. Das Gehirn der Betroffenen ist nicht in der üblichen Art vernetzt. Soziale Interaktionen – wie wir sie kennen – bleiben für Autisten häufig unverständlich und machen ihnen Angst. Wir können aus dem Gesichtsausdruck ablesen, wie sich der andere fühlt. Autisten können das meistens nicht. Sie sind fasziniert in ihrer eigenen Welt. Für uns sieht es nach Abkapselung aus. Das Problem sind wir. Wir Normalen. Uns gelingt es (noch) nicht zu verstehen, dass diese Kinder (und dann natürlich auch die Erwachsenen) eine andere Art von Umgebung brauchen. Sie hören zum Beispiel Geräusche sehr viel intensiver als wir. Nicht nur Lärm kann ihnen regelrecht wehtun. Es kann das Brummen eines Kühlschranks sein, den sie vielfach intensiver wahrnehmen. Ihnen fallen Details auf, die wir übersehen. Sie haben besondere Begabungen, etwa in Mathematik oder in Gedächtnisleistungen. Sie denken in Bildern, wie Tiere dies übrigens auch tun. Deshalb verstehen sie Tiere so gut, und deswegen werden Tiere auch gern therapeutisch eingesetzt, um das Wohlbefinden zu steigern.

Früher, etwa in den Fünfzigerjahren, hieß es, autistische Kinder hätten »Kühlschrankmütter«. Es wäre die Schuld der Mütter, dass die Kinder sich in sich abkapselten. In ihrem Inneren wäre eine tiefe Verletzung entstanden. Die Mütter hätten diese Kinder eigentlich nicht haben wollen, und die Autisten hätten diese Abneigung gespürt. Mittlerweile ist diese Fehleinschätzung wissenschaftlich widerlegt worden, aber man kann sich vorstellen, wie sich die Mütter dabei gefühlt haben müssen: Nicht nur ist ihr Kind »anders«. Sie sollten auch noch schuld daran sein. Und ihre Schuld sollte in einer grausamen Gefühlskälte bestehen.

Ähnlich, wie wissenschaftliche Meinungen sich im Lauf der Zeit ändern, wird sich auch die Meinung über die Andersartigkeit von Menschen weiterhin ändern. Wir werden zu einem Punkt kommen, an dem wir die besonderen Talente von außergewöhnlichen Menschen wegen genau dieser Begabungen besonders schätzen können – einen Vorgeschmack darauf vermittelte vielleicht schon die Figur des Mr Spock aus der Science-Fiction-Serie »Raumschiff Enterprise«.

Ein weiteres Beispiel sind Kinder mit Trisomie 21. Es befremdet mich immer wieder, dass bei Schwangerschaftsvoruntersuchungen stets das Downsyndrom ins Feld geführt wird, wenn es um die Gründe für eine potenzielle Abtreibung geht. Ich habe einige Downsyndrom-Kinder erlebt, und die zeichneten sich durch eine besondere Herzenswärme aus. Einer meiner Lehrer sagte mir mal, dass diese Kinder von einem anderen Planetensystem kämen und sich hier besonders inkarnierten, damit wir erkennen, dass der Verstand nicht das Wichtigste ist. Ja, ihre Intelligenz mag nicht so scharf sein wie unsere. Aber intelligent zu sein ist ja nicht nur von Vorteil, wie wir wissen.

Natürlich gibt es auch Schwerstbehinderungen. Seelen, die ihren Körper von Anfang an nicht bewegen können. Seelen, deren Gehirnfunktionen massiv eingeschränkt sind. Seelen, deren Körper den Eindruck eines Dämmerzustands erwecken. Seelen, deren Körper permanente Pflege brauchen und die ihre Eltern nicht selten in tiefe Schmerzen und Krisen stürzen. Wenn ich über außergewöhnliche Körper spreche, dann tue ich das mit dem größtmöglichen Respekt. Ich bewundere aus tiefstem Herzen diese Mütter und Väter, Verwandte und Betreuer, die mit Liebe und allem, was sie haben – häufig am Rande ihrer finanziellen Kapazitäten –, die Pflege übernehmen. Manchmal liegen tiefe Schuldgefühle bei den Eltern, die sich nicht enden wollende Vorwürfe machen, dass sie vielleicht in der Schwangerschaft etwas nicht richtig gemacht haben. Dieses oder jenes nicht hätten machen, nicht hätten trinken, nicht hätten nehmen sollen. Das ist aber keine Schuldfrage. Es ist eine Frage nach der Reise der Seele. Keine Seele unternimmt eine Reise in einem Körper, ohne dass sie weiß, was sie tut und was auf sie zukommt.

Die Seele weiß also, welchen Körper sie sich erschaffen hat. Welche Gaben und welche Herausforderungen damit einhergehen, wie das folgende denkbare Gespräch auf den verschiedenen Ebenen zeigen soll:

Jan (Seele):	*Es ist so schön hier. Wir genießen die Zeit so sehr.*
Mutter (Verstand):	*»Jan! Jan. Komm. Mach den Mund auf. Es ist Zeit, etwas zu essen.«*
Jan (Seele):	*Ah … so, jetzt wird es Zeit, wieder zurückzugehen.*
Mutter (Verstand):	*»Jan! Mach den Mund auf.«*
Jan (Körper):	*»Ahrg … ocholo … as … ss … sss.«*
Jan (Seele):	*Geliebte Mutter, du siehst erschöpft aus. Wann wirst du endlich um Hilfe fragen? Du brauchst Unterstützung.*
Mutter (Verstand):	*»Jan, bitte!« Das wird heute wieder ewig dauern. Ich sehe es schon. Er ist schon wieder so unruhig. Das ist er immer, wenn er zu lange geschlafen hat. Ich muss ihn in Zukunft früher wecken. Es ist fast so, als ob er sich erst wieder eingewöhnen muss.*
Mutter (Seele):	*Wir dürfen ihn länger schlafen lassen. Er ist zu Hause in der Unendlichkeit. Das würde uns, dem Körper und der Seele, mehr Pausen geben, und wir brauchen das.*
Mutter (Körper):	*Ich lege mich bald dazu. Mir tut der Rücken weh, und außerdem möchte ich mich mal wieder richtig ausgelassen bewegen. Tanzen vielleicht? Das habe ich doch früher so gern gemacht.*

Mutter (Verstand): *Wieso denke ich denn jetzt ausgerechnet ans Tanzen? Mein Gott, ich weiß gar nicht mal mehr, wo meine Tangoschuhe sind. Aber Jan braucht mich hier. Außerdem reagiert er so empfindlich auf Fremde. Was ist, wenn ihm was passiert, während ich weg bin? Das würde ich mir nie verzeihen!*

Mutter (Seele): *Wir können das Tanzen genießen, wenn wir präsenter sind und uns auf den Körper und die Musik konzentrieren. Aber unser Ego übernimmt die Führung und denkt lieber die ganze Zeit darüber nach, wie es Jan zu Hause geht. Außerdem hängen wir noch ein bisschen in der Opferrolle fest. Die anderen sollen uns als gut und zuverlässig – als gute aufopfernde Mutter – sehen. Das hast du dir, Ego, so ausgedacht. Lass das los. Du musst nicht perfekt sein. Das wollten wir doch dieses Mal lernen. Komm! Lass uns tanzen gehen und uns daran erfreuen.*

Jan (Seele): *Ja, Mutter, ich fühle dann deine Freude und die Entspanntheit durch deinen Lichtkörper. Das beruhigt meinen Körper. Aber jetzt fühle ich diese Gereiztheit und diese Erschöpfung. Und das irritiert meinen Körper.*

Jan (Körper): »*Achakk … akaa … aaaaaa …. cchc.*«

Mutter (Verstand): »*Jan! Beruhige dich. Ich bleibe schon da.*« *Ich glaube, er hat gemerkt, dass ich weggehen will, und deshalb reagiert er so aggressiv.*

Jan (Seele): *Nein, Mutter, genau andersherum. Ich möchte, dass du Freude hast, und deswegen reagiere ich so.*

Mutter (Körper): *Achtung, zu viel Magensäure kommt hoch. Die Schultermuskeln verkrampfen sich. Fühlst du nicht die Warnzeichen, wenn du so etwas sagst? Wie oft schicke ich sie dir denn jetzt schon? Du bist doch sonst so sensibel! Was muss ich denn noch machen, damit du mich hörst?*

(Die Tochter kommt ins Zimmer des Bruders und hat einen Brief in der Hand.)

Tochter (Verstand): *»Mama, wir haben eine Einladung zum Geburtstag von Tante Sigrid. Bitte, bitte, lass uns hinfahren.«*

Mutter (Verstand): *»Ich kann doch hier nicht weg, das weißt du doch.«*

Mutter (Seele): *Unsere Tochter braucht ebenso unsere Aufmerksamkeit.*

Tochter (Seele): *Unsere Mutter ist überfordert. Lass uns ihr sagen, dass wir auch gern mal etwas mit ihr allein machen möchten.*

Tochter (Verstand): *Nie geht es um mich. Immer nur um ihn. Vielleicht muss ich netter zu ihr sein, damit ich geliebt werde?*

Tochter (Seele): *Lass uns ihr sagen, wie wir uns fühlen.*

Tochter (Körper): *Jetzt tut mir wieder der Hals weh. Sag was!*

Oder willst du, dass ich krank werde, damit ich auch gepflegt werde?

Tochter (Verstand): *Kriege ich dann die Aufmerksamkeit meiner Mutter?*

Tochter (Körper): *Ja. Aber ich würde mich nicht mehr wohlfühlen.*

Tochter (Seele): *Es ist einfacher, die Wahrheit zu sagen, statt uns selbst krank zu machen.*

Tochter (Verstand): *»Mama, ich weiß, wie viel Arbeit du hast, aber ich fühle mich manchmal so unwichtig. Und fühle mich auch noch schuldig, weil ich mich bewegen kann und mein Bruder nicht.«*

Tochter (Seele): *Gut gemacht.*

Tochter (Körper): *Ja, finde ich auch.*

Mutter (Verstand): *»Süße, bitte nicht jetzt. Wir sprechen später darüber. Ich verspreche es dir. Im Moment habe ich zu viel um die Ohren.«*

(Die Tochter umarmt ihre Mutter.)

Tochter (Körper): *Meine Güte, ist Mamas Rücken hart.*

Tochter (Verstand): *»Ja, Mama. Sag, soll ich dich massieren?«*

Mutter (Verstand): *»Nein, meine Süße. Das geht schon.«*

Mutter (Körper): *Das glaub ich jetzt nicht! Ich liebe es, wenn sie mich massiert. Ich werde mal die Warnsig-*

nale etwas intensivieren. So kann das nicht weitergehen. Dieses Ego lässt wirklich nichts anderes gelten.

Mutter (Verstand): *Ruhe da drin! Ich habe andere Sorgen. Mein Sohn ist krank und meine Tochter unglücklich. Was soll ich denn sonst noch machen?*

Erinnern wir uns daran, dass wir viele Leben haben. Dies ist nur eines.

Jan hat sich dieses Mal (als Seele) diesen Körper ausgesucht. Seine Mutter (als Seele) hat sich diese Aufgabe ausgesucht. Die Tochter hat sich dem eingefügt, um auch etwas zu erfahren. Alle drei sind in dieser Situation, um daraus zu lernen. Eine Lehre ist nie für einen allein. Sie ist immer für alle Beteiligten.

Jan (als Seele) will erfahren, wie das ist, wenn man sich nicht wie alle anderen ausdrücken kann. Er lernt, sich hinzugeben. Seine Frustrationen anders mitzuteilen. Sich anders zu vermitteln.

Seine Mutter lernt, sich nicht in der Pflege und der Sorge über ihren Sohn zu verlieren. Hilfe zu suchen. Hilfe anzunehmen.

Die jüngste Schwester lernt, ihr Leben zu genießen, obwohl ihr Bruder dies nicht so wie sie kann. Sie lernt auch, damit umzugehen, dass sie sich als Letzte fühlt, was die Wichtigkeit innerhalb der Familie betrifft, denn fast alles dreht sich nur um ihren Bruder. Sie lernt darüber hinaus, die Wahrheit zu sagen.

Ich weiß nicht, ob Sie je von Nick Vujicic gehört haben. Er wurde ohne Arme und Beine geboren, und bei YouTube gibt es mehrere Videos von ihm, in denen er sein Leben erklärt. Wenn man das einmal gesehen hat, vergisst man es nicht mehr. Er hat einen kleinen Fuß, den er selbst als Hühnerflügel bezeichnet, und sitzt meistens auf einem Tisch. Nick sagt, dass Gott uns unsere Probleme nicht gibt, um uns zu zerstören, sondern um unseren Charakter zu bilden. Natürlich litt er als junger Mann unter Depressionen und kämpfte mit dem Gefühl der Ungerechtigkeit, wie es wohl jeder tut, an den so ungewöhnliche Herausforderungen gestellt werden. Er fragte sich mehr als einmal: »Warum ausgerechnet ich?«

Er hat die Frage für sich beantwortet. Wie jeder von uns hätte auch er stattdessen die Möglichkeit gehabt, sich mit der Realität anzulegen.

Byron Katie, eine spirituelle Lehrerin, die ich sehr schätze, brachte dies auf den Punkt: »Leg dich nicht mit der Realität an. Woher weiß ich, dass ich hier sein soll? – Weil ich hier bin.«

Und genau das war der Schritt, den auch Nick gehen musste, um ein glückliches Leben zu führen – die Realität zu akzeptieren und eine für sich stimmige Antwort auf die Frage »Warum bin ich so, wie ich bin?« zu finden.

Der Wunsch unseres Verstandes ist es, zu heilen. Nick Vujicic wird nicht »heilen«. Ihm werden keine Gliedmassen nachwachsen. Seine Aufgabe ist es, mit dem ausgesuchten Körper ein für ihn wichtiges, angenehmes, erfülltes Leben zu gestalten. Heilung ist nicht immer das Ziel. Die Erfahrung ist das Ziel! Das gilt häufig auch für mentale Krankheiten. Theo (gechannelt von Sheila Gillette) beschreibt das so: »Du bist für dich selbst und dein Wohlbefinden verantwortlich. Eine mentale Krankheit entsteht durch ein chemisches Ungleichgewicht. Diese Erfahrung ist keine Strafe. Sie entsteht, weil du diese Erfahrung als Seele machen möchtest. Finde heraus, was du brauchst. Wenn du Psychopharmaka nicht nehmen möchtest, finde heraus, welcher Pflanzenwirkstoff die Basis ist. Vielleicht genügt dir das. Wenn nicht, erlaube dir Hilfsmittel zu nehmen. Jeder ist in der Lage, ein erfülltes Leben zu Leben. Erinnere dich: Du hast viele Leben. Dies ist eines davon.«

»Normal« zu sein, ist nicht das Ziel dieses ausgesuchten Lebens. Es ist nichts »falsch«. Weder in unserem Leben, noch in unserem Gehirn. Wir wollten dieses Mal außergewöhnlich sein. Jetzt gilt es sich nicht von den »normalen« Leuten und Vorstellungen beinflussen zu lassen. Denn was ist schon … normal?

5

Was denken wir eigentlich?

Warum bin ich so, wie ich bin? Diese Frage stellte ich mir lange nicht. Ich war mit anderem beschäftigt. Ich und das Wort »hätte« verbrachten viel Zeit miteinander. Ich brachte Jahre damit zu, mir auszumalen, wie ich vergangene Situationen hätte verändern sollen. Wie ich hätte reagieren sollen. Was ich hätte sagen sollen. Was dann der andere gesagt hätte und was dann alles so viel besser geworden wäre. Ich konnte nur schwer Ruhe finden. Gedanken schwirrten durch meinen Kopf, als ob sie ein Wettrennen gewinnen wollten: Wer raubt mir am längsten den Schlaf? Wer macht mir am meisten Angst? Und immer wieder hätte, hätte, hätte.

Der einzige Gedanke, der mir nicht kam, war, wie ich diese Gedanken kontrollieren konnte. Ich glaubte nicht, dass das möglich ist. Ich sprach nie mit anderen Menschen über die Vielfalt der Gedanken und wo sie wohl herkommen. Ich sprach über andere Leute. Meine Gedanken kamen einfach, und ich musste sehen, wie ich damit fertigwurde. Aber ich wurde es nicht. Ich wälzte mich unruhig hin und her und schlief irgendwann einmal mit meinen »Hätte«, »Sollte« und »Wäre« ein. Ich verbrachte mein Leben damit, mich mit der Realität anzulegen:

»Das gibt es doch nicht!« – Doch das gibt es. Ich erlebe es.

»Das darf doch nicht wahr sein.« – Es ist offensichtlich wahr, denn es passiert gerade.

»Das kann nicht sein.« – Es ist aber so.

Mir war jedoch nicht bewusst, dass ich mich mit der Realität anlegte. Und mir war nicht klar, dass es auch eine andere Art zu denken und zu leben gibt.

Damals dachte ich hauptsächlich, dass ich eigentlich ganz nett sei, aber *die anderen* wären das Problem. Wenn ich nur endlich die »richtigen« Leute hätte, mit denen ich zusammenarbeite, dann würde mein Leben wunderbar sein. Wenn ich nur endlich den »richtigen« Partner fände, dann würde ich glücklich werden. Wenn die anderen nur endlich einsähen, dass sie mich besser behandeln müssen.

Ich verbrachte Stunden im »Zimmer des Selbstmitleids«. Eingerichtet mit Filmen von Situationen, in denen ich mich ungerecht behandelt fühlte. Umgeben von Fotos von Menschen, die mich verletzt haben. Dabei verbrachte ich meine Zeit mit imaginären Dialogen, wie eine bereits vergangene Situation anders hätte sein sollen. Zwischendrin vergnügte ich mich mit dem Gedanken an meine eigene Beerdigung und daran, wie erschüttert/verstört/schuldbewusst alle Leute um mein Grab stünden und ihres Lebens nicht mehr froh würden, voller Schuldgefühle, wie schlecht sie mich behandelt hätten.

Frieden, so dachte ich, sei ein Geschenk, das mir andere machen. Wenn sie mir endlich zustimmen. Wenn sie endlich das tun, was ich will. Wenn sie mich endlich anerkennen. Wenn sie mich endlich verwöhnen und wertschätzen.

Frieden, so lernte ich, ist ein Geschenk, das ich mir selbst mache. Jeden Tag. Jede Minute. Mit jedem Atemzug. Und mit genau diesem Atemzug beginnt die Kontrolle der Gedanken.

Man kann Frieden auch anders finden. Man beginnt zuerst im Körper und geht dann in den Kopf. Aber dieser Weg war mir nicht vertraut. Mein Körper war mir nicht wirklich eine Unterstützung gewesen. Ich sah meinen Körper immer noch als etwas außerhalb von mir Befindliches an, etwas, mit dem ich mich arrangieren musste; folglich begann mein Weg zum Körper über den Verstand.

Mein Weg in den Frieden begann mit meiner Uhr in beiden Händen, auf die ich bei Gelegenheit schielte, in der Hoffnung, dass die zwanzig Minuten endlich vorbei sein mögen. Meine Stille begann mit Ungeduld.

Ich lernte zu meditieren. Meditation ist eine wissenschaftlich nachgewiesene Methode zu entspannen. Der Blutdruck sinkt und der Parasympathikus, der Teil unseres vegetativen Nervensystems ist, sorgt für Erholung. Er heißt sogar Erholungsnerv. Das brauchte ich dringend. Ich begann mit Transzendentaler Meditation (TM). Eine Methode, die ich nach ein paar Monaten wieder aufgab. Da war mir zu viel drum herum, was mir nicht gefiel. Die Leute im TM-Zentrum sahen alle nicht glücklich aus. Jeder schaute wichtig.

Ich bekam ein Mantra, das ich wiederholen sollte. Es lautete »Sherem«. Es war auch streng geheim. Ich habe eine Abneigung gegen Geheimnisse, gerade in der Spiritualität. Damals war dieses Gefühl, dass mich etwas stört, das erste Anzeichen dafür, dass ich diese Meditationsgruppe bald verlassen würde. Meine Meditationen hörten sich in meinen Gedanken ungefähr so an:

»Sherem. Sherem. Sherem. Mich juckt was. Sherem. Habe ich eigentlich die Herdplatte ausgemacht? Sherem. Sherem. O Gott, das Fax. Das muss ich doch noch beantworten. Wo ist das eigentlich? Halt! Du denkst nicht mehr an Sherem. Sherem. Sherem. Wo habe ich aber das Fax? ... Sabrina! Sherem. Sherem. Wie lange geht das denn jetzt schon? Sind fünf Minuten vorbei? Sabrina! Okay. Sherem. Sherem. Sherem. Sherem. Eigentlich ist das langweilig. Das soll wirklich helfen? Sabrina! Konzentrier dich! Okay, okay. Sherem. Sherem. Sherem. Ich schau mal kurz auf die Uhr. Was! Erst zwei Minuten? Sabrina! Sherem. Sherem. Sherem. Was schenke ich Susanne zum Geburtstag? Hat sie nicht gesagt, sie braucht ein paar neue CDs? Sabrina! Konzentrier dich! Mich juckt meine Nase. Darf ich mich eigentlich kratzen? Lange halte ich das nicht aus. Nase. Nase. Nase. Sabrina! Sherem. Sherem. Sherem.«

Meine Gedanken waren wie eine Horde wilder Hunde, die mich durch die Gegend zogen. Auch hier störte der Körper. Er war ruhelos. Er juckte plötzlich irgendwo, sodass ich mich wieder bewegen wollte. Mein Körper entspannte sich nicht. Das Sitzen mit gekreuzten Beinen war ich nicht gewohnt, und mir schliefen die Beine regelmäßig ein. Und dann war mein Verstand lange mit der Frage beschäftigt, ob ich mich bewegen soll oder nicht. Mein Körper wurde nicht gefragt. Es gab kein Miteinander. Ich bestimme, wann du dich zu bewegen hast und wann nicht; und jetzt bestimme ich, dass du dich ruhig verhältst. Freundschaft sieht anders aus.

Einer meiner anderen Meditationslehrer liebte lange geführte Meditationen, bei denen man regungslos auf einem Stuhl sitzen musste. Immer wieder hoffte ich, dass jetzt endlich die Meditation vorbei war, und ein weiteres Mal fing er zu reden an. Ich hatte mittlerweile jedes Zeitgefühl verloren – es war jedenfalls eine Woche später –, und alle Fasern meines Körpers wollten sich bewegen. Nach einem langen Ringen mit mir selbst bewegte ich meine Hüften, um mein Gewicht zu verlagern.

»Sabrina!«, wurde ich scharf zurechtgewiesen. Ich war offensichtlich die Einzige, die sich bewegt hatte. Niemand sonst wurde mit seinem Namen angesprochen. Es war eine zweifelhafte Ehre. Nach der Meditation, die länger als zwei Stunden dauerte, fragte er mich, warum ich mich bewegt hätte.

»Ich musste mich bewegen, denn sonst wäre ich vom Stuhl gefallen.« Entschuldigte ich mich.

»Dann fall vom Stuhl!«

Ich wusste, was er meinte. Wäre ich wirklich vom Stuhl gefallen? Nein. Ich dachte nur, ich würde vom Stuhl fallen. Meine Gedanken spielten dieses Spiel mit mir. So eine Zurechtweisung sollte mir nicht noch mal passieren. Das wird doch zu schaffen sein, diesen Körper in die Bewegungslosigkeit zu bringen. Nach dieser Erfahrung begann ich ein intensives Nicht-beim-Meditieren-bewegen-Training, das nach ein paar Wochen recht erfolgreich wurde. Ich war in der Lage, ein bis zwei Stunden völlig bewegungslos zu sitzen. Keinen Muskel, den ich heimlich anspannte und entspannte. Keine Fliege wurde verscheucht. Kein Muskelkrampf entkrampft. Ich merkte, dass ein eingeschlafenes Bein nach dem ersten unangenehmen Kitzeln einfach still wird. Ich musste nur lange genug warten.

Würde ich diese Übungen empfehlen? Nein. Ich machte genau wieder das, was ich mir erst sehr viel später abgewöhnt habe: den Körper kontrollieren zu wollen. Und Kontrolle war eine meiner Herausforderungen. Warum wollen wir kontrollieren? Damit uns nichts »Un-Kontrolliertes« passiert. Aus Angst. So sieht ein spirituelles Leben aber nicht aus. Ein spirituelles Leben ist Grundvertrauen. Vertrauen in das eigene Leben. Vertrauen in den Weg der Seele. Davon war ich damals weit entfernt.

Ich kontrollierte mich aus Gewohnheit: »Beweg dich nicht.« Und wenn ich das geschafft hatte, war ich stolz auf mich. Nun, ich war stolz auf meinen Verstand. Stolz auf meine Sturheit. Stolz auf die Kontrolle, die ich selbst über meinen Körper ausübte. Damit versuchte mein Verstand, eine Art Spiel zu gewinnen. Doch warum soll ich mich nicht bewegen? Was würde denn passieren, wenn ich mich kratze, weil es mich juckt? Nichts. Ich kratze mich, und dann gehe ich wieder zurück in die Stille. Meditation war für mich damals aber noch der Sieg meines Verstands über meinen Körper. Doch das ist eine äußerst disharmonische Art, miteinander zu leben. Mein Verstand bestimmte, und mein Körper wurde – wie eine zum Stummsein verurteilte Freundin – mitgeschleppt.

Ist Gedankenkontrolle denn nicht auch eine Art von Kontrolle? Bestimmt. Aber hier weise ich meinem Verstand seinen ordnungsgemäßen Platz zu: als Evaluierungsprogramm. Als Ratgeber. Als Organisator. Als logischer Denkapparat. Er gehört *hinter* meine Seele. Er ist Teil der Mannschaft und nicht der Kapitän. Ich hatte dem Verstand ein viel zu großes Entscheidungsfeld eingeräumt. Das gilt es wieder zu verringern. Eine Übung, die mir sehr viel mehr weiterhalf und die ich für viele Monate konzentriert machte, bis es mir zur Gewohnheit wurde, war, mir selbst zuzuhören. Ich wurde der Beobachter meiner Gedanken. Das ist mir bis heute geblieben. Ich merkte damals, dass dies gar nicht so einfach war. Ich merkte aber auch, dass ich nicht meine Gedanken »bin«. Es gibt außer mir, die ich denke, offensichtlich noch jemanden. Denn wie könnte ich mich sonst selbst beobachten? Der Beobachter bin auch ich. Das Über-Ich, wie es manche nennen. Die Seele, wie ich es nenne. Als ich zum ersten Mal diesen bewussten Schritt in die Distanz zu meinem Verstand und meinen Gedanken ging, entwickelte sich etwas in mir: Es entwickelte sich meine Fokussierung weg von meinem Verstand, hin zu meiner Seele.

Am Anfang fiel es mir schwer, meine Gedanken zu beobachten. Es war ein Vollzeitjob. Die Übung besteht darin, nicht nur seine Gedanken wahrzunehmen, sondern auch, sie nicht zu beurteilen.

Mir gefielen meine Gedanken nicht. Ich redete nicht nur schlecht über mich (»Wie kann man nur so doof sein?«, »Ich sehe furchtbar aus« oder »Das wird nie was«), mir war auch nicht bewusst gewesen, wie oft ich über andere Menschen urteilte. Im Sekundentakt. Mir gefielen ihr Benehmen oder ihre Frisur und ihre Schuhe nicht. Dabei kam ich mir extrem kleinlich und arrogant vor. Ich wollte doch großzügig sein. Menschen lieben. Mitgefühl empfinden. »Stell dir vor, Gott schaut durch deine Augen«. O Gott, ich hoffe, nicht. Wenn Gott alles so beurteilte, wie ich es tat, na dann gute Nacht. Ich war aber nicht nur streng mit anderen, sondern auch die Gedanken, die mich betrafen, waren nicht netter: Ich verglich mich ebenfalls und kam häufig schlecht dabei weg. Ich beschimpfte mich. Ich hatte mein eigenes Mantra: »Reiß dich zusammen«, »Nur nichts anmerken lassen«, »Durchhalten, durchhalten, durchhalten« … Ich war mehr in der Vergangenheit und der Zukunft als in der Gegenwart. Im Körper war ich schon gar nicht. Mein Kopf hatte ein komplett selbständiges Leben.

Zarathustra, der von Jacqueline Snyder gechannelt wurde, fragte einmal: »Bist du bereit, in einen Raum zu gehen, und alle deine Gedanken können gelesen werden?«

Um Himmels willen, bloß nicht!

Aber ich wollte bereit sein. Ich wusste, dass ich dazu üben musste. Ich hatte früher gehofft, dass mir ein friedliches und wahres Leben einfach geschenkt wird. Etwas, was schön verpackt unter dem Weihnachtsbaum liegt, weil mich Gott so liebt. Und da liegt auch tatsächlich was unter dem Weihnachtsbaum, weil Gott uns so liebt: nämlich die Gabe dazu, ein solches Leben zu führen.

Disziplin ist für viele ein schwieriges Thema. Obwohl mich die Menschen in meinem Umfeld als sehr diszipliniert verstehen, weiß ich doch, wie oft ich damit gerungen habe. Ich befürchte, dass ich im Tiefsten meines Herzen ein extrem fauler Mensch bin, und würde wahrscheinlich am liebsten mit Gummibärchen, ein paar Büchern und der Fernbedienung für Jahre auf irgendeiner Couch rumliegen. Wahrscheinlich bin ich deswegen so fleißig, damit das nicht eintritt. Ich weiß aus Erfahrung, dass ich lernen und üben muss, um in irgendeiner Sache weiterzukommen. Ich musste mir vieles autodidaktisch beibringen. Oft frage ich meine Engel um Unterstützung.

Manche Kulturen haben der Stille einen größeren Stellenwert gegeben. Seit Generationen ist das trainiert worden und in ihrem Genpool sehr viel leichter verankert als bei uns. Unser europäisches Training legte weniger Wert auf Stille.

Ich musste Ruhe schaffen. Stille. Ich begann damit, einmal die Woche einen ganzen Tag nicht zu sprechen. Es war der Mittwoch, und das nervte meinen damaligen Mann mehr als alles andere, was ich ausprobierte und tat. Ich ging allein auf Berge und in Wälder, um Tage und Nächte dort zu verbringen. Ich verbrachte Stunden mit einer konzentrierten Umgebungsbeobachtung. Alles mühsam in meinen Terminkalender eingefügt. Ich schlief manchmal weniger, einfach nur, um Zeit für diese Übungen zu haben. Ich beneidete Menschen, die im Kloster lebten. Sie konnten das alles unbehindert ausprobieren. Ich hatte einen Beruf und musste mich darum kümmern, was es zum Essen gab, wann ich meine Tochter von der Schule hole, Reisen, Faxe und das Büro koordinieren und mich um Haus und Mann kümmern.

Meine Gedanken wurden mein Spielfeld. Die einfache Frage »Was denke ich eigentlich?« sorgte dafür, dass es still in meinem Kopf wurde. Ich beobachtete, was an Gedanken aus der Tiefe meines Gehirns nach oben kommen wollte. Offensichtlich waren meine Gedanken so verschreckt, weil ich nachschaute, dass es erst einmal still war. Seit Jahren mache ich diese Übung mit Hunderten von Zuhörern, und immer wieder passiert das gleiche Phänomen. Es klappt immer. Es ist plötzlich still im Kopf. Am Anfang nur für ein paar Sekunden. Dann kommt meistens ein Gedanke hoch. Er schleicht vorsichtig um die Ecke, so als ob er nachsehen wollte, ob noch jemand aufpasst. »Ah, das denke ich also.« Dann wartet man wieder, ob noch ein neuer kommt. Wieder vergehen ein paar Sekunden, und dann kommt noch mal ein Gedanke. Sie kommen jetzt in Zeitlupe und mit langen Pausen dazwischen und nicht wie üblich rapide wie aus einem Maschinengewehr.

Je mehr ich das übte, desto leichter fiel es mir. Ich hatte die ideale Zeit zum Üben gefunden: immer dann, wenn ich ins Bett ging. Dort überfielen mich damals sämtliche Gedanken, als wenn sie Einbrecher wären und hinter der Zimmertür warteten, bis ich das Licht ausgemacht hätte.

Ein »Was denke ich eigentlich?« ließ sie verstummen. Mehr und mehr und mehr und mehr.

Ich, die ich als junge Frau pausenlos den Fernseher als Geräuschkulisse anhatte, um mich nicht einsam zu fühlen, fing an, die Stille zu lieben. Was ich am meisten liebte, war die Ruhe, die nach einer Weile in meinem Kopf einzog. Mein Körper machte mit. Er hoffte wohl, dass es zu unser beider Vorteil sei. Womit er recht hatte. Mein Körper war schon immer sehr viel geduldiger, als mein Verstand es ist.

6

Woher kommen die Gedanken?

Wenn unsere Seele unseren Körper erschafft und wir in unsere Familien einsinken, dann sinken wir nicht nur in deren Arme, sondern auch in deren Gedankenwelt. Wir, die wir noch keine Sätze bilden können und unseren Unwillen durch Unruhe und Schreien von uns geben, fühlen die Ängste und Herausforderungen unserer Eltern und all derjenigen, die in dieser Familie schon vor uns ihren Platz gefunden hatten. Bevor wir selbst eine eigene Gedankenwelt aufbauen, werden wir von der Gedankenwelt der anderen beeinflusst. Genauso wie wir von ihren Essgewohnheiten und ihrem Verhalten gelenkt werden.

Wenn wir uns unsere eigenen Gedanken anschauen, und da besonders die, die sich wiederholen, können wir einmal überlegen: Welche haben wir von zu Hause?

Meine Mutter sorgte sich viel ums Geld. Das ist kein Wunder, denn sie bekam in den Sechzigerjahren von meinem Vater fünfzig Mark in der Woche (was umgerechnet etwa 25 Euro entspricht) und musste damit ihre fünfköpfige Familie ernähren. Meine Schuhe waren immer zu klein. Meine Kleidung war meistens von der Kusine oder von netten Nachbarn, und eine Brezel war höchster Luxus, den es alle ein, zwei Monate einmal gab. Doch obwohl wir kein Geld hatten, fühlten wir uns von unserer Mutter umsorgt. Meine Mutter freute sich über Sonderangebote. Auch heute noch. Diese Sorge ums Geld hat mich und meine Schwestern sehr geprägt. Der Gedanke »Durchhalten« kommt von meiner Mutter.

All das schreibe ich, ohne dass ich es kritisiere. Jede Familie hat ihre eigenen Dynamiken, und vergessen wir nicht, dass wir uns als Seele genau diese Dynamiken ausgesucht haben. Wir wollen daraus lernen; deswegen leben wir ja mit ihnen. Wenn wir uns aufmachen, unsere Gedankenwelt bewusst zu erleben und dann zu verändern, unterstützt es diesen Prozess, wenn wir wissen, warum wir was denken. Und diese wiederholenden Gedanken – die uns manchmal die Freude am Augenblick vertreiben – können erkannt werden:

- Was sind die hauptsächlichen Gedanken in unserer Familie gewesen?

- Welchen Satz, welchen Gedanken können wir jedem Familienmitglied zuordnen?

- Welcher hat sich für uns wirklich bestätigt und welcher steht einfach nur drohend im Raum?

- Und welcher ist derjenige, der automatisch hochkommt?

Wenn wir das herausgefunden haben, gilt es, irgendetwas damit anzufangen. Schließlich wollen wir diese wiederholenden Gedanken loswerden oder zumindest massiv reduzieren. Wenn also solch ein Gedanke hochkommt, dann erkenne ich den Gedanken meiner Mutter und sage mir: »Dies ist ein Gedanke meiner Mutter. Dies ist kein Gedanke von mir.« Ich akzeptiere diese Gedanken, aber ich unterhalte mich nicht weiter mit ihnen. Bei mir entstand immer dann eine größere Gelassenheit, wenn ich aufkommende Gedanken klarer aus dem Pool meiner Eltern identifizieren konnte.

Wir kennen alle die Gedanken, die sich festsetzen. Wiederholen. Wie ein Lied, das uns nicht mehr aus dem Kopf geht. Ich habe zum Beispiel die Angewohnheit, mir über andere Leute Gedanken zu machen. Ich betrachte ihre Situation und habe Vorschläge und Ideen, wie sie denn ihre Lage verbessern könnten. Schon vor

Jahren sagten mir meine Engel, dass ich mich nur dann äußern solle, wenn ich gefragt würde. Das gelingt mir jedoch bei Menschen, mit denen ich eng in meinem Leben verbunden bin, leider nicht immer.

In einer meiner Morgenmeditationen war ich so frustriert, weil ich diese sich wiederholenden Gedanken über eine bestimmte Person nicht aus meinem Kopf bekam, dass mir die Idee mit dem Handzähler kam. Ich kaufte mir zwei. Einen gab ich meiner Freundin im Italienischunterricht, um zu zählen, wie oft sie schlecht über ihren Körper spricht. Den anderen behielt ich für mich. Ich wollte immer dann draufdrücken, wenn ich mir schon wieder – zum hundertsten Male – Gedanken um ein Leben machte, auf das ich keinen Einfluss habe. Ich wollte damit endlich aufhören. Ich gehe gern methodisch vor. Deshalb die Idee mit dem Handzähler. Es ist einfacher, nur draufzudrücken, als Listen zu führen. Ich trug diesen Handzähler der Einfachheit halber um den Hals. Was, wie man sich vorstellen kann, die Mitmenschen zu der einen oder anderen Frage animierte. So etwas ist als Schmuck doch eher ungewöhnlich. Besonders da ich zu allen möglichen Zeiten plötzlich – ohne ersichtlichen Grund – draufdrückte und etwas zu zählen schien, was mein Gegenüber nicht nachvollziehen konnte. Ich beantwortete die Frage auch immer: »Das ist ein Handzähler, und ich benutze ihn, um eine Kette bestimmter Gedanken zu zählen, die mir auf die Nerven geht.«

»Aha.«

Am ersten Tag drückte ich 35-mal. Gott sei Dank merkte ich relativ schnell, wenn ich diese Gedanken hatte. Am zweiten Tag waren es nur noch fünfzehn Male. Natürlich kamen die Gedanken immer wieder hoch. Ich kann sie ja schließlich nicht »nichtdenken«. Was machte ich also, wenn sie hochkommen? Ich besorgte mir einen anderen Gedanken, der die alten, wenn schon nicht ersetzen, so doch unterbrechen konnte. Und dieser Gedanke lautete: »Du gehst als Seele deinen eigenen, für dich richtigen Weg. Er ist gesegnet.« Danach suchte ich mir aber etwas anderes, was mich ablenkte. Das waren zu diesem Zeitpunkt meine Italienischvokabeln. So beschäftigte ich meinen Verstand, der sich manchmal an einem Gedanken wie ein Hund an einem Knochen festbeißt. Meine Italienischvokabeln waren der neue Knochen, damit der alte losgelassen werden konnte. Die Wissenschaft bestätigt heute, dass unser Gehirn flexibel ist und durch neue Gedanken neue Synapsenverbindungen gebildet werden können. Trotzdem schienen meine alten Synapsen recht hartnäckig zu sein. Ich wollte raus aus diesen Gedankenschleifen und zurück in mein Leben und in meinen Körper. Ich fragte Solano nach einer Methode, um das endlich zu lösen:

Sabrina: *Ich habe immer noch Schwierigkeiten, sich wiederholende Gedanken aus meinem Kopf zu kriegen. Ich habe schon ziemlich alles probiert. Ich konnte es reduzieren, aber ganz weg bekomme ich sie noch nicht. Ich lenke mich ab. Konzentriere mich auf etwas anderes. Aber die Gedanken kommen immer wieder.*

Solano: *Dein Ego ist seit deiner Geburt vorhanden, und es lebt durch den ratternden Verstand. Also ist der beste Weg, der direkteste Weg, um aus dieser sich immer im Kreis drehenden Konversation auszusteigen, einen Schritt zurückzugehen, dir das anzuschauen und zu sagen: »Das ist nicht, wer ich bin. Ich bin ein Teil Gottes, ich bin Strahlen. Ich bin für immer. Das andere bin nicht ich. Ich habe damit nichts zu tun.« In dem Moment, in dem du das machst – selbst wenn du immer noch irgendwelche Emotionen dazu fühlen solltest, denn sie mögen noch in deinem Körper sein –, hast du eine neue Position bezogen und damit klargemacht, dass du das andere nicht bist. Denn du bist für immer.*

Das wollte ich ausprobieren. Ich dachte zuerst, dass ich schon vor einiger Zeit die Emotionen dazu losgeworden wäre. Doch ich stellte bei genauer Beobachtung fest, dass da noch zwei Emotionen übrig waren: mein Unverständnis (oder meine Arroganz, meine Beurteilung) darüber, dass dieser Freund nicht begreifen will, was zu machen ist, und meine Frustration darüber, dass meine Hilfe keinen Nutzen hat. So sagte ich mir jedes Mal, wenn der Gedanke an diesen Freund hochkam: »Das ist nicht, wer ich bin. Es ist sein Weg.« Oder in meinem Fall sagte ich das auf Englisch: »This is not who I am.« Innerhalb von drei Tagen konnte ich beobachten, wie sehr viel schneller die Gedanken verschwanden – und vor allen Dingen, wie viel weniger sie wurden. Jetzt denke ich sie kaum noch.

Unsere Gedanken bestimmen unsere Realität. Wenn ich mir die Welt vom Standpunkt meines Ego aus ansehe, habe ich einen völlig anderen Blick, als wenn ich mir sie aus der Perspektive meiner Seele betrachte. Ich sehe Zusammenhänge. Ich sehe Übungen. Ich sehe Möglichkeiten. Möglichkeiten, aufzuwachen.

Sind alle meine Gedanken in diesem Sinne sauber? Nein. Aber es gibt Gedanken, die habe ich nicht mehr: »Die anderen sind an allem schuld.« – »Die Welt ist schlecht.« – »Warum sind nur alle so böse zu mir?« – »Warum habe ich nie Glück?« – »Das ist so furchtbar ungerecht.« – »Warum muss das ausgerechnet mir passieren?« – »Das wird nie was.« – »Wie kann man nur so doof sein?« – »Ich Arme, niemand mag mich, kümmert sich um mich, ist nett zu mir.« – »Ich mag meinen Körper nicht.« – »Ich habe Angst um meine Zukunft.« – »Ich schaffe das nicht.« – »Das Leben ist so anstrengend.« – »Wie schaue ich denn heute wieder aus?« – »Wie fürchterlich: Jetzt werde ich alt.«

Dafür habe ich neue Gedanken, die ich früher nur aus Romanen kannte: »Wie schön, dass ich lebe.« – »Wie klug ich doch bin.« – »Danke, mein herrlicher Körper, das machst du wunderbar.« – »Es wird einen Grund geben, warum mir das passiert.« – »Es kommt immer etwas Besseres nach.« – »Was ist der Segen in dieser Krise?« – »Ich bin gespannt, was ich daraus lerne.« – »Ich darf faul sein.« – »Ja, ich bin eigenartig und einzigartig.« – »Wie fühle ich mich?« – »Was denke ich?« – »Ich habe das Recht, Nein zu sagen.« – »Danke, danke, danke!«

Natürlich wissen wir, dass das Leben nicht perfekt ist. Dazu ist es nicht da. Das Leben ist eine Kette von Erlebnissen, und wir lernen aus diesen Erfahrungen. Solange wir hier sind, wird es nicht »perfekt« sein. Also, was wir so landläufig unter »perfekt« verstehen: Wir hätten keine Probleme, und alles wäre wunderbar. Das wäre auf Dauer nämlich etwas langweilig. Und so gesehen ist unser unperfektes Leben eben doch perfekt für uns. Unser Körper ist genau so, wie wir ihn brauchen, um etwas aus dem Ganzen zu lernen. Unser Leben ist genau so, wie wir es brauchen, und aus ebendiesem Grund wirklich perfekt. Für uns! Vergessen Sie auf Ihrem Weg auch nicht, gelegentlich in Ihr altes, früheres Leben zurückzuschauen. Nur um sich daran zu erfreuen, wie viel Sie schon dazugelernt haben und wie viel sich bereits verändert hat. Loben Sie sich auch ruhig einmal selbst!

Manchmal gibt es Menschen in meinem Umfeld, die aus einer bestimmten anstrengenden Situation nicht herauskommen. Ich höre ihnen aufmerksam zu und beobachte sie. Gelegentlich fallen mir Sätze auf wie »So was muss natürlich immer mir passieren« oder »Ich habe kein Glück«. Ich weiß natürlich nicht, was sie wirklich denken. Ich kann nur an meinem eigenen Leben sehen, wie es sich durch andere Gedanken und andere Taten verändert hat; und ich kann es in dem Leben meiner engen spirituellen Freunde sehen, die genauso wie ich das intime Gespräch suchen und sich auch über die Herausforderungen unterhalten und austauschen wollen. Manchmal sagen mir meine Mitmenschen, dass sie dies und das schon versucht hätten, aber es habe nicht geklappt. Doch ich bin mir nie ganz sicher, ob sie es wirklich versucht haben oder ob sie es nur sagen. Ist ihnen bewusst, was sie denken? Wie oft sie sich selbst beschimpfen? Wie oft sie in Gedankenschlaufen festsitzen?

Wir werden auch von der allgemeinen Stimmung, von den allgemeinen Gedanken in unserem Umfeld beeinflusst. Es ist nicht einfach, es sauber zu halten. Manchmal verzichte ich beispielsweise für eine Weile auf Nachrichtensendungen und Zeitungen, wenn ich merke, dass die Negativität überhandzunehmen droht. Gerade was den Körper betrifft, hat man fast den Eindruck, als ob er ohne Hilfsmittel nicht in der Lage wäre zu überleben: Von dieser Sache haben wir nicht genug, und jenes reicht auch nicht. Das Alter besteht aus Gebrechlichkeit. Schwangerschaft wird zur Krankheit. Unser Körper wird argwöhnisch beäugt. Er muss entschlackt und entgiftet werden.

Sind unsere Gedanken fremdbestimmt und beeinflusst von den wirtschaftlichen Interessen anderer – oder folgen wir bei der Betrachtung unseres Körpers dem Plan unserer Seele? Hier stellt sich die Frage, die vieles klärt: Kümmern wir uns um den Körper aus Sorge oder aus Liebe?

Kümmern wir uns aus Sorge, dann wird unserem Körper immer wieder gesagt: »Ich traue dir nicht.« – »In unserer Familie haben alle Frauen Brustkrebs bekommen. Wann bekomme ich ihn?« – »Du bist zerbrechlich!« – »Du wirst schwach.« – »Was kommt denn jetzt schon wieder?« – »Meine Schultern sind total kaputt.« – »Mir geht es jedes Jahr schlechter.« – »Meine Beweglichkeit ist hin.«

Kümmern wir uns aus Liebe, dann wird unserem Körper immer wieder gesagt: »Danke, dass du dir so viel Mühe gibst.« – »Wie herrlich! Ich bin gesund.« – »Heute kriegst du eine Massage.« – »Danke, dass du mir Nachrichten und Zeichen gibst, damit ich etwas tun kann.« – »Möchtest du dich ausruhen?« – »Heute gefalle ich mir.« – »Lass uns Sport machen, lass uns an die frische Luft gehen, lass uns tanzen.« – »Ich war noch nie so beweglich.«

Natürlich nutzt es nichts, wenn wir unserem Körper sagen, wie beweglich wir sind, wenn wir kaum noch unsere Schuhe zubinden können und auch nichts unternehmen, um diesen Zustand zu ändern. Unser Körper ist nicht taub. Lügen kriegt er sofort mit.

Erinnern wir uns: Unser Körper ist ein faszinierendes intelligentes Gebilde. Und auf unserer Seite. Was wir denken, beeinflusst unser Leben. Was wir denken, beeinflusst unsere Gefühle und damit unseren Körper. Mein Körper ist mit 52 Jahren beweglicher, als er jemals war. Mein tägliches Yoga hilft mir dabei.

Selbst der Placeboeffekt ist eine Bestätigung für die Kraft unserer Gedanken. Wenn wir davon überzeugt sind, dass eine Pille hilft – egal, ob ein Wirkstoff drin ist oder nicht –, und sie wirkt, dann zeigt sich hier die Schöpferkraft unserer Gedanken.

Nach jahrelangem Training ist mir Folgendes geblieben: Ich bin sehr aufmerksam. Jeden Morgen neu. Ich versuche, keinen Gedanken unbeobachtet durch die Tiefen und Weiten meines Intellekts fließen zu lassen. Ich bin wie ein Detektiv, immer auf der Suche nach einem Indiz für Unsauberkeit. Ich möchte, dass alle meine Gedanken offen dargelegt werden können.

Ist es anstrengend? Ja.

Gelingt es mir immer? Nein.

Würde ich jemals damit aufhören wollen? Um Gottes willen, nie!

7

Die Quelle der Emotionen

Die Uremotionen kommen aus unserem Geruchssinn. Daraus haben sich alle Emotionen entwickelt. Sie haben ein Ziel: Sie wollen herausfinden, ob etwas sicher für uns ist oder ob es eine Gefahr bedeutet. Damals dominierte unser Geruchssinn, weil wir uns auf unseren Geruch verlassen konnten, wenn er signalisierte, ob sich hier Freund oder Feind nähert. Tiere verfügen heute noch über diese Gabe. Mittlerweile wurde auch wissenschaftlich bestätigt, dass Krankheiten einen Geruch haben und dass es Hunde gibt, die das erkennen können. Bei uns hat sich diese Fähigkeit in Redewendungen wie »Ich kann ihn nicht riechen« erhalten.

Solano beschrieb die Entwicklung der Gefühle so:

»Lass uns eure Entwicklung und die Evolution eures menschlichen Gehirns und eure Interaktion betrachten. Ihr seid dazu geschaffen, empathisch zu sein, also Mitgefühl zu entwickeln. Das ist einer eurer fundamentalsten Aspekte in eurem Körper, der nicht ignoriert werden kann. Weil ihr so seid, gibt es Gelegenheiten, in denen eine Emotion durch euch durchgeht, die ihr nicht als eure eigene identifizieren könnt. Natürlich nur, falls ihr aufmerksam seid. Diese Emotion, die durch euch durchgeht, ist also nicht von euch selbst generiert worden.

Das ist ein Phänomen, das in eurer Zeit wächst, denn euer neuronales Netz in eurer globalen Welt wird mehr und mehr verbunden. Blitzschnell verbunden. Emotionale Zustände, die von einer Einzelperson, einer Firma oder natürlich auch einer

Regierung kommen können, rollen durch das gesamte Bewusstsein eures globalen neuronalen Netzes*, und ihr ›riecht‹ die Veränderung, da sich das globale elektromagnetische Feld verändert.

Erinnert euch: Als Stämme Savannen durchstreiften, war das lebensnotwendig. Damals wurde jemand als Führer vorgeschickt, der die Nase in den Wind hielt, um zu riechen, ob Gefahr drohte. Wenn dieser Führer etwas roch, was Gefahr für den Stamm bedeuten könnte, veränderten sich sofort sein elektromagnetisches Feld und die Art der Aktivität seiner Drüsen. Es veränderte sich der Geruch seines Körpers, und der übrige Stamm roch sofort, dass Gefahr drohte. Auch heute noch existiert in euch diese Möglichkeit, Gefahr zu riechen.

Ob du in einer Stadt oder isoliert auf dem Lande lebst, spielt hierbei weniger eine Rolle, denn wir sprechen von einer elektromagnetischen Qualität. Du empfängst Angst, die nicht von dir kommt und die generiert wurde, weil vielleicht eine Firma in einem anderen Land Angst hat, schließen zu müssen. Um damit umzugehen, ist es wichtig, dass du jeden Morgen, bevor du aufstehst und bevor du deinen emotionalen Zustand durch deinen Verstand überprüfst, dich selbst in die Pause zwischen deine Gedanken sinken lässt. Dort etabliere dich als die Für-immer-Essenz, die du bist: stark in deiner Möglichkeit, das Leben aufzubauen, die Illusion aufzubauen, die du dir erträumen willst.

Alles um dich herum, deine Wände, Körper, Bäume, Pflanzen, die Erde unter dir … es ist alles Energie. Wellen von Energie, die der Illusion zustimmen, die du über sie hast. Sie ist beweglich, flexibel und veränderbar. Aber um sie zu verändern, musst du dich zuerst auf der Frequenz etablieren, in der du leben willst. Mein Vorschlag: Benutze die Frequenz des ›Seins‹. Sei in deinem

---

*Neuronale Netze bilden die Struktur von Gehirn und Nervensystem von Tieren und Menschen, die in der Art eines Netzes miteinander verknüpft sind. Zwischen ihnen findet auf chemischem und elektrischem Weg ein Informationsaustausch statt.

Körper. Außerhalb von Zeit und außerhalb von Raum. Erinnere dich, dass du für immer bist. Und deswegen kannst du aussuchen, was du dir wünschst, und damit auch erschaffen, was du erleben willst.«

Wenn Solano sagt: »Sei in deinem Körper. Außerhalb von Zeit und außerhalb von Raum«, dann meint er damit, dass wir bewusst in unserem Körper sein und uns in Gedanken nicht in der Vergangenheit oder in der Zukunft aufhalten sollen. Es geht um das »Sein«. Das Hier-Sein, also das Im-Körper- und das Bewusst-Sein, sich im Jetzt aufzuhalten. Dabei entsteht eine Aufmerksamkeit, in der uns nichts entgeht.

Solano sagt: »Die Seele generiert keine Emotionen. Alle Emotionen kommen aus deinem Ego. Jede Emotion basiert auf einem Gedanken, den du gerade gedacht hast. Du hast eine Viertelsekunde Zeit, um einen Gedanken zu erwischen, bevor er in dir ein Gefühl auslöst.«

Eine Viertelsekunde. Das ist nicht lange. Was sagt uns dieser Satz noch? Er sagt uns, dass es an uns liegt, was für ein Gefühl wir bekommen:

Anna (Ego): *»Ich fühle mich so … so … ausgenutzt.«*

Babs (Ego): *»Ja, klar! Das hat er schließlich auch gemacht!«*

Anna (Ego): *»Ich habe alles für ihn getan. Ich habe ihn verhätschelt und versorgt, und ich habe ihn mit Liebe zugeschüttet, und so dankt er es mir.«*

Anna (Seele): *Wir wollten jemanden, um den wir uns kümmern können.*

Babs (Ego): *»Jessica heißt sie auch noch. Mit c! Das ist wieder typisch!«*

Anna (Ego):	*»Ich habe ihm sein Handy weggenommen. Und er denkt, er hätte es irgendwo liegen gelassen. Er war wirklich nervös.«*
Anna (Seele):	*Wäre es nicht einfacher gewesen, ihn direkt darauf anzusprechen?*
Babs (Ego):	*»Das glaub ich gern!«* (Schnauft.)
Babs (Seele):	*Wollen wir Anna nicht lieber beruhigen und uns die Fakten in Ruhe anschauen?*
Babs (Ego):	*Ich konnte ihn noch nie leiden.*
Babs (Seele):	*Wir waren eifersüchtig.*
Babs (Ego):	*»Männer sind alle gleich.«*
Babs (Körper):	*Achtung, Auftrag an Nebenniere: Adrenalinausstoß.*
Anna (Ego):	*»Hier.«* (Holt Handy hervor.) *»Damit du das selber lesen kannst.«*
Anna (Körper):	*Achtung, Nebenniere: Adrenalinausstoß. Schnell und flach atmen. Herzschlag anziehen.*

(Babs legt ihre Arme fürsorglich um Anna.)

Babs (Ego):	*»Du zitterst ja. Ich bin so wütend auf ihn, wie kann er dir das nur antun?«*

(Babs schaut auf die SMS, die Anna ihr zeigt.)

Anna (Ego):	*»Es geht los mit dem Üblichen. Wahrscheinlich*

	hat sie so getan, als ob sie Hilfe bräuchte, und Otto kann sich da natürlich nicht beherrschen.« (Liest erste SMS vor.) »*›Ich weiß nicht, was ich ohne dich machen würde.‹«*
Babs (Ego):	*»O Himmel!«*
Anna (Ego):	*»Und hier: ›Ich werde dir ewig dankbar sein.‹ Und Otto schreibt zurück: ›Gern und jederzeit. Es war mir ein Vergnügen. Das ist hoffentlich offensichtlich gewesen.‹«*
Babs (Ego):	*»Da macht er noch ein ;-) dazu. So ein Arsch.«*
Anna (Ego):	(Weint.) *»Das war aber noch nicht alles. Hier.«*
Babs (Ego):	(Liest.) *»›Ich bin so nervös. Ich bin nicht gut im Versteckspielen.‹ Und was hat er geschrieben?«*
Anna (Ego):	*»›Das kriegt niemand mit. Das habe ich dir doch versprochen. Ich bin schweigsamer, als du denkst.‹ Schweigsam? Das ist wahr. Ich kriege ihn schon so kaum zum Reden. Mir antwortet er immer mit Ja oder Nein, und bei Jessica schreibt er einen Roman.«*
Anna (Körper):	*Zu viel Adrenalin! Achtung da oben. Kämpfen wir oder flüchte ich? Herz tut weh. Kehle zieht sich zusammen. Weglaufen? Dableiben? Was nun?*
Anna (Ego):	*»Hinter meinem Rücken. Solche Lügen!«*
Anna (Seele):	*Nun ja, das Handy wegnehmen ist auch hinter seinem Rücken.*

Anna (Körper): *Was ist jetzt? Flucht oder Kampf? Mir kommt die Magensäure hoch!*

Anna (Ego): »*Ich sage dir, mir reicht es jetzt.*«

(Ottos Handy piepst. Eine SMS von Jessica wird empfangen.)

Anna (Ego): (Liest.) »»*Ich danke dir von Herzen. Mein Mann war total überrascht. Er liebt seine neue Uhr. Ohne dich hätte ich mich nicht getraut. Grüße an Anna. Bussi.*««

Babs (Ego): »*Grüße an Anna?*«

Anna (Ego): »*Oh! Jetzt … warte mal … das ist Ika von seinem Büro. Die ist knappe sechzig.*« *(Lacht.)*

Anna (Körper): *Adrenalinproduktion einstellen.*

Babs (Ego): (Umarmt Anna.) »*Na, Gott sei Dank.*« *Nun gut, dann muss ich mich mit dem Otto eben doch noch eine Weile rumärgern.*

Anna (Körper): *Ich ertrinke hier gerade im Adrenalin. Können wir das irgendwie loswerden?*

Anna (Ego): »*Jetzt muss ich sehen, wie ich ihm das Handy wiedergebe, ohne dass er es merkt.*«

Anna (Seele): *Vielleicht sollten wir mit ihm über unsere Eifersucht und Ängste reden?*

Anna (Ego): »*Nicht auszudenken, wenn er merken würde, dass ich eifersüchtig war.*«

Babs (Ego): *»Ja, grauenhaft. Sag bloß nichts!«*

Babs (Seele): *Kein wirklich guter Rat. Schlag ihr vor, offen und wahrhaftig in ihrer Beziehung zu sein.*

Babs (Ego): *Psst. Blöde Idee.*

Anna (Körper): *Und was mache ich jetzt mit dem Adrenalin? Hallo! Ich brauche Bewegung. Ich ertrinke hier in dem Adrenalin!*

Allein Annas Gedanke löste eine Welle an Emotionen aus, die sich dann im Körper zeigten. Die berühmte Viertelsekunde hat ganze Arbeit geleistet. Der Gedanke stellte sich als unwahr heraus. Doch der Körper hat sofort reagiert und noch eine Weile mit den Konsequenzen dieses Gedankens zu kämpfen.

Welche Gedanken lösen welche Emotionen und körperlichen Reaktionen aus? Das ist ganz unterschiedlich. Der eine mag denken: »Ich bin allein«, und er fühlt sich dabei wohl. Bei einem anderen kann derselbe Gedanke eine regelrechte Panikattacke auslösen. Es ist weitgehend von unseren früheren Erfahrungen abhängig, welche Gedanken welche Emotionen auslösen.

Zu schlussfolgern: »Heute ruft mich niemand an, keiner interessiert sich für mich!«, löst ein völlig anderes Gefühl aus, als in der gleichen Situation zu sagen: »Ich weiß, dass jeder mit seinem eigenen Leben beschäftigt ist. Wen könnte ich anrufen?« Und in der besagten Viertelsekunde entscheidet sich: Was fühle ich?

Dabei übernehmen wir gleichzeitig Verantwortung für unsere Gedanken. Viele Menschen leben täglich wie auf einer emotionalen Achterbahnfahrt. Alle fünf Minuten plagt sie eine andere Regung: Angst, Unsicherheit, Sorge, Gelassenheit, Sorge, unterdrückte Wut, Freude, Unsicherheit, Trauer, dann wieder Angst …

Das war auch mir sehr vertraut. So lebte ich viele Jahre und dachte, es sei normal. Richtige Glücksgefühle empfand ich nur kurz. Ich wusste auch nie, woher meine Emotionen kommen. Manchmal fühlte es sich so an, als ob ich aus heiterem Himmel melancholisch war. Ich erlaubte mir wirkliche Glückgefühle auch nicht. In meinem Verstand kamen dann jedes Mal sofort warnende Gedanken: »Freu dich nicht zu früh! Das geht bestimmt schief!« – »Wer weiß, wie lange das hält?« – »Warum solltest ausgerechnet du dafür ausgesucht werden?« – »Irgendwann werden alle merken, dass du überhaupt kein Talent hast.«

Heute weiß ich auch, dass nicht alle Emotionen wirklich meine sind. Manchmal kommt es vor, dass ich einen Raum betrete, und mich überfällt zum Beispiel eine Trauer, obwohl es nichts gab, was mich traurig gemacht hat. Wenn ich mich plötzlich eigenartig fühle, dann stelle ich mir drei Fragen:

- Was habe ich gedacht?
- Wer ist in meiner Nähe?
- Was habe ich getan?

Wenn ich also in einer Umgebung bin, in der ich mich überraschend eigenartig fühle, dann frage ich mich zuerst, was ich gedacht habe. Habe ich an nichts gedacht, was diese Emotion ausgelöst haben könnte, dann frage ich mich als Nächstes: Ist das, was ich fühle, auch wirklich meins? Wenn ich nichts Entsprechendes gedacht habe, dann hat es wohl etwas mit meinem Umfeld zu tun. Ich habe irgendeinen fremden Gedanken, eine fremde Emotion durch mein Lichtfeld aufgeschnappt. Durch die Erkenntnis und die Distanz – »Nein, das ist kein Gefühl, das etwas mit mir zu tun hat« – löst es sich auf.

Habe ich allerdings etwas gedacht, was diese Emotion ausgelöst haben könnte, überprüfe ich zuerst einmal den Gedanken. Dachte ich: »Niemand kümmert sich um mich« oder »Ich gehöre nicht hierher«, dann löste dies die Emotion der Trauer aus. Ich erlaube mir dann auch, diese Trauer zu fühlen.

Viele unserer Gefühle sind fest verlinkt mit unserer Vergangenheit. Angenommen, unser Vater hat uns verlassen, als wir sieben Jahre alt waren, dann gibt es in uns eine Siebenjährige, die große Verlustangst hat. Diese Siebenjährige wird unser heimlicher Ratgeber sein. Ihre Gedanken sind es, die wir denken. Wir werden in ähnlichen Situationen plötzlich wieder sieben Jahre alt. Wenn wir gekündigt werden, taucht sofort die Siebenjährige auf und erzählt uns, dass wir nichts wert sind, weil wir schon wieder verlassen werden. Wenn unsere Kinder erwachsen werden wollen und ausziehen, taucht sofort unsere Siebenjährige auf und macht uns (und unseren armen Kindern) das Leben schwer, denn wir werden wieder verlassen. Unbeachtet, unbeobachtet kommen diese Gedanken immer wieder hoch und dramatisieren unser Leben. Wir können unserer Siebenjährigen sagen: »Wir sind jetzt erwachsen. Unsere Kinder sind es auch, und sie müssen ihr eigenes Leben führen. Wir werden sie weiterhin sehen, und sie lieben uns auch noch. Du brauchst dir keine Sorgen zu machen, liebe Siebenjährige. Ich kümmere mich um dich. Ich komme jetzt sehr gut in meinem Leben zurecht, auch wenn jemand ab und zu geht. Ich bleibe. Und ich bleibe für immer.«

Diese Frage »Wer in mir fühlt sich verlassen?« erlaubt dem Grund dieser Emotion, nach oben zu kommen. Erlaubt dem siebenjährigen Kind, sich zu melden. Theo, der von Sheila Gillette gechannelt wird, nennt das, wie gesagt, »unsere Waisenkinder nach Hause holen«, das hat natürlich etwas mit der Arbeit am »inneren Kind« zu tun.

Diese Siebenjährige verschwindet aber nicht ein für alle Mal. Sie kommt immer mal wieder hoch. Stets dann eben, wenn eine Situation auftritt, in der wir ähnlich wie damals mit sieben Jahren empfinden. Nur tritt sie weniger häufig auf. Je öfter wir diese Siebenjährige nach Hause holen. Je öfter wir sie akzeptieren, dass sie da ist, desto weniger wird sie sich melden und unser Erwachsenenleben verrückt machen. Alles, was sie will, ist, gehört und nach Hause gebracht zu werden. In unser bewusstes, waches, erwachsenes Selbst. Unsere Siebenjährige wird keine automatischen Reaktionen (Beleidigtsein, Trauer, Panik, Sorge, Angst) mehr auslösen, denn wir sind wach geworden und wissen, woher solche Emotionen kommen. Sie bestimmt in diesen vermeintlichen Krisensituationen nicht mehr unser Verhalten.

Ich habe mir meine emotionalen Waisenkinder angesehen und sie über Jahre immer wieder nach Hause geholt und sie getröstet. Jetzt sind sie integriert, und ich kürze den Prozess ab, indem ich mich daran erinnere, dass ich für immer bin. Alles in mir ist getröstet und stimmt dem zu. Ich sage das auch, wenn ich mental irgendwo festsitze. Wenn sich zum Beispiel Gedanken einschleichen, die »klein« sind und mir das Leben schwer machen. Ein »Ich bin für immer« holt mich zurück in die Wahrheit. Ist das wirklich passiert, entspannt sich der Körper. Unser Verstand kann uns hundertmal einzureden versuchen, dass etwas geklappt hat, wenn wir nicht davon überzeugt sind, dass wir für immer sind, dann entspannt sich der Körper nicht. Unser Körper ist unser Barometer. Mein Körper entspannt sich nach meinem »Ich bin für immer«. So zeigt mir mein Körper, dass dies für mich die Wahrheit ist.

8

Wahre und gezeigte Emotionen

Es ist ein großer Unterschied, ob wir unsere Emotionen – und die Gedanken dazu – verstehen und dadurch wach werden oder ob wir sie einfach nur loswerden wollen. Viele spirituelle Schüler und auch manche Lehrer hoffen, dass sich Emotionen durch regelmäßiges Meditieren auflösen und dass wir dann, bis auf tiefes Glück, nichts anderes mehr fühlen. Dabei werden Emotionen häufig nur unterdrückt, ohne sie erkannt zu haben.

Etwas Ähnliches gilt übrigens auch für das positive Denken: Denke ich positiv, weil es aufgrund meines Wachseins aus mir herauskommt, oder tue ich nur so, als ob ich positiv denke, und setze ein Lächeln auf, das ich innerlich nicht fühle. Dann beginnt eine Zweiteilung in eine nach außen hin dargestellte Fassade mit einem Kern, der unterdrückt wird. Das hat nichts mit Wahrhaftigkeit zu tun. Wir zeigen uns nicht, wie wir wirklich sind. Wir tun so, als wären wir jemand anders.

Was passiert mit unterdrückten Emotionen? Die bleiben im Körper, und der findet das gar nicht komisch. Alles, was unterdrückt wird, kommt nämlich irgendwann einmal hoch. Wie jeder Dreck, den wir unter den Teppich kehren, so ist jeder Ärger, der unter dem Teppich unserer Persönlichkeit liegt, nicht wirklich weggeräumt.

Sollen wir also allen Ärger rauslassen? Das erinnert mich immer an diese Stinkbomben, die wir als Schulkinder gern benutzt haben. Wenn ich meinen Ärger jederzeit rausließe, dann wäre das wie bei dem Geruch, der alles andere verpestet. Ich überschütte mein

Umfeld mit meinem Ärger, und die können dann sehen, wie sie damit fertigwerden.

Wenn man ihn also nicht unterdrücken und nicht rauslassen soll, was soll man denn um Himmels willen damit machen?

Herausfinden, warum man ärgerlich ist.

Einer der wichtigsten Schritte in ein waches Leben ist das Erkennen der eigenen Emotionen. Hier spreche ich natürlich nur über die wirklichen eigenen Emotionen und nicht die, die man von anderen aufnimmt. Unsere Emotionen sind da, weil unsere Seele uns das als Hausaufgabe mitgegeben hat. Warum fühlen wir, was wir fühlen? Was denken wir dabei? Das sind wichtige Schlüssel unserer Selbsterkenntnis, um einige Emotionen massiv zu reduzieren.

Wir nehmen beispielsweise an, wir wären wütend, weil jemand schon wieder unpünktlich war. Das ist unser erster Gedanke. Häufig sind wir in einer solchen Situation aber aus einem ganz anderen, tieferen Grund wütend. Wir sind vielleicht wütend, weil wir uns wieder mal nicht wichtig genommen fühlen. Weil wieder mal unsere Bedürfnisse nicht befriedigt worden sind. Weil wir schon wieder mal »warten« müssen, bis wir das bekommen, was wir wollen. Weil wir uns danach sehnen, geachtet und respektiert zu werden. Vielleicht kommt dieser Ärger daher, dass unsere Eltern in ihrem Leben so beschäftigt waren, dass wir uns nicht wahrgenommen fühlten. Wo immer dieser Ärger herkommen mag, er kommt aus unseren gelebten Erfahrungen.

Und damit dieses Spiel nicht unendlich weitergeht (etwas passiert, und ich ärgere mich genauso wie schon zigmal vorher), kann ich es nur unterbrechen, wenn ich weiß, warum ich in einer bestimmten Weise reagiere:

Kollegin (Verstand):	*»Ich weiß überhaupt nicht, wie ich das schaffen soll. Nicole, bitte bringen Sie mir mal die Kisten.«*
Nicole (Verstand):	*»Ja.«* (Seufzt.)

Kollegin (Verstand):	*Was seufzt sie denn jetzt schon wieder? Sie ist ja überhaupt nicht belastbar. Ich mache doch sowieso schon die meiste Arbeit. Ohne mich würde der Laden doch hier glatt zusammenbrechen, und dann muss ich mir auch noch ihr Geseufze anhören.*
Nicole (Verstand):	*»Hier sind sie.«*
Kollegin (Verstand):	*»Die sind ja noch zu! Warum haben Sie die denn nicht aufgemacht?«*
Nicole (Körper):	*Schnelles Herzklopfen einsetzen. Mund austrocknen. Hoher Blutzucker.*
Nicole (Verstand):	*»Ich wusste nicht …«*
Kollegin (Verstand):	*»… Sie wussten nicht was? Dass ich die Kisten offen brauche? Ich kann zwar viel, aber durch Kisten schauen kann ich noch nicht.«*
Kollegin (Seele):	*Wollen wir so ein Klima erschaffen? Diese Schärfe tut Nicole weh.*
Kollegin (Verstand):	*Ja, na und? Mir hat das auch nicht geschadet. Alles verweichlicht hier. »Nicole, Sie haben doch hoffentlich wenigstens schon die Listen dafür gemacht.«*
Nicole (Körper):	*Achtung! Herz wird schwer. Herzschlagfrequenz anheben. Adrenalinproduktion hochfahren und ausschütten. Darm verkrampft sich.*

Nicole (Verstand): *»Ich bin gerade dabei.« Warum hackt sie immer auf mir herum? Ich bin ihre Kollegin, nicht ihre Assistentin, und ich … ich … Wenn ich nur könnte, würde ich kündigen. Aber es gibt einfach keine anderen guten Jobs.*

Nicole (Seele): *Wir können ehrlich sein und ihr sagen, dass wir ihr nicht weiter zuarbeiten können, sondern zuerst unsere eigenen Aufgaben erledigen wollen.*

Nicole (Verstand): *»Ich brauche nur noch eine halbe Stunde, dann habe ich die Listen fertig.«*

(Nicole kommt nach Hause, öffnet die Küchentür und sieht, wie ihr Mann und die Kinder kochen.)

Nicole (Verstand): *»Was macht ihr denn hier? Wie sieht denn nur die Küche aus? Konntet ihr nicht warten, bis ich da bin? Jetzt muss ich wieder den ganzen Saustall aufräumen.«*

Ehemann (Verstand): *»Wir machen eine Pasta. Keine Sorge. Ich habe es hergeräumt, ich räume es auch wieder weg.«*

Nicole (Verstand): *»Ja, ja, dein Wegräumen und mein Wegräumen sind zwei ganz verschiedene Dinge. Nicht mal zu Hause hat man seine Ruhe.« Ich mag nicht mehr. Ich lasse mich scheiden.*

Nicole (Seele): *Wir lassen uns scheiden? Weil die Küche nicht sauber ist?*

Nicole (Körper): *Mir geht der Schweiß aus. Bitte trinken. Ich brauche mehr Wasser. Und der Darm auch. Der ist immer noch verkrampft und trocknet langsam aus. Steinharter Stuhl. Wir wollen loslassen. Und wir können nicht. Das wird hier unten ganz schön eng.*

Nicole (Seele): *Loslassen. Eine wunderbare Idee. Wir gehen ins Wohnzimmer, machen es uns gemütlich und warten, bis das Essen fertig ist und wir in die Küche gerufen werden. Und wenn es etwas unordentlich hier ist, machen wir einfach für eine Weile die Augen zu. Wäre das nicht wunderbar?*

Nicole (Verstand): (Genervt zur Familie in der Küche.) »*Kommt, geht … geht einfach raus. Habt ihr schon die Hausaufgaben gemacht? Oder sind die auch noch nicht fertig?*«

Nicole (Seele): *Wir hören uns wie unsere Kollegin an. Ist das die Stimmung, die wir verbreiten wollen?*

Nicole (Verstand): *Was heißt hier schlechte Stimmung? Alles muss ich selbst machen. Warum kann man denn auf mich keine Rücksicht nehmen?*

Nicole (Seele): *Unsere Kollegin nimmt keine Rücksicht. Hier wurde gerade Rücksicht genommen. Wir wollen lernen, loszulassen und zu akzeptieren, dass nicht immer alles perfekt sein muss. Die Familie wollte uns mit einem Abendessen überraschen.*

Nicole (Verstand):	*Schöne Überraschung. Ich habe nur extra Arbeit damit.*
Nicole (Körper):	*Bauchkrämpfe!!! Wasser!!! Bitte loslassen!!!*
Nicole (Verstand):	*So, und jetzt geht mir auch noch das Spülmittel aus. Nun brauche ich erst mal ein Glas Wein.*

Nicole hat ihre Verletzung mit nach Hause genommen und sie dort ausgebreitet. Das passiert nicht selten. Immer dann, wenn wir nicht gelernt haben, unsere Gereiztheit auszusprechen, bevor sie aus uns ausbricht. Immer dann, wenn wir versuchen, unsere wahren Gefühle zu verstecken. Nicht zu zeigen, wenn uns etwas verletzt hat. Wenn wir stark sein wollen, obwohl wir uns schwach fühlen. Wir haben uns im Dialog mit anderen angewöhnt, beim Auftreten von Emotionen auf eine von drei Arten zu reagieren:

- Entweder wir versuchen, so zu tun, als ob wir sie nicht hätten.
- Wir verstecken unsere »richtige« Emotion und tun so, als ob wir eine andere hätten.
- Oder wir lassen sie raus.

Es gibt aber noch eine vierte Möglichkeit. Wir können zum Beispiel Folgendes sagen: »Ich merke, dass ich ziemlich wütend [traurig, gereizt, ärgerlich oder sonst was] werde, und möchte erst einmal herausfinden, warum ich das fühle. Ich würde mich gern später mit dir darüber unterhalten.« Wie wäre es, wenn Nicole die Wahrheit gesagt hätte? Wenn sie authentischer mit ihrer Kollegin und später auch mit ihrer Familie umgegangen wäre?

Das erfordert am Anfang Mut. Es ist ein anderer Weg. Ich finde, ein praktischer.

Ich habe mir vor vielen Jahren angewöhnt, ehrlich mit meinen Gefühlen zu sein. Ich erinnere mich noch an den Beginn einer großen Liebe, doch eines Tages sagte er etwas, was mich verletzte. Normalerweise zog ich mich bei Verletzungen zurück. Man sah es mir nicht an, aber in mir breitete sich Kälte aus. Ich tat früher so, als wäre nichts. Doch das wollte ich ändern. Als dies passierte, gingen wir Hand in Hand spazieren, und mein »normaler« Impuls war, meine Hand aus seiner zu ziehen. In mir entstand ein Dialog, der sich ungefähr so anhörte:

Sabrina (Verstand):	*Er hat mich verletzt.*
Sabrina (Seele):	*Vielleicht weiß er nicht, was das bei dir auslöst?*
Sabrina (Verstand):	*Das ist mir egal. Er hat mich verletzt. Ich werde jetzt meine Hand in meine Manteltasche stecken und so tun, als wenn ich an meinem Handy was nachsehen will. Dann merkt er das gar nicht.*
Sabrina (Seele):	*Wir wollten aber solche Beziehungen nicht mehr haben. Wir haben uns versprochen, ehrlich zu sein. Warum soll er nicht merken, wenn wir verletzt sind?*
Sabrina (Verstand):	*Weil … weil … weil er das nicht merken soll. Ich bin zu verletzt.*
Sabrina (Seele):	*Wann dann? Jetzt müssen wir die Wahrheit sagen.*
Sabrina (Verstand):	*Das kann ich nicht. Sonst fange ich zu weinen an.*

Sabrina (Seele): *Dann weinen wir eben, und?*

(Pause.)

Sabrina (Verstand): *Also gut.*

Ich fing an zu erzählen und begann damit, ihm zu gestehen, dass ich meine Hand aus seiner ziehen wollte. Ich weinte etwas und wartete, bis ich damit fertig war. Danach erklärte ich, dass ich mich normalerweise zurückziehe, wenn ich verletzt bin, und das nicht mehr tun will.

Er war überrascht. Wohl von allen dreien: meinen Tränen, meinem Verletztsein und meiner Ehrlichkeit. Ich erzählte ihm, dass ich mich zwingen musste, meine Hand in seiner zu lassen. Er umarmte mich und sagte, er sei froh darüber, dass ich ihm das gesagt habe, und er wollte mich gar nicht verletzen. Nach einer Weile Stille meinte er: »Du bist ganz schön sensibel.«

»Ja«, sagte ich, »ist das nicht wunderbar?«

Er lachte.

Wenn wir unsere wahre Emotion verstecken und so tun, als hätten wir eine andere, dann ist das auf Dauer ein anstrengender Zustand für uns und unseren Körper. Fühlen wir uns traurig, tun aber so, als ob wir fröhlich wären, dann muss unser Körper eine Kraftanstrengung aufbringen. Wir wissen, dass die Körpersprache eine völlig andere ist, wenn wir traurig oder fröhlich sind.

Unser Ego, unser Verstand zwingt unseren Körper in eine Sprache, die nicht wahr ist. Wir lügen also. Jeder von uns weiß, wie entspannt wir uns fühlen, wenn wir, nach langem Zögern vielleicht, endlich die Wahrheit gesagt haben. Wir fühlen uns leichter, wenn wir etwas, was uns schon lange auf dem Herzen gelegen hat, endlich ans Tageslicht bringen.

Von vielen Emotionen fühlen wir uns einfach nur überfordert. Wir wollen sie loswerden. Mit allen Arten von Drogen. Aufputsch- oder Beruhigungsmitteln. Was passiert da mit uns? – Solano sagt:

»Der Körper hat viele emotionale Zentren. Jede Zelle ist ein emotionales Zentrum. Die Emotionen sind ein sehr komplexes Feld, und es ist als Basis so zu verstehen: Alle eure Zellen erhalten Reize. Ob nun durch körperliche oder visuelle Erfahrungen, Geschmack oder Geräusche, der ganze Körper erhält diese Reize, und diese Reize schickt er an den Verstand, der diese dann beurteilt. Nach einer Weile haben sich so viele Reize in den Zellen angesammelt, dass sie voll sind und geklärt werden wollen; denn die Zellen selbst sammeln die Reize bestimmter Emotionen.

Ein Beispiel: Viele von euch gingen durch eine Zeit, in der sie sich gern Horrorfilme ansehen wollten. Angst ist eine starke Emotion auf diesem Planeten. Und statt sie zu vermeiden, habt ihr häufig danach gesucht, um diese Angst zu verstehen. Wenn dies in einem frühen Alter passiert – entweder durch die Stimmung in eurer Familie oder durch Filme zum Beispiel –, hat sich diese Vertrautheit mit der Angst tief in den Körper eingegraben. Da ist eine Mulde, ein Weg, eine Art Identität entstanden. Der Körper erwartet die Angst regelrecht. Und wenn sie nicht genügend auftritt, sehnt er sich danach.

Doch nach einer Weile werden die Zellen durch die immer fortwährende Ladung von Angst erschöpft, und dann braucht der Körper eine Pause. Er will eine Unterbrechung. Eine Auszeit. Da gibt es die Möglichkeit, entweder Aufputsch- oder Beruhigungsmittel zu nehmen, damit man in eine andere Stimmung kommt. Weder die Aufputsch- noch die Beruhigungsmittel säubern die Zellen von dieser Angstladung. Sondern die Angstladung wird einfach nur weiter unterdrückt, damit man sie nicht so merkt, und sie wird zu einem späteren Zeitpunkt geklärt werden müssen.

Wenn ihr also merkt, dass ihr in Richtung Abhängigkeit abdriftet – entweder in den Alkohol, in Drogen, übertriebenen Sex oder Sport (obwohl ich dazu sagen möchte, dass Sport die Zellen säubert und klärt, wenn er angemessen ausgeführt wird) –, solltet ihr wissen, dass all dies fehlgeleitete Versuche sind, die

Zellen zu klären. Das Einzige, was funktioniert, um eure Zellen wirklich zu klären, ist, dass ihr eure Identität verändert. Das heißt, dass ihr euch nicht mehr als Verstand seht, sondern als die unendliche Seele, die ihr seid. Teil des göttlichen Bewusstseins. Und euch dort in diesem Wissen aufhaltet. Und das in jedem Moment.

Wege, dorthin zu kommen? Meditationen. Yoga. Atemübungen. Dies klärt deine Zellstruktur von der Ladung der Angst. Jede Art von Bewegung, selbst wenn es nur Spazierengehen ist, hilft euch. Wisst, wer ihr seid. Dann braucht ihr weder Alkohol noch Drogen, noch Aufputsch- oder Beruhigungsmittel. Egal, was es ist. Ihr braucht es nicht mehr.«

An unseren Emotionen erkennen wir, wo wir in unserer Entwicklung zum Wachsein stehen. Wir merken, was wir dazugelernt haben, wenn die emotionale Achterbahn eine sehr viel flachere Rutsche wird. Dies zu erkennen ist ein wunderbares Geschenk, das uns unser Körper macht.

Das ist natürlich nur dann interessant, wenn wir uns mehr Frieden in unserem Leben wünschen. Vielleicht lieben wir die Aufregung, die Hektik, das Drama? Es gibt einige Mitmenschen, die sich nur so lebendig fühlen. Wenn wir es lieben, werden wir es immer erschaffen. Da können wir so viel meditieren, wie wir wollen. Drama macht einfach zu viel Spaß!

E-Motion: Das Fremdwort »Motion« bedeutet eigentlich »Bewegung«. Wir bewegen uns raus (E-) aus uns. Wir bewegen uns aus unserer Stille. Aus unserer Basis. Aus unserer Seele. Aus der Unendlichkeit des Seins. Unser Ego hat die Zügel dann fest in der Hand, und die Angst leitet uns. Die Sorge um unser Leben. Die Sorge um das Leben unserer geliebten Menschen. Doch wenn wir uns rausbewegen können, dann können wir uns auch wieder zurückbewegen. Mit unserem Bewusstsein. Mit einem »Ich bin für immer«. Mit einem Atemzug. Mit einem Segen.

9

Zurück in den Körper

Eine enge Freundin von mir ist krank. Seit Jahren schon. Sie ist von Kindheit an hochsensibel. Sie ist sehr telepathisch veranlagt, und ich bewundere sie und ihre Arbeit seit vielen Jahren. Doch seit vielen Jahren merke ich auch, dass sie sich kaum in ihrem Körper befindet. Ihr Körper ist ihr nicht wichtig. Sie sprach von ihm, als wenn er etwas Fremdes wäre: »Ich weiß nicht, was er will.« Oder: »Dieser Körper macht mir Schwierigkeiten.« Schon seit Jahren gebe ich ihr den Ratschlag, mehr im Körper zu sein; und obwohl ich daran übe, meine Meinung nur dann zu sagen, wenn ich auch gefragt werde, mache ich bei ihr regelmäßig eine Ausnahme. Sie trägt es mit Geduld.

Wir sehen uns nicht so häufig, da sie nicht in Deutschland lebt. Als ich sie das letzte Mal besuchte, fiel mir sofort ihr schweres Atmen auf. Sie konnte kaum mehr als ein paar Schritte gehen, ohne sich hustend und nach Luft röchelnd anlehnen zu müssen. Ich konnte fühlen, dass sie sich überlegte, ob es nicht besser wäre, ihren Körper ganz zu verlassen. Ich sprach sie darauf an. Sie nickte. Ich umarmte sie und fragte, ob ich ihr etwas zeigen darf.

Sie saß auf der Couch, und ich setzte mich hinter sie auf die Lehne und umschlang sie. Wir sprachen ein gemeinsames Gebet, dann synchronisierten wir unseren Atem. Sie ist sehr intuitiv, und ich erlaubte ihr, sich in meinen Körper einzufühlen. Wir saßen still und konzentriert für ein paar Minuten, und ich fühlte, wie sich ihr Körper entspannte. Dann sagte sie überrascht: »Ich wusste nicht, dass sich ein gesunder Körper so friedlich anfühlt. Das ist herrlich!«

Ihr Körper hatte vergessen, wie es sich anfühlt, gesund zu sein. Mit dieser Verbindung wollte ich die Erinnerung an ihre Zellen weitergeben. Damit sie ein Ziel haben. Falls meine Freundin sich entschließt zu bleiben. Hat sich ihr fleischlicher Körper mit mir durch die Umarmung verbunden? Er hat die Nähe, die Umarmung, die Wärme und Liebe gespürt, aber die Verbindung kam durch ihren Lichtkörper. Erinnern wir uns: Unser Lichtkörper ertastet außerhalb von uns, was feinstofflich passiert. Ob eine Stimmung gut ist. Ob wir uns wohlfühlen. Ob uns Gefahr droht. Unser Lichtkörper dehnt sich aus, wenn wir uns wohlfühlen. Zieht sich zurück, wenn wir es nicht tun. Manchmal sehe ich den Lichtkörper von Menschen als helles Feld. Wenn sie begeistert über etwas sprechen, wird es größer und wächst fast auf einen Meter Ausdehnung an. Besonders um den Oberkörper herum leuchtet es hell.

Eine beliebte Übung – um das selbst zu erfahren – ist immer, zwei Menschen mit geschlossenen Augen und halb ausgestreckten Armen und offenen Handflächen in einem Abstand von zwei, drei Metern aufeinander zugehen zu lassen. Jeder geht langsam und legt seine Aufmerksamkeit auf seine Handflächen. Irgendwann einmal fühlt man einen leichten Widerstand. So als wenn man durch eine Watteschicht ginge. Das ist der Lichtkörper des anderen. Man kann auch beide Handflächen nehmen, die Arme ausstrecken und sie wieder (am besten mit geschlossenen Augen) zueinanderführen. Auch da fühlt man, wie weit der Lichtkörper sich ausdehnt.

Der Lichtkörper meiner Freundin konnte so meine gesunden Zellen erfühlen, um diese Information dann dem dichten Körper weiterzugeben. Natürlich ist meine Freundin sauber und klar genug, sie hängt sich nicht lange an mich dran. Das würde eine erschöpfende Wirkung auf mich haben (Näheres dazu besprechen wir im Kapitel »In Verbindung mit anderen«).

Wenn ich Vorträge halte, dann frage ich häufig, wer von den Anwesenden sich denn erschöpft fühlt. Bei 200 Leuten gehen 150 Arme hoch. Wenn wir erschöpft sind, haben wir nichts zu geben.

Sind wir erschöpft, können wir unserem Körper nichts mehr entziehen. Er hat keine Kraft mehr. Er muss erst einmal wieder aufgefüllt werden.

Ja, ich kenne die Argumente und auch die, die Sie vielleicht gerade denken. Sie fangen immer mit einem »Aber« an: »Aber ich habe keine Zeit, denn ich muss mich um … kümmern.« – »Aber das sagen Sie so einfach. Wenn Sie wüssten, wie mein Terminkalender aussieht.« – »Aber ich habe so viel zu erledigen, und alles ist dringend.«

Genau. Dann lassen wir es einfach. Auch gut.

Hm. Das fühlt sich seltsam an, oder?

Plötzlich werden diese »Aber« zu Ausreden. Ein »Aber« wird uns nicht weiterbringen. Es ist ein »Aber« unseres Ego und kein »Aber« unserer Seele.

Wir haben unseren Körper erspürt. Im Groben. Wir wissen also jetzt, ob wir erschöpft oder voller Energie sind. Nun geht es an die Details. Dazu braucht unser Körper Aufmerksamkeit. Er will bewegt werden. Er will gepflegt werden. Er will ernährt werden. Er will gesegnet werden. Er will gelobt werden.

Er will gelobt werden?

Ja. Er will gelobt werden. Unsere Gedanken bestimmen unsere Realität; und wenn wir unseren Körper beschimpfen, dann geht es uns mit ihm wie in jeder anderen Beziehung: Der andere will nichts mehr mit uns zu tun haben. Gott sei Dank versucht unser Körper, sich immer wieder bemerkbar zu machen. Er ist eben – im Gegensatz zu uns – häufig sehr viel geduldiger.

Ich war bei Freunden eingeladen. Deren Haushälterin – ich möchte sie »Rose« nennen – sah mich jeden Morgen im Garten meine Yogaübungen machen. Eines Abends klopfte sie an meine Tür und fragte, ob ich ihr nicht ein paar Übungen zeigen könnte. Dabei hielt sie ihren Bauch. Sie erklärte mir, dass sie sich schon seit einer Weile nicht wohlfühlt, dass sie auch häufig weint (dabei hatte sie Tränen in den Augen), ihr der Bauch wehtue und sie sehr erschöpft sei. Dabei legte sie ihre andere Hand auf ihr Herz. Ich umarmte sie und versprach ihr, ihr am folgenden Nachmittag einige Übungen zu zeigen.

Ich wusste, dass sie keine Yogaübung brauchte. Sie brauchte etwas anderes dringender. Wir trafen uns wie verabredet, und ich bat sie, sich auf das Sofa zu legen. Ich setzte mich hinter sie und fragte, ob ich ihren Kopf auf meinem Schoß halten dürfe. Sie nickte. Ich fragte sie, ob es sie stört, wenn ich ein Gebet spreche. Sie sagte Nein.

Ich hielt ihren Kopf in meinen Händen und betete, sodass sie es hören konnte: »Himmlischer Vater, himmlische Mutter, alle Engel und Meister. Ich bedanke mich für den Segen Gottes für diese gemeinsame Zeit; und möge alles, was geschieht, zum Wohle von Rose geschehen. Amen.«

Ab und zu fühle ich mich innerlich aufgefordert, »Hand« anzulegen. Ich mache das nicht sehr häufig. Hauptsächlich deswegen, weil ich zutiefst glaube, dass wir alle die Möglichkeit und die Gnade haben, uns selbst zu entwickeln und uns selbst Gutes zu tun und – falls dies der Reise unserer Seele entspricht – uns komplett von allem zu heilen. Nur manchmal befindet sich jemand in meiner Umgebung in einer Situation, in der ich aktiv eingreife.

Es gibt noch einen weiteren Grund: Ich habe großen Respekt vor dem »Heilen«. Wir verfügen alle selbstverständlich über eigene Heilkräfte. Ich bin nur so sehr von der Eigenständigkeit der spirituellen Entwicklung überzeugt, dass mir bei diesem »Ich heile dich« meine Haare zu Berge stehen. Dabei würde ich die Verantwortung für das Leben eines anderen übernehmen, und die habe ich nicht. Niemand hat das. Natürlich können wir uns gegenseitig unterstützen. Ich hatte Ärzte, ich hatte Therapeuten, ich hatte Heiler, und ich bin jedem von ihnen unendlich dankbar für die Zeit, die Gedanken, die Talente, die Liebe und Fürsorge, die sie mir geschenkt haben … doch geheilt habe ich mich selbst. Von meinen emotionalen Schmerzen, meinen Kindheitsschmerzen, meinen Körperschmerzen. Und so glaube ich, dass Heilen von außen immer nur eine Unterstützung ist. Ob ich heile, entscheidet meine Seele.

Zurück zu Rose. Warum halte ich ihren Kopf in meinen Händen? Weil ich ein Bild dazu gesehen habe. Ich habe keinerlei Ausbildung für den Körper. Ich bin weder Ärztin noch Massagetherapeutin. Ich verlasse mich gänzlich auf meine Intuition und auf meine Engel. Mein Verstand hat keine Ahnung, was wir tun werden, und er hält sich im Hintergrund. Das hat er gelernt. Er weiß, dass ich ihn schätze, aber in solchen Fällen ist er gänzlich überfordert. Und das mag er nicht. Deshalb bleibt er still. Dafür danke ich ihm. Es hat Jahre gedauert, aber jetzt kann er sich entspannt und ohne großes Geschrei zurückziehen und warten, bis ich ihn wieder brauche. Das wird erst in einer Stunde sein.

Ich atme und mache meinen Kopf leer. Ich fühle Roses Kopf in meinen Händen. Wieder sehe ich vor meinem inneren Auge, dass ich meine rechte Hand auf ihr Herz legen soll. Ich frage sie, ob ich das darf. Sie nickt.

»Bitte atme tief ein und aus.«

Ich fühle keine Eile. Rose atmet. Ich atme. Ich warte. Ich habe die linke Hand unter ihrem Kopf und die rechte auf ihrem Herzen. Ich weiß um die Stabilität meines Aurafeldes. Ich bin da. Beruhigend. Ich fühle, wie sie zwischen meinen Händen hineinfällt. Sie entspannt. Sie macht auf. Ich fühle ihr Vertrauen.

»Leg deine Hand dorthin, wo es schmerzt.«

Sie legt beide Hände auf ihren Bauch. Ich ziehe meine Hand zurück und lege sie unter ihren Kopf.

»Wie fühlt es sich an?«

Sie weint. Ich lasse sie weinen. Ich sage nichts. Ich halte sie nur. Ich halte alles von ihr.

»Wie fühlt es sich an?«

»Ich weiß es nicht.«

Das ist eine häufige Antwort. Es ist noch ungewohnt, wirklich hineinzugehen und zu erspüren, wie es sich anfühlt. Ich frage nach.

»Ist es schwer? Ist es leicht?«

Pause.

»Schwer.«

»Pulsiert es oder ist es still?«

»Ich weiß es nicht.«

»Schau einfach nach. Pulsiert es oder ist es still?«

»Es … pulsiert.«

»Wie groß ist es?«

Sie bewegt ihre Hände über ihren kompletten Oberkörper: »Vom Nabel bis hier.«

»Wie schauen die Ränder aus?«

»Ich weiß es nicht.«

»Wie schauen die Ränder aus? Rund? Zackig? Glatt? Wellenförmig?«

»Zackig.«

»Welche Farbe hat es?«

»Dunkel … Schlammig.«

»Beobachte es einfach. Bleib drin. Fühl es.«

Sie weint lautlos. Tränen laufen ihre Wangen hinunter auf meine Hände. Ich halte sie weiter. Ich fühle, dass ich singen soll. Ich singe. Dabei erlaube ich sämtlichen Tönen und Vokalen, ungefiltert herauszukommen. Mein Verstand hält sich zurück. Er weiß, dass das komisch aussieht. Er hat sich daran gewöhnt. Wahrscheinlich hofft er nur, dass uns niemand sieht … oder hört in diesem Fall.

Ich warte. Bin nur präsent. Denke an nichts. Singe ab und zu. Halte ihren Kopf. Warte. Dann formuliert sich eine Frage in meinem Kopf: »Wo bist du?«

»Jetzt wieder hier.«

»Konzentrier dich auf diesen Schmerz. Hat er sich verändert?«

»Er ist etwas kleiner geworden.«

»Bleib dabei. Fühle ihn. Wie ist die Farbe?«

»Etwas heller.«

»Bleib dabei. Hat sich was verändert?

Pause.

»Es ist leichter geworden.«

»Bleib dabei.«

Ich warte. Halte ihren Kopf. Sie hat aufgehört zu weinen. Ich singe wieder. Sie weint wieder. Es sind erlösende Tränen. So geht das noch zweimal. Der Schmerz wird kleiner und leichter. Nach etwa einer Viertelstunde formuliert sich wieder eine Frage: »Frag deinen Bauch, warum es schwer ist.«

Pause.

»Ich weiß es nicht.«

»Du musst es auch nicht wissen. Dein Bauch weiß es. Frag deinen Bauch, warum er schwer ist.«

Pause.

»Ich brauche mehr Ruhe.«

»Bist du bereit, dir mehr Ruhe zu geben?«

»Ich habe jetzt keine Zeit.«

»Wann hast du mehr Zeit?«

»Nächste Woche. Eigentlich müsste ich meine Schwester besuchen, aber ich könnte nächste Woche.«

»Wie viel Zeit hast du?«

»Zwei Tage.«

»Kannst du deinem Bauch diese zwei Tage versprechen?«

»Ja.«

»Dann mach das jetzt.«

Ich sehe sie murmeln und lächeln. Ich fühle, wie ihr Körper leichter wird.

»Magst du deinen Bauch trösten? Er hat so lange warten müssen, bis du fragst, was er braucht.«

»Ja. Das will ich.«

Ich singe. Sie lächelt.

»Ich werde dich jetzt für eine Weile allein lassen. Bitte fühle weiterhin in deinen Bauch hinein und beobachte, wie er sich anfühlt. Ich werde später wiederkommen.«

Sie nickt. Ich löse meine Hände von ihrem Nacken, küsse sie auf die Stirn und gehe. Ich lasse sie deswegen allein, damit sie merkt, dass sie sich diesen Zustand selbst erschaffen kann und dass er nicht nur da ist, weil ich da bin. Ich warte draußen. Setze mich auf einen Sessel. Schließe die Augen. Meditiere.

Nach einer Weile – wenn ich den Impuls fühle, wieder aufzustehen – gehe ich in das Zimmer, um nach ihr zu schauen. Sie hat die Augen geschlossen und die Hände auf ihrem Bauch und streichelt sich. Sie lächelt. Ich verlasse das Zimmer und meditiere wieder draußen. Dann fühle ich, ich soll zu ihr. Ich gehe ins Zimmer. Setze mich. Nehme ihren Kopf in meine Hände.

»Wie groß ist dein Schmerz?«

»Fast weg.«

»Wie fühlst du dich?«

Sie strahlt: »Ach, so viel leichter.«

»Hast du Lust, dir ein Versprechen zu geben?«

Sie nickt.

»Ich spreche es vor. Fühl in dich hinein, ob du das wirklich versprechen willst. Und wenn du es möchtest, dann sprich mir nach, ja?«

Sie nickt.

»›Ich, Rose, verspreche mir, dass ich mich in Zukunft um mich kümmern werde und mich nicht verlasse, wenn ich mich brauche. Ich danke dir, mein wundervoller Körper, dass du mir weiterhin Zeichen geben wirst, damit ich harmonisch leben kann.‹ – Möchtest du dir das versprechen?«

»Ja.« Rose seufzt, ich spreche das Versprechen noch mal vor, und sie spricht es nach. Sie lächelt.

»Wie geht es deinem Bauch?«

»Gut. Ich fühle mich so wohl. So wohl habe ich mich schon lange nicht mehr gefühlt.«

»Rose, welche Farbe braucht dein Körper?«

Pause. »Rosa.«

»Stell dir bitte vor, du atmest Rosa ein, und dieses Rosa geht durch deinen Körper; und wenn du dich völlig damit aufgefüllt siehst, dann nicke bitte.«

Ich beobachte Rose, nach ein paar Minuten nickt sie.

»Ich würde gern in dein Herz atmen? Darf ich?«

Sie nickt.

Ich nehme meine Hände, forme sie zu einem Trichter und lege sie über Roses Herz. Dann nehme ich meine Liebe und meine besten Wünsche und blase sie in Roses Herz. Ich habe das Gefühl, ich soll das ein weiteres Mal machen. Dann küsse ich sie auf die Stirn und singe zum Abschluss noch mal.

»Liebe Rose, ich werde dich jetzt zudecken und hier lassen. Wann immer du das Gefühl hast, dass du so weit bist, kannst du aufstehen.«

Sie nickt selig.

Eine Viertelstunde später kam sie in die Küche – ich machte mir gerade einen Tee –, und sie war nicht wiederzuerkennen. Sie kam auf mich zu und meinte, sie habe jetzt verstanden, dass sie sich um sich kümmern müsse, und wie dankbar sie sich jetzt ihrem Körper gegenüber fühle und wie leicht. Wie glücklich sie sei, dass er sich so viel Mühe gemacht hat, ihr zu zeigen, was er braucht.

»Ich habe schon einen tollen Körper«, sagte sie glücklich.

Ja, das finde ich auch.

Loben und bedanken: Wir können mit unserem BodyBlessing beim Duschen, Abtrocknen und Eincremen anfangen. Wir waschen ihn ohnehin, da können wir ihn ja auch gleich loben. Ich lobe meinen Körper manchmal laut. Immer den Körperteil, den ich gerade wasche, trockne oder eincreme. Mein linkes Knie mit dem nachgewachsenen Kreuzband kriegt immer ein besonderes Lob. Gerade zurzeit bekommen es meine Hände, da ich viel schreibe. Ich bedanke mich bei meinen Augen, obwohl sie jetzt etwas schlechter werden, aber sie haben so lange so viel Kleingedrucktes lesen können, weswegen ich mich trotzdem dafür bedanke, dass ich sehe. Ich bedanke mich bei meiner Haut, die zwar anders aussieht als früher, aber immer noch gut genug für mich ist. Ich bedanke mich bei meinen drei Haaren, dass sie das Beste aus unserer Situation machen. Am Schluss strahle ich mich an. Ich schaue mich gern an. Und wie Sie vielleicht wissen, war das nicht immer so.

Mache ich das jeden Tag? Mittlerweile ja. Für eine Weile habe ich mir kleine gelbe Post-it-Zettel ins Bad geklebt, damit ich mich daran erinnerte. Jetzt brauche ich sie nicht mehr. Mittlerweile ist es selbstverständlich geworden, wie Zähneputzen.

Wenn wir unseren Körper jahrelang ignoriert haben, dann geht nicht alles auf einmal. Beginnen wir mit dem Loben. Das ist für viele schon Herausforderung genug. Denn häufig finden wir nichts zum Loben. Unsere Cellulite will gelobt werden? Die extra Kilos um den Bauch? Unsere schlappen Oberarme? Die Krampfadern an den Beinen? Die Stirnfalten?

Unsere Stirn, unsere Arme, unser Bauch, unsere Beine wollen gelobt werden. Schließlich haben wir welche. Zumindest die meisten von uns. Ich föhne mich immer mit dem Rücken angelehnt, die Knie gebeugt, so als ob ich auf einem Stuhl säße, ohne den Stuhl. Das hilft meinen Oberschenkelmuskeln und ist relativ anstrengend. Ich versuche, so lange in dieser Stellung zu bleiben, wie ich eben kann.

Einmal, ich dachte wieder über das Loben des Körpers nach, merkte ich, dass ich nicht mehr konnte. Ich wollte aufstehen. Plötzlich fragte ich mich, was wohl passieren würde, wenn ich jetzt meine Oberschenkelmuskeln lobte. Ich streichelte sie und sagte ihnen, wie beeindruckt ich von ihrer Arbeit sei. Der Schmerz des »Ich kann nicht mehr und muss jetzt aufstehen« hörte sofort auf, und ich konnte noch in dieser Position bleiben. Ich war überrascht und begeistert. Meine Muskeln gaben mir kein »Bitte aufhören!«-Zeichen. Ich blieb noch fast zehn Minuten in dieser Position, ohne irgendeinen Muskelschmerz zu verspüren.

Unser Körper ernährt sich nicht nur von der Nahrung und den guten Gedanken, sondern unser Körper nährt sich auch aus der Erdenergie. Er braucht Erdung. Was heißt das? Ich wohne in einer Großstadt und bin nicht genug auf der Erde. Bei schönem Wetter mache ich meine täglichen Yogaübungen unten auf dem Rasen in unserem Hinterhof. Ohne Matte und barfuß, damit mein Körper mit der Erde verbunden ist. Wann immer möglich, gehe ich auf der Erde barfuß. Ich habe eine elektromagnetische Matte, auf der ich häufig meditiere und die mir sehr guttut. Sie geht an, und ich sinke regelrecht in mich ein. Die Meditation tut ein Übriges.

Als ich diese Matte zum ersten Mal benutzte (mein Arzt Dr. Martin Gschwender hat sie mir empfohlen, da er sie selbst benutzt und auch für seine Patienten in der Praxis hat), war ich so glücklich damit, dass ich beschloss, sie sogar in den Urlaub nach Italien mitzunehmen. Dort stellte ich fest, dass ich sie nicht brauchte. Warum? Ich war jeden Tag barfuß im Garten. Kaum zurück in München, spürte ich, dass mein Körper auf die Matte will. Ist diese

Matte für alle gut? Nein. Das ist das Spannende am eigenen Körper. Der Körper braucht Erdung, doch welche Erdung, ist uns überlassen. Mir tut diese Matte gut. Einige Freunde, die sie bei mir ausprobiert haben, finden sie langweilig. Andere sind begeistert. Unser Körpergefühl zeigt uns den richtigen Weg. Ich hatte jahrelang von elektromagnetischen Matten gehört, und es hatte sich kein Interesse in mir geregt. *Jetzt* tut die Matte mir gut. Vielleicht hört das in ein paar Jahren wieder auf. Ich weiß es erst, wenn ich merke, dass ich mich nicht mehr drauflegen will. Die Lust daran wird vielleicht vergehen. Und daran merke ich, dass mein Körper damit fertig ist.

Erdung heißt, sich mit der Natur zu verbinden. Das ist Erde. Das ist Wasser. Das ist frische Luft. Pflanzen. Aber auch manchmal der Genuss von Fleisch, das von artgerecht gehaltenen Tieren stammt. Das ist Sex. Der Geruch vom frischen Basilikum. In meinem Büro sind immer Pflanzen. Immer Blumen. Immer Kerzen. Es gab Zeiten, da hatte ich eine Kiste mit Erde unter meinem Schreibtisch stehen, in die ich meine nackten Füße stellte. Diese Erde wurde regelmäßig ausgewechselt und mit neuer Erde ausgetauscht, die draußen in der Natur war und Regen, Mond und Sonnenlicht kennt. Manchmal schlafe ich im Freien. Auf der Erde. Ohne dicke Matte, um mich wieder einzufühlen.

Ist es der beste Schlaf meines Lebens? Nein. Der Boden ist hart. Der Mond ist hell, und ich schlafe auch nicht viel. Aber etwas anderes ist genährt worden. Ich sah die Sterne und ließ mich verzaubern. Der Mond hat mich erfüllt, und die Erde hat mich getröstet. Und obwohl es mir scheint, als ob ich viel weniger geschlafen hätte, bin ich am nächsten Tag nie müde. Etwas anderes wurde genährt.

Nachdem wir für eine Weile unseren Körper gelobt und für mehr Erdung gesorgt haben, beginnt damit auch das vertiefende bewusste Wahrnehmen des Körpers. Dieses Erspüren des Körpers, ihn wieder wahrzunehmen, geht für die meisten nicht von heute auf morgen. Das dauert eine Weile. Es hat ja auch eine Weile gedauert, bis wir ihn fast komplett ignoriert haben. Also seien Sie bitte nicht zu streng mit sich.

Wir haben hauptsächlich fünf Sinne: sehen, hören, riechen, schmecken, tasten. Dann gibt es noch unseren intuitiven Sinn.

Ich bin ein Schnellesser. Das muss ich mir als Kind angewöhnt haben, und es fällt mir sehr schwer, langsam zu essen. Schon bin ich in einer meiner Lernaufgaben: das Essen langsam genießen. Wie schmeckt es eigentlich? Wie riecht es? Was ertastet meine Zunge? Wie sieht es aus? Und mir dabei auch noch Zeit zu lassen.

Manchmal weiß sich der Körper nicht anders zu helfen und versucht, unsere Aufmerksamkeit dadurch zu bekommen, dass er uns Schmerzen schickt. Dann plötzlich sind wir »voll« im Körper. Nichts anderes zählt mehr. Wir haben uns wehgetan. So ungewöhnlich dieser Vorschlag auch sein mag: Gehen Sie in den Schmerz hinein. Versuchen Sie nicht, ihn zu ignorieren oder sich abzulenken. Wie bei Rose geht es darum, sich zu fühlen. Etwas, was wir ignorieren wollen, kommt stärker zurück. Wenn wir uns erlauben, es gänzlich und komplett zu fühlen, merken wir, dass auch der sogenannte Schmerz unterschiedlich ist.

Vor einigen Jahren begann ich mit einem Schmerztraining. Ich versuchte, wenn ich Schmerzen hatte, sie zu beobachten. Wieder ähnlich wie bei Rose, der Haushälterin, stellte ich mir auch selbst die gleichen Fragen: »Wie groß ist der Schmerz? Welche Farbe hat er? Pulsiert er? Ist er weich? Ist er hart? Trommelt er? Drückt er?« Je mehr ich mich damit beschäftigte, desto weniger spürte ich einen Schmerz. Es wurde etwas anderes: etwas, was mir nicht mehr wehtat, sondern mich eigenartigerweise neugierig machte. Und dann – sehr viel schneller als früher – verschwand.

Eine weitere wunderbare Einfühlmöglichkeit ist das Halten eines Fingers. Halten Sie einen Ihrer Finger und beobachten Sie, was sich im Körper tut. Diejenigen unter Ihnen, die schon etwas mehr geübt, also eine größere Sensibilität für den Körper entwickelt haben, werden merken, dass dieses Halten eines Fingers bestimmte Körperteile stimuliert. Ich fühle zum Beispiel innere Bewegungen. Fließendes. Pulsierendes. Nehme ich einen anderen Finger, dann fühle ich es in einem anderen Bereich. Diese Übung ist ein hauptsächlicher Teil meiner Meditation, und dadurch entwickelte sich auch das BodyBlessing. Ich gehe durch alle Finger und fühle mich in den Körper ein. Dadurch wird mein Verstand still, da ich mit dem Beobachten meines Körpers beschäftigt bin. Ich liebe es.

Unser Körper will uns in das Jetzt bringen (ich empfehle zu diesem Thema das Buch *Jetzt* von Eckhart Tolle). Wir sind häufig in der Zukunft, der Vergangenheit oder in den Angelegenheiten anderer Leute. Wenn unser Körper Schmerzen hat, sind wir im Jetzt. Es bleibt uns gar nichts anderes übrig. Unser Körper sorgt dafür.

Er tut es nicht, um uns zu stören. Und wenn ja, wen würde er stören? Er stört nicht unsere Seele, denn sie weiß, dass sie für immer ist. Er stört unser Ego. Unsere Persönlichkeit. Unsere Geschichte über unser »Wer wir sind«. Ich bin nicht Sabrina. Ich bin eine Seele, die eine Sabrina-Erfahrung macht. Und wenn diese Sabrina-Erfahrung vorbei ist, dann bleibe ich trotzdem Seele.

Wir haben uns der Spiritualität zugewandt, weil wir in Frieden leben wollen. Weil wir keine Probleme haben wollen. Und manchmal, weil wir Kontrolle haben wollen. Doch wir sind hier, in diesem Leben, weil wir Erfahrungen sammeln wollen und weil wir verstehen wollen, wer wir sind. Wir wollen das Göttliche in unserer menschlichen Erfahrung erleben. Dazu gibt es Herausforderungen. Hausaufgaben. Übungsmöglichkeiten. Anstrengende Leute. Und einen Körper, der nicht macht, was man ihm sagt. Und der zu allem Überfluss auch noch älter wird.

10

Spannende Wechseljahre

Ich beschäftige mich mit den Wechseljahren, seitdem ich 35 Jahre alt bin. Ich wusste, dass sie kommen werden, und ich wollte wissen, was da auf mich zukommt.

Ich entschloss mich für Hormone. Für bioidentische Hormone. Die »üblichen« kamen für mich nicht infrage, weil sie entweder vom Urin trächtiger Stuten entwickelt werden oder ihre chemische Zusammensetzung nicht annähernd unseren natürlichen Hormonen entspricht. Die bioidentischen Hormone werden von Pflanzen gewonnen und haben die gleiche Zusammensetzung wie die Hormone, die ich auch von Natur aus schon mitbekommen habe.

Mitte vierzig merkte ich plötzlich, dass ich mich seltsam fühlte. Ich konnte es nicht erklären und ließ meinen Hormonspiegel bestimmen. Mir fehlte DHEA. Ich führte es zu. In kleinen Dosen. Und merkte den Unterschied. Das ging für ein paar Jahre so. Ende vierzig plötzlich fühlte ich mich eine längere Zeit lustlos. Ich hatte Mühe, in der Frühe aufzustehen, und auch wenig Kraft. Ich hatte keinen Antrieb mehr, und ich fühlte, dass ich noch mal einen Hormonspiegel machen lassen sollte. Mir fehlte Testosteron. Ich nahm eines dieser Pflaster, die man zweimal die Woche an einen Körperteil (bei mir auf den Po) klebte. Ich fühlte sofort die Wirkung. Ich war wieder »ich selbst«. Da ich keinen gesteigerten Wert auf einen Vollbart lege, beobachtete ich mich aufmerksam. Ich nahm dieses Pflaster ungefähr sechs Wochen lang, und dann fiel eines plötzlich ab.

Komisch, dachte ich mir. Nun ja, vielleicht liegt es am Kleber. Ich nahm ein neues aus einer frischen Packung. Diese Pflaster halten normalerweise drei bis vier Tage und überstehen das Duschen unbeschadet, doch auch dieses fand ich nach dem ersten Toilettengang auf dem Boden liegen. Zwei Testosteronpflaster fallen aus zwei verschiedenen Packungen ab? Für mich gibt es keine Zufälle. Das will genau angeschaut werden. Ich fühlte in meinen Körper hinein und fragte: »Sind wir fertig damit?« Dann sah ich vor meinem inneren Auge, wie dieses Pflaster auf den Boden fällt.

Also gut. Ich machte einen Termin bei meinem Arzt. Erzählte ihm die Geschichte mit dem Pflaster, und er überprüfte mein Testosteron. Ein paar Tage später rief er mich wegen der Laborwerte an. Ich habe genug Testosteron. Mein Körper hatte recht, es abzustoßen.

Ich war so begeistert von meinem Körper. All die Jahre, die ich ihn früher ignoriert hatte, und all die Liebe und Aufmerksamkeit, die ich ihm jetzt gab, sorgten dafür, dass er so ein Pflaster einfach abstieß. Ist das nicht phantastisch? Ich ging strahlend drei Wochen lang herum und erzählte jedem diese Pflastergeschichte. Wenn mich etwas begeistert, bin ich kaum zu bremsen.

Ich hatte selten Periodenprobleme. Ich hatte kaum Krämpfe, und meine Blutungen waren auch nicht besonders stark. Sie dauerten sechs Tage. Aber sie haben mich in meinem Leben gestört. Man hatte sie unpassend im Urlaub oder bekam sie frisch verliebt. Immer diese Tampons, die man dabeihaben musste. Natürlich sind wir nicht immun gegen die Außeneinflüsse und die Werbung, und wir sollen im Intimbereich angeblich lieber nach Rosen duften als nach uns, und obwohl wir mittlerweile alle wissen, dass Intimduschen ungesund sind, verkaufen sie sich trotzdem weiter. Fast alles, was früher über die Periode geschrieben wurde, war von Männern verfasst. Man nahm sogar eine wandernde Gebärmutter an, die alle möglichen Krankheiten hervorrufen konnte. Mit dem weiblichen Menstruationsblut in Berührung zu kommen galt als unrein. Erst gestern erzählte mir eine Freundin, dass sie ihre Periode als Reinigung empfand. Der Körper entledigt sich jeden Monat von Giften.

Giften? Ist dafür nicht die Leber zuständig? Ist das Blut in unserer Gebärmutter nicht schon gereinigtes Blut, da es bereits durch die Leber gegangen ist? Ist das nicht das gleiche Blut, in dem sich unser zukünftiges Kind, falls befruchtet, für neun Monate einnisten wird? – Wie kann das »schlechtes« Blut sein?

Mittlerweile gibt es Pillen, bei denen man die Periode nur noch drei- oder viermal im Jahr hat. Instinktiv für mich unnatürlich. Wenn man bedenkt, dass ich zu der Generation gehöre, die selbstverständlich ohne große Nachfrage über Jahre die Antibabypille geschluckt hat, ist es erstaunlich, wie sich das Bild in Richtung Natürlichkeit ändern kann. Einer der schönsten Sätze über die weibliche Menstruation hörte ich mal von einem Anrufer während einer Radiosendung. Er meinte über Frauen: »Ein Wesen, das sechs Tage lang bluten kann, ohne zu sterben, verdient meine höchste Bewunderung.«

Als ich anfing, mich mit indianischen Weisheiten zu beschäftigen, bekam ich einen anderen Blickwinkel auf meine Periode. In indianischen Kulturen wird vom »Mond« gesprochen. Mir gefiel das sofort so gut, dass ich von diesem Moment an nur noch von meinem »Mond« sprach. Es klingt einfach sehr viel wärmer als »Periode«. Es wird das Frausein mit dem Rhythmus des Mondes unterstrichen. Wir können, wir sollen nicht jeden Tag »normal« funktionieren. Es gibt Tage, an denen wir aufnahmefähiger sind als an anderen. Gerade bei Vollmond höre ich häufig Beschwerden, dass man schlechter schläft. Vielleicht sollen wir schlechter schlafen. Vielleicht sollen wir aufstehen, hinausgehen, um ein Bad im Mond zu nehmen. Unsere Gedanken aufschreiben. In die Stille gehen. Uns mit dem Mond verbinden. Mondstrahlen, die uns vielleicht genauso nähren wie Sonnenstrahlen.

Von einer indianischen Lehrerin wurde ich aufgefordert, das Menstruationsblut auf die Erde fallen zu lassen. Natürlich nicht bei einem normalen Spaziergang, sondern in einer speziellen Zeremonie. Mein Blut auf die Erde fallen zu lassen? Was soll denn das bedeuten? »Mutter Erde und Mutter sein«, kam in einer Meditation.

Natürlich können wir auch mit dem Körper sprechen, wenn uns Emotionen oder Krämpfe überkommen. Wir können unsere Hand auf unseren Unterleib legen und ihn fragen, was er braucht. Dann aufmerksam beobachten, was uns da kommt: Gedanken. Bilder. Töne. Vielleicht verlangt unser Körper während unserer Mondphase von uns, ruhiger zu sein. Weniger anstrengenden Tätigkeiten nachzugehen. Mehr zu schlafen. Wir hingegen versuchen, so zu tun, als ob wir keinen Mond hätten. Wir nehmen unsere Tampons – und tschüs. Die saugen nicht nur das Blut auf, sondern auch unsere Scheidenflüssigkeit. Wir verstopfen den Fluss, wie es die weise indianische Frau mir kopfschüttelnd erklärte.

Für eine lange Weile nahm ich wieder Binden. Spaß hat das keinen gemacht. Fluss hin oder her. Ich kämpfte mit mir. Soll ich wieder, soll ich nicht? Ich stand vor meiner Packung Tampons wie ein Alkoholiker vor einer Flasche Schnaps. Ich wusste nur von Binden oder Tampons. Alles andere hatte sich noch nicht zu mir herumgesprochen. Dann fing ich an zu recherchieren, und ich fand wunderbare und bessere Alternativen. Ich besorgte mir Periodenschwämmchen, mit denen ich gut zurechtkam. Nach einer Weile merkt man, wie lange so ein Schwämmchen hält, bis es sich vollgesaugt hat. Ich konnte es immer wieder zwischendurch unter fließendem Wasser ausspülen. Mein eigenes Blut rann dabei durch meine Finger. Ich kam mit meinem Blut in Berührung. Es »verschwand« nicht plötzlich. Mein Mond wurde natürlicher. Nun ja, verstopfe ich den Fluss mit diesem Schwämmchen nicht trotzdem? Bestimmt nicht so wie mit einem Tampon. Ich fühlte mich wohl damit. Ich trocknete nicht aus. Der einzige Nachteil dabei war, dass ich immer ein Waschbecken in der Nähe brauchte. Im Privathaushalt oder im Flugzeug kein Problem. In Restaurants oder jeder anderen Art von öffentlicher Toilette schon etwas schwieriger. Manchmal wartete ich, bis ich »draußen« niemanden hörte, dann angezogen, Schwämmchen ausgespült, schnell wieder zurück. Für den Notfall hatte ich immer ein zweites dabei. Ich probierte auch die Menstruationstassen aus, die aus Silikon bestehen und ein kelchförmiges Gefäß sind, in dem das Menstruationsblut aufgefangen wird. Auch das schüttet man aus, wäscht es aus und benutzt es wieder. Es funktionierte ebenfalls ganz gut, aber die Schwämmchen waren mir lieber.

Unser Mond, wie ich Wechselblutungen lieber nenne, ist ein wichtiges Geschenk. Die Emotionen, die sich im Laufe des Monats gesammelt haben, kommen kurz vor der Periode noch mal nach oben. Das sind die sogenannten prämenstruellen Symptome (PMS). Was kommt da hoch? Die Gefühle, die wir gesammelt haben. Deshalb ist es immer ganz spannend, herauszufinden, welche Stimmungen nun entstehen. Sind wir gereizt? Was geht uns besonders auf die Nerven? Was sammeln wir die restlichen drei Wochen an?

Doch irgendwann einmal beginnt unser Mond sich zurückzuziehen, um den Wechsel einzuläuten. Der spirituelle Hintergrund der weiblichen Wechseljahre ist ein ganz wichtiger: Wir verlassen die Zeit für die Sorge um andere, das Aufziehen unserer Kinder, das Dasein für die Familie, um uns uns selbst zuzuwenden.

Wir verändern uns. Natürlich weiß ich, dass es einige unter uns gibt, die unglaubliche Schwierigkeiten mit ihrem Wechsel haben. Auch da gilt, was für alles gilt: Fragen wir unseren Körper. Wenn wir durch unsere gesamten Wechseljahre unseren Körper verfluchen, ihn beschimpfen, ihn kritisch beäugen, ihn ablehnen, dann wird das nicht leichter.

In den Wechseljahren ist es wichtig, herauszufinden und auszuprobieren, was funktioniert. Eine meiner Freundinnen lebt in Paris und hatte Hitzewallungen. Ihr Arzt verschrieb ihr die »üblichen« Hormone. Ich bat sie, ihren Arzt – der auch ein langjähriger Freund der Familie ist – nach bioidentischen Hormonen zu fragen. Seine Antwort war jedoch: »Vertrau mir. Mach dir keine Sorgen. Würde ich etwas tun, was dir nicht guttut?«

So rührend das auch gemeint sein mag, es ist genau die Herausforderung, die wir haben, wenn wir mit unserem Körper sprechen wollen. Wir müssen das entscheiden. Wir müssen Verantwortung für unseren Körper übernehmen und uns nicht blind darauf verlassen, was uns jemand anders vorschlägt. Und das gilt natürlich auch für die Themen, über die ich hier schreibe.

Nach meinem Testosteronpflaster war es eine Weile wieder ruhig. Dann kamen meine Hitzewallungen. Sie waren angenehm. Für mich sind meine Hitzewallungen das Verbrennen von Altem. Ich stelle mir vor, dass alte Gewohnheiten, alte Verletzungen, altes geglaubtes Wissen über Weiblichkeit wie auch beim Fieber herausgebrannt werden. Wir haben Fieber, damit die höhere Körpertemperatur unser Immunsystem aktiviert und durch die Hitze die Vermehrungsfreude der Krankheitserreger einschränkt.

Was, wenn wir aus einem ähnlichen Grund Hitzewallungen haben? Wenn wir uns erlauben, so zu denken, verändert sich der Blickwinkel auf diese Hitzewallungen. Wir fangen an, sie willkommen zu heißen. Mir war früher häufig kalt (Sie erinnern sich vielleicht), und jetzt ist mir sehr häufig warm. Ich war immer so angezogen, dass ich notfalls auch in einem T-Shirt sitzen konnte. Ich hatte Lagen wie eine Zwiebel an.

Ich hatte nachts am Anfang drei bis vier Hitzewallungen und wachte häufiger auf. Dann drehte ich die Bettdecke entweder weg oder um und legte mich wieder hin. Ich denke nicht: »O Gott, jetzt bin ich wach, ich werde nie wieder einschlafen.« Ich weiß um die Macht meiner Gedanken.

Wenn ich partout nicht mehr einschlafen kann, dann stehe ich auf. Schreibe was. Lese. Arbeite. Räume die Küche auf. Und wenn ich müde bin, dann gehe ich wieder ins Bett. Ich mache mich auch nicht verrückt mit Gedanken wie: »Aber was ist, wenn ich morgen müde bin?« Na und? Im schlimmsten Fall bin ich eben müde. Meine Erfahrung ist, dass dies äußerst selten passiert. Ich war, wenn ich mich recht erinnere, außer Haus nur einmal wirklich so müde, dass ich mich kurz in mein Auto setzte und für eine Viertelstunde schlief. Ich vertraue meinem Leben mittlerweile, und deshalb weiß ich, dass mich mein Körper nicht verraten wird. Er ist auf meiner Seite. Das hat selbst mein Ego im Laufe der Jahre verstanden.

Ich mache kein Geheimnis um meine Wechseljahre, und ich verheimlichte auch meine Hitzewallungen nicht. Wenn mich jemand fragt, wie denn das Wetter ist, wo ich bin, dann antworte ich manchmal: »Das kann ich dir nicht sagen. Ich habe mein eigenes Wetter. Aber wenn du wissen willst, wie die Temperatur draußen ist: Die Leute tragen Mützen und Handschuhe.«

Es ist sehr viel anstrengender, so zu tun, als hätten wir keine Hitzewallungen. Wir verbringen zu viel Energie damit, einen »Normalzustand« vorzutäuschen. Sie müssen nicht unterdrückt werden, damit sie den anwesenden Herren nicht auffallen. Was befürchten wir? Dass sie sich peinlich berührt wegdrehen und sagen: »O Gott, hoffentlich stecken wir uns nicht an! Eine Frau in den Wechseljahren!?« Männer schauen in der Regel völlig emotionslos. Sie würden vielleicht nicht nachfragen, aber sie wenden sich auch nicht peinlich berührt ab. Zumindest nicht die Männer, die ich in meinem Leben und meiner Umgebung habe. Die letzte Reaktion war von einem Dreißigjährigen, der meinte: »Och, dann bin ich ebenfalls im Wechsel. Mir ist auch warm.«

Ich hatte mittlerweile fünfzehn bis dreißig Hitzewallungen pro Tag und fragte eines Morgens in meiner Meditation, wie lange das denn noch so gehen würde. Ich hörte: »Zwei Wochen.« Ich hatte mit zwei Jahren oder doch zumindest zwei Monaten gerechnet und konnte dem nicht so recht glauben. Nun ja, dachte ich mir, ich werde das schon sehen. Dann fragte ich, ob ich etwas tun könne, um mich dabei zu unterstützen. Und der Gedanke kam, jeden Morgen Karotten, einen Apfel und zwei Löffel frisches Leinöl zu mischen. Dazu kam ein Bild von einer Wurzel, mit der ich nichts anfangen konnte. Sie sah aus wie eine dicke Karotte und war gelblich weiß. Ich ging später zu meinem Gemüsehändler und schaute mich um. Da gab es zwei davon. Einmal eine Pastinake und eine Meerrettichwurzel, die ein bisschen heller und weißer war. Ich konnte mich nicht erinnern, wie die Wurzel in meiner Meditation aussah, deshalb nahm und benutzte ich beide. Und das war für eine Weile mein Frühstück. Die Hitzewallungen gingen damit zurück und hörten nach zwei Wochen auf.

Meine Periode hörte ein paar Monate später auf, und ich wollte jetzt mit den bioidentischen Hormonen beginnen. Mein Arzt, Dr. Martin Gschwender, ist unter anderem Experte für Hormone, deshalb hatte ich ihn mir ausgesucht. Die richtige Dosierung der bioidentischen Hormone zu erreichen ist ein Prozess. Man probiert sie aus, sieht, wie man sich fühlt, nimmt davon zwei und davon eine und hier noch eine halbe und hört nach 22 Tagen auf, um seine Periode wieder zu kriegen. Ich mag es nicht besonders, Tabletten zu nehmen, und musste plötzlich vier in der Früh und vier am Abend nehmen. Am zehnten Tag hatte ich ein leichtes Würgegefühl, wenn ich nur an sie dachte. Ab dem fünfzehnten Tag war das Würgegefühl stärker, und ab dem achtzehnten Tag musste ich mich zur Einnahme zwingen.

Was war passiert? Ich hatte mich so auf die Einnahme und meine Recherchen vorher verlassen, dass mein Körper mir zwar Signale schickte, die ich aber ignorierte. Mein Ego hatte die Oberhand gewonnen und versuchte, mich immer wieder mit einem »Das dauert, bis das eingestellt ist, und da müssen wir durch« zu beruhigen. Laut meiner Erfahrung hätte ich früher aufhören müssen, wenn ich denn aufmerksam geblieben wäre. Ein Würgegefühl? Gibt es ein deutlicheres Zeichen?

Ich hörte am 22. Tag wie ausgemacht auf, und am 23. Tag fühlte ich mich depressiv. Am Anfang fiel mir das nicht gleich auf. Ich merkte nur, dass ich keine Lust zu irgendetwas hatte. Am folgenden Tag dachte ich ganz neutral und selbstverständlich: »Nun ja, jetzt habe ich doch schon viel erlebt in meinem Leben. Meine Tochter ist schon erwachsen, vielleicht ... nun ja ... eigentlich könnte ich jetzt gehen.« Und mit gehen meinte ich sterben.

Sterben? – Was passiert denn hier? Mir fiel ein, dass ich schon mal so eine seltsam schleichende tiefe Depression bekam, als ich auf Kohlehydrate verzichtete. War das etwas Ähnliches? Ich ging in die Stille, sprach mein Gebet und fragte meinen Körper: »Was ist denn hier los?«

Ich sah vor meinem inneren Auge diese Tabletten und fühlte das Würgegefühl. Ah, das ist hier los. Ich bin in eine künstliche Depression gefallen, weil ich das Tief nicht vertrage, das nach dem Absetzen dieser Hormone bei mir ausgelöst wird. Ich rief anschließend Dr. Gschwender an und fragte ihn, ob er das auch schon bei anderen Patienten erlebt habe. Er zögerte etwas. »Nein, eigentlich nicht«, meinte er, »aber bei dir ist sowieso einiges anders.« Die Vorstellung, die Hormone in ein paar Tagen wieder zu nehmen, löste bei mir ein weiteres Würgegefühl aus. Wir beschlossen, es bleiben zu lassen. Und wenn ich »wir« sage, meine ich meine Seele, mein Ego, meinen Körper und meinen Arzt.

Ich hörte mit allem auf. Ich fühlte mich sofort besser und ließ es erst einmal bleiben. Mir wurde wieder mal klar, dass ich – also ich, Sabrina, ich, Ego – so viel beschließen kann, wie ich will, ich muss aufpassen, ob es meinem Körper auch recht ist. Und mein Wunsch nach bioidentischen Hormonen kam bei ihm zu diesem Zeitpunkt nicht gut an. Vielleicht probiere ich es später noch mal. Nur mit dem Wissen, dass ich äußerst aufmerksam sein muss, um zu registrieren, ob ich denn wieder Würgegefühle bekomme. Auch hier ist es wichtig zu erkennen, dass es sich um *meinen* Körper handelt, der mir Signale schickt. Bei anderen mag das wieder gänzlich anders sein.

Meine Hitzewallungen gingen wieder zurück, und ich war für eine lange Zeit – fast ein halbes Jahr – ohne Periode und Hitzewallungen und dachte schon, das wäre jetzt vorbei. Dann übernahm ich die Nachtschicht bei Freunden, die gerade ein neugeborenes Baby adoptiert hatten. Es war herrlich, mal wieder mit so einem Baby zu schlafen. Frauen in den Wechseljahren sollten Kinder haben, die wachen nachts sowieso häufig auf, dachte ich mir lachend. Am nächsten Morgen sollte sich aber eine Überraschung einstellen: Ich bekam eine starke Periode! Was so eine »Babyübernachtung« mit einem Körper alles machen kann …!

Es gibt keine zwei gleichen Wechseljahrerfahrungen. Auch hier gilt es, die Verantwortung für seinen eigenen Prozess zu übernehmen. Wir dürfen nicht unterschätzen, was unser Umfeld mit uns macht. Da gibt es bestimmte Vorstellungen, wie denn die Wechseljahre auszusehen haben: nämlich grauenvoll. Das ist nicht für alle so. Doch auch hier erschaffen unsere Gedanken unsere Realität mit. Wir können uns unsere Informationen auch von Frauen holen, die angenehmere Erfahrungen damit gemacht haben.

Eine meiner Freundinnen versuchte es für drei Jahre mit chinesischer Medizin. Sie wirkte schlichtweg nicht. Es gab nur minimale Veränderungen. Sie fühlte sich furchtbar, und das für eine sehr, sehr lange Zeit. Ihre chinesische Ärztin gab schließlich auf. Meine Freundin hätte weitergemacht. Sie ist geduldig. Zu geduldig. Wenn eine bestimmte Behandlung keinen Erfolg bringt, dann ist es praktischer, sich eine andere Methode zu suchen. Nicht alles wirkt für alle. Wie sucht man sich eine andere Behandlungsmethode? Man hört sich um. Liest. Recherchiert im Internet. Bespricht sich mit anderen Frauen. Dann schaut man sich die verschiedenen Methoden genau an. Meditiert. Ich bekomme auch nicht immer hundertprozentige Klarheit durch eine Meditation. Manchmal ist Stille. Manchmal rührt sich nichts. Dann muss ich es selbst erst einmal ausprobieren. Ich nehme dann eine Methode, zu der ich mich hingezogen fühle. Beobachte, ob sie funktioniert. Gebe dem Arzt ein anständiges Feedback. Sage ihm, wie es mir geht. Alle Details. Denn die sind wichtig. Die Generation meiner Mutter war eine Kriegsgeneration, und die war wie gesagt zum Durchhalten gezwungen. Bis meine Mutter etwas sagt, muss ihr das Bein abfallen. Und selbst dann würde sie es noch hinter sich herziehen und sagen: »Das geht schon.« Langsam versteht auch sie, dass man sich um sich selbst kümmern muss. Wir sind sehr stolz auf unsere Mutter, denn wir sehen Veränderungen. Ignorieren bringt uns nicht weiter, denn unsere Seele sitzt nicht da und will uns leiden sehen. Vielleicht lieben wir das Mitleid der anderen, oder wir sehnen uns nach Unterstützung und wissen nicht, wie anders wir es bekommen, außer durch unser Stöhnen.

Die Pharmaindustrie tut ein Übriges, um uns bestimmte Informationen über die Wechseljahre zukommen zu lassen. Osteoporose zum Beispiel: Mittlerweile glauben wir zu wissen, dass mit den Wechseljahren die Knochendichte schwächer wird und dies dann zwangsläufig zu Knochenbrüchen führen wird. Ich stellte das nicht mehr infrage, denn ich hatte es als Tatsache akzeptiert. Da las ich in einem Magazin – leider habe ich mir den Artikel nicht aufgehoben, da ich beim Zahnarzt saß – von einer Journalistin und ihrem Erlebnis mit einer angeblichen Osteoporose. Sie sah nach zwanzig Jahren Mittelnehmen und Nebenwirkungen-Haben mal genauer hin. Das Ergebnis: Osteoporose, so stellte sich heraus, ist ein nicht einfach zu diagnostizierender Zustand. Große, schmalgliedrige Frauen haben anscheinend ein größeres »Risiko«, Osteoporose zu bekommen. Sie war eine derjenigen, denen schon eine vorbeugende Behandlung als Dreißigjährige vorgeschlagen worden war. Medikamente, die eben auch Nebenwirkungen haben, verordnet zu einem »Problem«, das vielleicht gar keins ist? Nachdem ich mich selbst darüber informiert und recherchiert hatte, fühlte ich mich fröhlich entspannt. Doch keine automatisch morschen Knochen, wenn man älter wird. Irgendjemand sagte mal zum Spaß, dass die Pharmaindustrie schon Medikamente hat, bei denen noch die Krankheiten fehlen.

Dies ist kein Rundumschlag gegen Pharmaunternehmen. Es gibt wunderbare Medikamente, die Leben retten und erleichtern. Aber es gibt eben auch Behandlungen, die mehr schaden, als dass sie nutzen.

Für viele ist die Stille eine große Herausforderung. Das Haus ist leer geworden. Die Kinder sind erwachsen. Jeder ist mit seinem Leben beschäftigt. Allein zu sein ist jedoch nicht gleich einsam zu sein. Es gibt viele Frauen, die es lieben, allein zu leben. Wir lernen uns besser kennen, und gerade die Wechseljahre sind auch für viele Frauen ein Aufbruch in ihre eigene Spiritualität. Leider lernen wir manchmal nur etwas, bewegen uns dann nur vorwärts, wenn wir es nicht mehr aushalten. Erst dann, wenn wir zutiefst erschüttert, erschöpft oder uns allein gelassen fühlen, erst dann wird unser Ego so schwach, dass die Seele eine Chance hat, gehört zu werden. Mit der Selbsterkenntnis und Akzeptanz von dem, was ist, beginnt ein neuer Abschnitt, der sich auch durch eine gewisse Gelassenheit und Weisheit auszeichnet.

Einer meiner Lehrer sagte einst, dass nach den Wechseljahren bei den Frauen die gleiche Zeit wiederkommt, wie sie sie vor der Pubertät hatten. Erinnern wir uns: Wir waren wunderbar frei.

In unseren Wechseljahren werden wir aufgefordert, unser Leben anzuschauen. Das gilt für Männer genauso wie für Frauen. Einer meiner engen Freunde ist auch gerade um die fünfzig. Er hatte schon eine Familie, er hatte schon Kinder. Er hatte schon den Erfolg und das große Auto. Dann ging er durch eine Scheidung und hat sein Leben verändert. Jetzt überlegt er sich, was er machen will, und probiert einiges aus. Ist auch, wie ich, am Überlegen, am Ausprobieren. Er hat jetzt wieder eine neue Freundin, die gern noch Kinder haben möchte. Will er das Ganze noch mal? Es ist unsere Wahl. Es ist nicht falsch oder richtig.

Unsere Seele wird weiterhin dafür sorgen, dass wir genau die Herausforderungen bekommen, die wir brauchen. Und unser Körper wird dafür sorgen, dass wir es erleben.

Gerade in diesen Jahren des Wechsels wird manches in unserem Leben zusammenbrechen. Allein deswegen, weil es fertig ist. Leben bedeutet auch Anfang und Ende. Und damit wir etwas Neues beginnen können, muss etwas vorher aufhören. Loslassen, akzeptieren und sein, was man ist.

Und lieben lernen, was wir werden – nämlich großartig!

11

Älter werden: eine Übung im Loslassen

Vor langer, langer Zeit lebten wir als Seele sehr viel länger in unserem Körper. Damals war es ein Leichtes, den Körper zu verlassen, und so gingen wir zurück, wie man in eine Wohnung heimkehrt. Bewusst. Ab und zu verreist. Wiederkehrend.

Je häufiger wir es machten, desto länger blieben wir im Körper, bis wir kollektiv vergessen hatten, wie das Verreisen geht. Und so blieben wir hier und fanden das Leben interessant.

Doch wie viele Sonnenuntergänge kann man bewundern, wie viele Küsse wahrlich genießen, wie viele Erfahrungen zutiefst neu erleben? Irgendwann einmal wurde uns langweilig. Der Körper vertraut. So vertraut wie ein Pullover, an dem wir uns sattgesehen haben. Und so beschlossen wir, ihn abzulegen. Da wir vergessen hatten, wie es war, einfach hinaus- und hineinzugehen, mussten wir ihm Lebensenergie entziehen. Das taten wir auch.

Und dann passierte etwas Erstaunliches. Als wir schwächer wurden, kümmerten sich die anderen um uns. Hielten uns. Wuschen uns. Pflegten uns. Streichelten uns. Wir genossen das so sehr, dass wir kollektiv beschlossen, kürzer zu leben. Informiert wurde das neuronale Netz, das Solano erwähnte, als er über die Verbindungen und Erklärungen zu Emotionen sprach. Wir begannen früher zu sterben. Noch früher zu sterben. Früh zu sterben. Bis wir bei einer durchschnittlichen Lebenserwartung von zwanzig bis dreißig Jahren anlangten. Das war uns dann zu kurz. So streckten wir es wieder, bis wir da waren, wo wir jetzt sind.

Auch heute können wir beobachten, dass einige von uns gern im Alter gepflegt werden. Gern? Mache ich Witze? Wie immer rede ich nicht von der Persönlichkeit. Wir werden eben auch krank, weil wir manchmal versorgt werden wollen. Ich war früher häufig krank, wenn ich eine Pause brauchte. Ich erlaubte sie mir sonst nicht. Erinnern wir uns daran, dass jede Seele ihre eigenen Seelenhausaufgaben hat, die sie auf der Erde machen soll, und so ist das Älterwerden, wie das Leben, von uns so gestaltet, dass wir unsere Seelenhausaufgaben auf jeden Fall erleben werden. Einige von uns mögen als Persönlichkeit so auf ihre Unabhängigkeit bestanden haben, dass ihre Seele gegen Ende des Lebens den Körper zwingt, krank zu werden, um so Nähe zuzulassen. Versorgt zu werden. Umsorgt zu werden. Die Persönlichkeit mag sich mit Händen und Füßen wehren, doch die Seele, die Seele will es so:

Tochter (Verstand): *»Mama, Mama!«*

Mutter (Verstand): (Wacht auf.) *»Ja, was ist?«*

Tochter (Verstand): *»Mama, so geht das nicht.«* (Schaut sich in der Wohnung um.) *»Wie es hier ausschaut. Du brauchst Hilfe. Ich muss dir eine Putzfrau besorgen.«*

Mutter (Verstand): *»Das kommt nicht infrage. Eine fremde Person kommt mir nicht ins Haus.«*

Mutter (Seele): *Wir brauchen Hilfe.*

Mutter (Verstand): *»Ich brauche nichts. Ich bin bisher in meinem Leben zurechtgekommen und werde das auch weiter tun.«*

Tochter (Verstand): *»Mama, ich kann nicht jeden Tag vorbeikommen, um bei dir aufzuräumen.«*

Mutter (Verstand): »Wer sagt denn, das du das musst? Ich komme schon allein zurecht.«

Mutter (Körper): Ich habe Schmerzen in der Schulter. Ich kann nicht mehr so viel heben.

Tochter (Verstand): (Merkt, dass die Mutter ihre Schulter hält.) »Tut dir deine Schulter weh?«

Mutter (Verstand): »Nein, es geht schon.«

Mutter (Körper): Es geht nicht.

Tochter (Seele): Wenn sie keine Hilfe annehmen will, dann müssen wir unsere Besuche zurückstellen, damit sie selbst erfährt, dass sie Hilfe braucht.

Tochter (Körper): Mir tut auch alles weh. Ich bin erschöpft. Ich brauche mehr Ruhe.

Tochter (Verstand): »Mama! Mir zuliebe.«

Mutter (Verstand): »Wegen mir brauchst du nicht zu kommen. Ich komme zurecht.«

Tochter (Seele): Lass uns ihr sagen, dass wir eine Woche nicht kommen werden, und wenn sie uns braucht, kann sie anrufen.

Tochter (Verstand): (Seufzt.) »Also gut. Ich räume schnell ein bisschen auf, und dann komme ich morgen noch mal.«

Mutter (Verstand): »Wegen mir brauchst du nicht zu kommen!«

Mutter (Seele): *Wir könnten uns auch bei unserer Tochter bedanken.*

Mutter (Verstand): *»Ich komme schon allein zurecht.«*

Es ist schwer anzuerkennen, dass man das unabhängige Leben, das man bisher geführt hat, nicht mehr weiterführen kann. Hier sprechen zwei Persönlichkeiten miteinander, und es wäre hilfreich, wenn die Seelen miteinander kommunizierten. Doch wie geht das?

Es gibt zwei Möglichkeiten. Wir können einmal im Inneren und im Äußeren mit der Seele des anderen Kontakt aufnehmen. Wenn die Tochter also mit ihrer Mutter sprechen will, kann sie das mit Worten und auch mit einem Gespräch zwischen den Seelen machen. Dazu geht sie ins Gebet. Konzentriert sich auf sich selbst. Auf ihre Unendlichkeit. Spricht ihr eigenes Gebet, um sich darauf vorzubereiten: »Mutter-Vater Gott, alle Engel und Meister, ich bedanke mich für dieses Gespräch mit der Seele meiner Mutter. Möge dies in dem höchsten Interesse von uns beiden sein.« Dann stellt sie sich vor, dass sie irgendwo sitzt, wo sie sich wohlfühlt. Sie bittet die Seele ihrer Mutter, zu kommen. Es kommt hierbei nicht nur die Seele. Auch das Ego zeigt sich durch die Worte und Bewegungen, wenn mit ihr auf diese Weise gesprochen wird. Die Tochter beobachtet, wie ihre Mutter vor ihrem inneren Auge aussieht und wie sie sich bewegt. Kommt sie abweisend? Schwerfällig? Leichtfüßig? Unsicher? Dann stellt man ihr Fragen, wie man auch normalerweise jemandem Fragen stellen würde: Wie geht es dir? Was brauchst du? Was kann ich für dich tun? Man hört zu, was da an Gedanken oder an Bildern kommt. Es entsteht ein innerer Dialog.

Auf jeden Fall verändert sich etwas. Dieses Gespräch zwischen den Seelen ist erstaunlich hilfreich. Und doch ersetzt es das andere Gespräch nicht. Gerade diejenigen, die pflegen, versuchen oft, so zu tun, als ob es nicht anstrengend wäre. Es geht nicht darum, dass wir konstant stöhnen. Aber es geht darum, dass wir im gegenseitigen Austausch die Wahrheit sagen. Eben auch sagen, wenn wir Hilfe brauchen – und wenn es uns zu viel wird und wir eine Lösung finden müssen, die für alle Beteiligten gut ist.

Wir lernen durch die Veränderungen in unserem Körper, uns nicht – ultimativ – mit unserem Körper zu identifizieren. Wir haben einen Körper, aber wir sind nicht unser Körper. Durch das Akzeptieren der verschiedenen Lebensstufen lernen wir loszulassen. Jedes Loslassen ist eine Übung, denn wir üben das ultimative Loslassen des Körpers: unser Sterben.

Wir lassen immer mal wieder los, was wir einst waren, und akzeptieren das, was wir im Moment sind. Manche von uns begleiten dies mit Zeter und Mordio; manche versuchen, das Älterwerden zu ignorieren, manche versuchen, es durch Operationen hinauszuschieben. Doch letzten Endes müssen wir uns damit abfinden, dass wir älter werden und dass wir dann »anders« sind als früher. Je eher wir in der Lage sind, die neue Lebensphase zu akzeptieren, desto leichter wird unser Leben sein.

Doch gerade für uns Frauen gibt es eine bestimmte Lebensphase, die uns die meisten Schwierigkeiten zu bereiten scheint. Ich wurde immer gerne älter und dachte, dass ich selbstverständlich nie damit ein Problem haben würde. Es ist doch praktisch, wie unsere Seele dafür sorgt, dass diese Arroganz dann doch auf die Probe gestellt wird.

Zu, wie ich hoffe, Ihrem Amüsement hier ein Artikel, den ich kurz nach meinem fünfzigsten Geburtstag geschrieben habe:

Endlich 50?

Als mit 25 die ersten professionellen Fotos von mir gemacht wurden, gab es Weichzeichner, die ich noch nicht brauchte. Jetzt, wo ich sie brauche, haben wir digitale Kameras mit sechs Millionen Pixeln. Ich will keine sechs Millionen Pixel, ich bin mit einer

Handvoll völlig zufrieden. Es gibt einen Grund, warum die Sehkraft ab Mitte vierzig nachlässt. Wir wollen zwar noch scharf sein, aber man soll uns nicht mehr scharf sehen.

Ich sollte hier über die Frauenbewegung schreiben und dass wir es immerhin bis zur Kanzlerin geschafft haben; nun, Papst sind wir noch nicht, aber dafür hatten wir eine evangelische Bischöfin. Ich sollte darüber schreiben, wie es uns gelungen ist, doch irgendwie Beruf und Privatleben zu vereinbaren. Wie die Frauen vor uns für die beginnende Gleichberechtigung gekämpft haben, die für meine achtzehnjährige Tochter eine Selbstverständlichkeit ist. Als ich ihr erzählte, dass es früher kein Frauenwahlrecht gab, dachte sie, ich nehme sie auf den Arm. Wir haben uns im Berufsleben noch in schwarze Hosenanzüge geschmissen, um ernst genommen zu werden. Die Generation meiner Tochter zweifelt nicht daran, ernst genommen zu werden. Ihre männlichen Counterparts werden sich eher davor fürchten müssen, nicht von ihren 10 Zentimeter hohen Hacken auf dem Weg nach oben zertrampelt zu werden. Gleichzeitig schätzen sie Kerle mit guten Manieren. Sie haben unsere Unsicherheiten nicht. Meine Tochter kommt prima mit den Avancen der Jungs und Männer aus.

Ich bin aufgewachsen mit der Einstellung, dass jeder für sich selbst zahlt. Dass ich mir die Türen selbst aufmache und überhaupt mein Leben – Beruf und Privatleben inklusive Finanzen – selbstverständlich selbst erschaffe und organisiere. Wir machten die Schritte in die Emanzipation mit dem Tenor: »Das kann ich selbst, dafür brauche ich keinen Mann.« Vor lauter Angst, als schwach zu gelten, haben wir rigoros alles allein gemacht. Erst vor ein paar Jahren habe ich mir wieder erlaubt, Frau zu sein. Nicht mehr für alles kämpfen zu müssen, sondern mich auch verwöhnen zu lassen. Ich freue mich über jede Tür, die für mich aufgeht, und jede Tasche, die mir getragen wird. Liebe ist, wenn man mir meine Skier trägt.

Vor kurzem hörte ich einer Anfang Dreißigjährigen am Flughafen zu, die das Angebot des begleitenden Herrn (Kollege oder Liebhaber, war in den zwei Minuten nicht auszumachen), ihren Koffer zu tragen, mit folgenden Worten ablehnte: »Nein, das kann ich schon selbst! So weit ist es noch nicht mit mir. Aber wenn ich dann mal achtzig bin, dann komme ich noch mal darauf zurück. Doch jetzt …« Sie wollte überhaupt nicht mehr aufhören. Der arme Kerl zog seinen Arm zurück, als wäre er gerade gebissen worden. So ähnlich war ich auch mal. Am liebsten hätte ich ihr den Mund zugehalten. Augenzwinkernd meinte ich beim Vorbeigehen zu ihr: »Wir hoffen, dass er sich seine guten Manieren nicht abgewöhnt, nicht wahr?«, und doch hätte ich am liebsten gesagt: »Sei still und lass dir deine Tasche tragen! Verdirb ihn nicht für alle anderen Frauen.«

Wir haben uns verändert, und unsere Männer haben sich verändert. Neben dem G-Punkt wissen sie jetzt auch, wie man die bunte von der weißen Wäsche trennt, und sind nicht wie mein Vater, der mal eine geschlossene Suppendose einfach so zum Heißmachen in einen Topf stellte.

Natürlich haben wir innere Werte. Wir haben Höhen und Tiefen erlebt, wir haben Kinder – oder eben nicht. Wir hatten die Möglichkeiten zu Karrieren und haben uns entweder dafür oder dagegen entschieden. Wir – die Frauen in meinem Umfeld, die jetzt fünfzig werden – haben uns gut gehalten. Frauen wie Sharon Stone, Michelle Pfeiffer und Madonna werden fünfzig dieses Jahr. Meine Großmutter war mit fünfzig eine alte Frau: geblümte Kittelschürze und schwarzer Dutt. Ich dagegen habe mir vor zwei Jahren meine ersten Overknee-Stiefel gekauft.

Als ich zwanzig Jahre alt war, kamen sie zum ersten Mal in Mode. Ich konnte sie mir nicht leisten. Mit dreißig kamen sie noch mal. Da war ich gerade schwanger. Mit 48 kamen sie ein weiteres Mal, und da wusste ich: Das ist jetzt das letzte Mal. Wenn ich sie jetzt nicht kaufe, wenn ich sechzig bin, kaufe ich sie nicht mehr. Ich will mich ja nicht lächerlich machen. Mache ich mich jetzt mit Ende vierzig schon lächerlich?

Ich habe sie gekauft: schwarzer Samt, 10 Zentimeter hohe Absätze, 20 Zentimeter über dem Knie aufhörend. Meine Tochter hat sie letzte Woche gefunden: »Mama, was ist denn das? Die trägst du doch nicht, kann ich sie haben?«

Ich nahm sie ihr bestimmt ab. »Die trage ich schon.« Pause. »Wenn du nicht da bist.«

Der undurchdringliche Blick meiner Tochter wanderte von den Schuhen zu mir, und dann meinte sie: »Aber wenn du sie nicht mehr brauchst, kann ich sie dann haben?«

Sie ist nicht doof. Lang muss sie nicht mehr darauf warten.

Ähnlich ist es mit Ausschnitten. Ich habe fast nie tiefe Ausschnitte getragen. Ich hatte früher Körbchengröße D, die ich unter den weiten Schulterpolstern der Achtzigerjahre gut verstecken konnte. Mit Mitte dreißig habe ich mir den Busen verkleinern lassen. Ich hatte die Nase voll von Schulterbändern, die so breit wie eine bundesdeutsche Autobahn waren. Doch jetzt mache ich mir erstaunlicherweise darüber Gedanken. Wie lange werde ich überhaupt noch tiefe Ausschnitte tragen können? Ich konnte es schon als Zwanzigjährige nicht leiden, wenn mir jemand in den Ausschnitt starrte, doch plötzlich fällt mir auf, dass dies so oder so bald zu Ende geht. Soll ich das nicht jetzt noch ein bisschen ausnutzen? Steht mir eine Zukunft in Rollkragenpullovern bevor?

Wir sind jetzt in einem Alter, in dem sich gute Pflege bemerkbar macht. Mein Körper und ich haben vor Jahren einen Vertrag geschlossen: Ich will schlank sein und essen, was mir schmeckt. Mein Körper ist einverstanden, doch dazu muss ich fünfmal die Woche eine Stunde Sport machen. Fairer Deal. Ich weiß nicht, ob irgendeine dieser teuren Gesichtscremes wirklich einen Nutzen bringt. Und doch kaufe ich sie ab und zu. Zwischendrin klatsche ich mir Nivea aufs Gesicht, ohne die ich nicht leben kann. Meine Mutter hat mit achtzig Jahren noch eine tolle Haut. Danke, Mama, für die Gene.

Ich hätte nie gedacht, dass ich mit dem Älterwerden Schwierigkeiten bekommen würde. Noch mit vierzig schrieb ich einen Artikel, der »Endlich 40!« hieß, und ich war begeistert von dieser neuen Lebensphase. Ich dachte, das gehe so weiter. Ich werde ganz selbstverständlich älter werden. Ich werde mein Alter nie verstecken, das habe ich mir geschworen, und ich werde auch nicht mit den jungen Mädchen konkurrieren wollen – auf gar keinen Fall mit der eigenen jetzt erwachsenen Tochter. Julia beschwerte sich nicht selten, dass ich mich doch ein bisschen mehr sexy anziehen sollte. »Du bist der Teenager, nicht ich«, antwortete ich ihr und behielt den längeren Rock an.

Ich war ein unattraktiver Teenager. Und ich fühlte mich mit vierzig besser als mit zwanzig. Ich war fitter, wacher und witziger als mit zwanzig. Ich zögere, die Worte »attraktiv«, »gut aussehend« oder sogar »hübsch« über mich zu schreiben. Ich bin nicht hübsch aufgewachsen. Wenn mir in meiner Pubertät ein Junge nachschaute, dann nur, weil ich eine Laufmasche im Strumpf hatte. Als ich dann mit achtzehn Jahren abgenommen und mir Kontaktlinsen gekauft hatte, war ich von der Aufmerksamkeit der Jungs nicht nur überrascht, sie war mir peinlich.

Ich war es nicht gewöhnt. Meine sehr hübsche achtzehnjährige Tochter hingegen lacht über ihre Mutter, die nicht einmal eine Einladung zum Mittagessen annehmen will, weil sie sich verpflichtet fühlen würde. »Mama, das ist doch sein Problem, wenn er für dein Mittagessen zahlen will. Lass ihn doch«, wundert sie sich.

Es fing so mit 49 an. Plötzlich betrachtete ich mich in Teilen. Ich sah nicht mehr den Gesamteindruck von mir, sondern nur noch Puzzleteile: die Falten da, die Schlaffheit dort. Hatte ich das schon immer? Plötzlich waren mir die Lichter im Bad zu hell und die Fotos meines Freundes von mir nicht mehr schmeichelhaft. Ich schmiss mehr in den digitalen Abfalleimer als jemals zuvor. Sah ich wirklich so aus? Grelles Sonnenlicht machte mir auf Fotos mehr Falten. Kann man wirklich hundert Lachfalten haben oder werde ich einfach nur alt? Um Himmels willen, was denke ich denn nur eigentlich? Ich will nicht, dass das Aussehen so wichtig ist. Ich will, dass meine Falten mir egal sind. Ich schreibe spirituelle Bücher, da geht es um Leben und Tod, um die Unendlichkeit, und ich mache mir über meine Falten Gedanken? Habe ich sie noch alle?

Morgens früh im Bad:

Verstand:	*Ich brauche ein anderes Make-up. Das deckt nicht mehr richtig.*
Seele:	*Hör auf, über das Alter nachzudenken. Hör einfach auf.*
Verstand:	*Vielleicht sollte ich die zehn 60-Watt-Glühbirnen im Spiegel doch mit 5-Watt-Birnen austauschen. Gibt es die überhaupt?*
Seele:	*Haben wir an nichts anderes zu denken? Das ist doch sowieso immer nur dasselbe.*
Körper:	*Falls es jemanden interessiert: Mir geht's gut.*

Ich fing an, mich mit Frauen zu vergleichen. Als wenn ich auf Autopilot wäre. Sieht sie jünger aus, älter? Hat sie was gemacht? Wenn ja, was? Sieht man es? Ich habe mich bisher noch nie in Konkurrenz zu anderen Frauen gesehen. Ich habe eine wundervolle Gruppe von großartigen Freundinnen, und ich bewundere andere Frauen und sage ihnen das auch – und plötzlich verglich ich mich mit ihnen. Was regt sich da nur in mir? Vor irgendetwas muss ich Angst haben.

Ich ging in die Stille, ins Gebet, und fragte mich: »Wer in mir hat Angst vor dem Alter?« Meine »Teenager-Sabrina« rührte sich. Sie fühlte sich damals unbeachtet, ungeliebt, uninteressant. Wird das jetzt wieder so?

Ich war gerührt von meiner Teenager-Sabrina, die all die Jahre stillgehalten hat und sich jetzt plötzlich meldet. Ich tröstete sie (mich) und erklärte ihr (diesem Waisenkind von mir), dass wir niemals wieder so aussehen werden wie in unserer Teenagerzeit. Und wir werden auch nie wieder so leben. Wir haben Freunde. Wir haben ein spannendes Leben, und wir sind für immer. Nach der Meditation musste ich lachend anerkennen, dass, wer so aussah wie ich, keine Angst vor dem Älterwerden haben muss. Schlimmer als damals kann es nicht werden. Die Teenager-Sabrina hatte Angst, wieder unsichtbar zu werden. Und doch war meine Unattraktivität ein Glück. Männerblicke fallen mir dadurch selten auf, denn ich war sie während meiner prägenden Teenagerphase nicht gewohnt. Für manche Frauen, die ihr ganzes Leben lang die aufmerksamen Blicke der Männer auf sich zogen, mag das ein herber Schlag sein.

Ich saß mal bei einem Abendessen einer wunderschönen Frau gegenüber. Sie muss wohl Mitte sechzig gewesen sein, und sie war eine außergewöhnliche Schönheit. Da ich auch Bildhauerin bin, konnte ich meine Augen nicht von ihr abwenden. Ihr fiel das natürlich auf, und so entschuldigte ich mich mit den Worten: »Es tut mir leid, aber ich muss Sie die ganze Zeit anschauen. Sie sind so schön!« Sie warf mir einen traurigen Blick zu: »Ich war schön. Doch seitdem ich fünfzig bin, ist mein Leben vorbei.« Sie sagte es mit solch einer herzzerreißenden Bitterkeit, dass ich spontan nachfragte: »Was ist passiert?«

»Von da an schaute mir kein Mann mehr nach, wenn ich in den Raum trat.«

Ich wusste nicht, was ich darauf sagen sollte. Stammelte vor mich hin, dass das nicht stimmen kann, sie ist so wunderschön. Doch es spielte keine Rolle mehr. Sie hörte mich nicht.

Ich war kein Mann.

In ihrer Gedankenwelt hatte sie mit dem Glück abgeschlossen. Sie konnte sich nur glücklich fühlen, wenn sie begehrt wurde. Ich hätte ihr vielleicht raten sollen, nach Italien zu gehen. Ein idealer Ego-Schub, wenn man ihn denn dringend braucht. Italienische Männer schauen alle Frauen an. Was einen früher mit Mitte zwanzig nervte, nimmt man jetzt mit fünfzig freudig zu Kenntnis.

Spirituell oder nicht, Komplimente tun gut. Vor zwei Jahren war ich in einem Club in München mit Freunden aus und tanzte, und ein junger Kerl ging an mir vorbei und sagte: »Toller Arsch.« Ich gebe es zu, ich hab mich gefreut. Mit dreißig hätte ich ihn mit Verachtung gestraft. Jetzt musste ich mich zusammenreißen, dass ich ihm nicht vor Freude um den Hals fiel.

Ich muss mich entschuldigen. Für meine Arroganz, die ich hatte. Für meine hundertmal hingesagten Worte: »Ach, ich werde bestimmt keine Probleme mit dem Älterwerden haben.«

Die Zeit um die fünfzig ist eine Phase, durch die jede Frau durchgeht. Wechseljahre, Falten, Älterwerden. Eine Generation von Frauen, die sich nicht durch Schönheit definiert hat, hat sich trotzdem auf sie verlassen. Wir sind immer noch schön. Aber nicht mehr knackig schön. Wir haben weichere Körper, und unsere Haut fühlt sich, erstaunlicherweise, älter nicht schlechter an.

Ich habe ein Jahr lang intensiv über mein Älterwerden nachgedacht, und jetzt bin ich gelangweilt davon. Kurz nach dem Gespräch mit meiner Teenager-Sabrina und nach meinem fünfzigsten Geburtstag löste sich das alles schlagartig auf. Ich war wieder ich. Meine Falten wurden weniger. Oder meine Augen wurden schlechter. Wahrscheinlicher ist es, dass meine Gedanken wieder sauberer wurden. Die ängstlichen Gedanken übers Älterwerden lassen uns schneller altern.

»Älter werden ist nichts für Feiglinge«, hat Bette Davis mal gesagt, und sie war eine kluge Frau.

Jeder von uns muss durch diese Zeit seinen eigenen Weg finden. Er fällt leichter, wenn wir in die Stille gehen können und uns gelegentlich daran erinnern, dass wir für immer sind. Natürlich kamen nach meinem fünfzigsten Geburtstag gelegentlich Gedanken über das Älterwerden hoch. Und ich brauchte ein Gegenmittel dazu. Dieses »Lass einfach los« hilft bei mir nicht. Hilft es bei irgendjemandem? Ich brauchte etwas, was ich sagen kann – denken kann –, wenn dieses »Ich werde alt« hochkommt. Einen Satz, der wahr ist. Einen Satz, bei dem es tief in mir klingt. Und dies ist mein Satz, mein Gegenmittel, der für mich funktioniert:

»Ich bin für immer.«

Ja.

12

In Verbindung mit anderen

Im Zusammenleben mit unseren Mitmenschen tauschen wir uns aus. Nicht nur durch Worte, Berührungen, Blicke, Gerüche, sondern auch mit unseren Lichtkörpern.

Gelegentlich fiel mir auf, dass ich manchmal eine eigenartige Vibration aufnahm. Meistens saß ich dabei neben jemandem, und ich erfühlte in mir ein irritierendes unangenehmes Zittern. Oft roch ich auch Saures. Essig. Dieses eigenartige Zittern konnte ich lange nicht einordnen. Ich fragte auch nie in der Stille der Meditation nach. Irgendwie vergaß ich es immer wieder. Jahre später fand ich heraus, was ich da aufnahm. Es begann mit einem Gespräch über eine gemeinsame Bekannte, die nach einer Behandlungsmethode für Alkoholismus suchte. Da erinnerte ich mich, dass ich die letzten Male neben dieser Bekannten saß, als ich dieses Vibrieren spürte. Spüre ich den Energielevel von Alkoholikern? Sie hatte ihre Krankheit geschickt versteckt. Doch ihr Lichtfeld konnte es nicht verstecken. Jetzt, wo ich das weiß, kann ich dieses irritierende Vibrieren einordnen, und es hat sich bestätigt. Ich fühle etwas Ähnliches, wenn mein Gegenüber starke Medikamente benutzt. Dann allerdings rieche ich den Essig nicht. Auch Mitmenschen, die nervös sind, verbreiten das über ihr Lichtfeld. Ich fühle natürlich auch, wenn jemand entspannt ist. In sich ruht. Das ist ein sehr angenehmes Gefühl.

Wie klar, wie stabil wir im Miteinander sind, liegt an uns. Es heißt nicht umsonst: Achte auf deine Gedanken, denn sie werden deine Worte. Achte auf deine Worte, denn sie werden deine Handlungen. Achte auf deine Handlungen, denn sie werden deine Gewohnheiten. Achte auf deine Gewohnheiten, denn sie werden dein Charakter. Achte auf deinen Charakter, denn er wird dein Schicksal.

Es sind die Gedanken und die dadurch ausgelösten Gefühle, die unser Lichtfeld entweder stabil oder löchrig halten. Die Löcher in unserem Lichtfeld entstehen durch Angst, Be- und Verurteilung anderer Leute, Aggressivität, Sorge, Gier, Neid. Wie wir wissen, sind diese Löcher nicht ganz einfach zu schließen:

Melanie (Verstand): *Ich habe einfach kein Glück. Jetzt bin ich bei der Beförderung schon wieder übergangen worden. Na ja, kein Wunder, dass die Trixi den Job gekriegt hat. Sie schleimt sich lange genug schon ein. Wahrscheinlich hat sie doch ein Verhältnis mit dem Chef. »Gratuliere dir zur Abteilungsleitung, Trixi.« Blöde Kuh.*

Trixi (Verstand): *»Danke. Freut mich besonders, dass es von dir kommt. Ich dachte eigentlich, dass sie dich nehmen.«*

Melanie (Verstand): *Ja, das wäre auch besser gewesen. Wahrscheinlich hat sie noch eine riesige Gehaltserhöhung bekommen. »Na ja. Du kannst dich eben gut verkaufen.« Die soll ruhig merken, dass ich mich nicht für dumm verkaufen lasse.*

Melanie (Körper): *Wir verengen uns gerade. Stresssymptome freisetzen. Mundwinkel schnippisch nach oben ziehen. Ironisch lächeln. ... Herz wird schwer.*

Trixi (Körper):	*Achtung: Angriff. Da kommt eine Welle von Wut auf uns zu.*
Trixi (Seele):	*Melanie fühlt sich übergangen. Versuchen wir, sie einzubeziehen.*
Trixi (Verstand):	*»Melanie, ich brauche dich hier wirklich dringend. Ohne dein Organisationstalent wären wir aufgeschmissen. Ich hoffe, du weißt, wie sehr ich dich schätze.«*
Melanie (Verstand):	*Hier schleimt sie ja schon wieder. Unfassbar, wie naiv sie ist. Oh nein, das ist nicht Naivität, das ist Berechnung. Sie will mich einfach einlullen. Ha! Mit mir nicht. »Organisieren ist nun wirklich kein Problem. Wenn man es wirklich will.«*
Trixi (Seele):	*Melanie lässt nichts an sich ran. Lass uns offen mit ihr sprechen.*
Trixi (Verstand):	*»Melanie, ich denke mir, dass du enttäuscht bist, weil ich den Job gekriegt habe. Glaub mir, ich hätte ihn dir gegönnt. Ich bin sicher, dass es wieder mal eine Gelegenheit für dich geben wird. Ich möchte wirklich weiterhin gut mit dir zusammenarbeiten.«*
Melanie (Seele):	*Sie zeigt uns, wie sehr sie uns schätzt. Vielleicht sollten wir mal den Chef fragen, warum er uns nicht genommen hat? Wir könnten uns verbessern. Wir sind häufig zickig und nicht ganz einfach im Umgang. Lass uns ihr Angebot zur Mitarbeit annehmen. Lass uns sagen, dass wir enttäuscht sind. So kommt*

Ehrlichkeit in das Gespräch. Wir müssen uns vor Trixi nicht schützen. Sie hat sich uns gegenüber immer loyal verhalten.

Melanie (Verstand):	*»Ich bin nicht enttäuscht, dass ich den Job nicht gekriegt habe. Ich habe schließlich ein Familienleben, um das ich mich auch noch kümmere. Ich möchte, dass meine Kinder noch wissen, wer ihre Mutter ist.« Das hat sie erwischt. Ich kann es in ihren Augen sehen. Bingo!*
Trixi (Körper):	*Angriff wurde gerade verstärkt. Ihr Energiefeld schwappt zu uns rüber. Abwehren!*
Trixi (Seele):	*Ich akzeptiere deine Entscheidung. Gottes Segen für uns. Ich stehe für diesen aggressiven Austausch nicht zur Verfügung. Wir verlassen dieses Gespräch. Sie ist zu keiner Lösung bereit. Vielleicht ein anderes Mal.*
Trixi (Verstand):	*»Die Sorge hatte ich auch. Ich habe schon mit dem Chef gesprochen, dass ich nicht noch länger im Büro bleiben kann. Wenn du magst, können wir uns ein anderes Mal in Ruhe darüber unterhalten. Ja? Bis bald.« Ich glaube, das sieht nicht gut aus mit Melanie. Hoffentlich beruhigt sie sich wieder. Warum fühle ich mich so komisch? Ich freue mich doch über den neuen Job. Ich werde wohl Melanies Abweisung fühlen. Lass uns klar sein: Alles, was nicht meins ist, kann nicht bleiben. So. Jetzt geht es mir wieder besser.*
Trixi (Körper):	*Ja. Das sind wir nicht. Entspannung.*

Melanie (Seele): *Warum waren wir so abweisend? Trixi hat ihr Bestes versucht.*

Melanie (Verstand): *So doof bin ich auch wieder nicht. Ich lass mich nicht für dumm verkaufen. Sie ist einfach ehrgeizig. So eine geht über Leichen. Die armen Kinder und der Ehemann. Na ja, lange wird sie ihn nicht mehr haben. Da kann ich darauf warten. Geschieht ihr ganz recht.*

Melanie (Körper): *Stresssymptome! Stresssymptome! Stresssymptome! Herz verkrampft sich. Hals tut mir weh, und Kopfweh kriege ich auch. Was ist denn da oben schon wieder los?*

Jemand, der uns mit Worten bombardiert, bombardiert uns wirklich. Mittlerweile wissen wir, dass Schallwellen (also laute Worte, die wir aussprechen) in der Luft zu Druckwellen werden. Man erkennt das zum Beispiel, wenn man einen Trichter vor einen Lautsprecher stellt, die Musik mit starken Bässen anmacht und auf die andere Seite des verengten Trichters eine offene Kerze stellt. Die Kerze bewegt sich wie im Tanz mit den Bässen. So ist das auch mit lauten Worten. Diese Druckwellen fühlt unser Lichtkörper natürlich sehr viel mehr als unser fester Körper, der dafür manchmal nicht sensibilisiert genug ist.

Als junges Mädchen und als junge Frau bin ich bei einem Streit meistens weinend davongelaufen. Als ich mein spirituelles Training begann, auch noch viele Jahre danach, war ich der Meinung, ich müsste es aushalten. Ich dachte, dass dieser Sturm mich – wenn ich wirklich spirituell bin – nicht berühren dürfte. Diese Stürme sah ich als Training. Ohne zu erkennen, dass sich nur mein altes Kindheitsmantra »Durchhalten, durchhalten, durchhalten« darunter versteckte. Heute gehe ich. Ich rede nicht vom Davonlaufen, sondern vom Weggehen. Dabei würde ich ein Gespräch für später vorschlagen.

In einer meiner Meditationen hörte ich mal, dass ich aufmerksamer sein muss, mit welchen Menschen ich mich umgebe. Das war mir nicht recht. Ich will keinen Unterschied zwischen Menschen machen müssen, und mir sind spirituelle Leute immer ein bisschen suspekt, die sich zurückziehen, weil sie den menschlichen Kontakt nicht aushalten. Als diese Information zu mir kam, war ich nicht besonders glücklich darüber. Was soll das bedeuten?

»Beachte einfach nur, wie du dich nach einem Austausch fühlst. Das ist alles.«

Ich fing nun an, mich genauer zu beobachten, und mir fielen Schwankungen auf. Manchmal unterhielt ich mich mit jemandem und fühlte mich wohl. Manchmal war ich unruhig. Das hat nicht immer etwas mit den Gesprächsthemen zu tun. Wenn jemand mir von seinen Sorgen berichtete, konnte ich mich trotzdem stabil und ruhig fühlen. Als ich mich aufmerksamer damit beschäftigte, merkte ich, dass mein Körper mir sehr genaue Temperaturschwankungen zeigte: Achtung, dieser Austausch erschöpft uns.

Was passiert bei solch einer Erschöpfung? Jemand saugt an uns. Das macht er selten aus Bosheit oder weil er uns ärgern will. Das ist meistens kein bewusster Akt. Der andere braucht etwas, und so klinkt er sich bei dem ersten möglichen Lichtfeld ein. Natürlich ist dies nur möglich, wenn wir es erlauben. Wir haben von der Göttlichkeit einen freien Willen mitbekommen, und dieser freie Wille kann durch nichts geschwächt werden. Wir entscheiden uns entweder für oder gegen etwas. Selbst wenn wir nichts tun, haben wir uns entschieden, nämlich dem anderen Lichtfeld zu erlauben, dass es sich bei uns einklinkt und uns damit Vitalität und Kraft nimmt.

Manchmal erlauben wir es, weil wir glauben, es sei unsere Pflicht: Jemand ist schwächer. Jemand ist älter. Manchmal tun wir es gern: wenn unser Kind krank wird, unser Partner, jemand, den wir lieben. Manchmal bieten wir uns aber auch wie Sauerbier an: Kommt doch einfach und nehmt euch, was ihr braucht!

Das ist selten unendliche Großzügigkeit, sondern meistens ein Resultat wenig eigener Wertschätzung. Wir wollen geliebt werden, und das um jeden Preis. Auch um den Preis, unsere Stärke zu verlieren. Um dann vielleicht den Eindruck zu erwecken: »Schau, die Süße, sie ist so schwach, wir sollten sie lieben.« Doch genau diese Menschen, die dann an uns saugen, sind nicht in der Lage, Mitgefühl zu entwickeln, da sie sich selbst in einem Mangelzustand sehen.

Wie schützt man sich davor? An uns kann nur gesaugt werden, wenn wir es zulassen. Als Erstes gilt es, aufmerksam zu sein. Wann passiert es? Ich bin sehr dankbar für »meine« zwei wunderbaren Massagetherapeutinnen Irmengard Bauer und Lucy Skibba, deren Behandlungen ich abwechselnd nutze. Ich fragte beide nach ihren Erfahrungen. Erinnern wir uns, dass dies fast immer eine unbewusste Handlung und deshalb auch nicht zu verurteilen ist. Jemand braucht dringend Kraft und versucht, sich diese zu holen. Lucy Skibba merkt es immer sofort, wenn sie den Körper eines Klienten berührt. Etwas in ihr wird kalt. Und sie fühlt ein Zittern, ein arrhythmisches, disharmonisches Summen. Sie nimmt ihre Hände weg, spricht ein Gebet und stellt sich einen Lichtkegel um sich vor, der von außen nicht durchdrungen werden kann. Nach der Behandlung wäscht sie sich die Hände mit lauwarmem Wasser und spricht ihr Gebet, in dem sie alles, was an ihr »dranklebt«, damit abwäscht.

Irmengard Bauer erinnert sich: »Als ich anfing, als Therapeutin zu behandeln, arbeitete ich von meiner Persönlichkeitsebene. *Ich* wollte helfen. Ich merkte, dass ich nach kurzer Zeit sehr müde und sehr schwach wurde. Ich hatte die Symptome des Klienten übernommen. Dann merkte ich, dass ich mich als Irmengard raushalten muss. Die Qualität der Behandlung wurde immer besser, je absichtsloser ich wurde. Ich bringe mich nicht als Mensch in die Behandlung ein, sondern in Verbindung mit dem Kosmischen. Ich spreche immer ein Gebet, dass ich im Schutz bin. Ich habe eine klare innere Vorstellung, dass das große Ganze durch mich fließt, und ich leite nur weiter. Natürlich fühle ich die Erfahrungen des Körpers, ich ›sehe‹ sozusagen mit meinen Händen, merke, wenn jemand etwas loslässt oder etwas braucht. Ich übergebe es der Unendlichkeit, in der natürlich auch für den zu Behandelnden viel Energie zur Verfügung steht.«

Da ich kein Massagetherapeut bin und meine Mitmenschen nicht beruflich berühre, erspüre ich das manchmal erst, wenn es schon passiert ist, also wenn ich mich aus heiterem Himmel erschöpft fühle. Wenn ich es merke, sage ich in meinem Kopf ein klares und energisches »Nein«. Dann bete ich, atme tief ein und wieder aus. Manchmal gehe ich ins Gebet und sage: »Ich hole alle Aspekte von mir zurück. Alles, was in der Vergangenheit, in der Zukunft oder anderer Leute Angelegenheiten ist, kommt wieder zu mir zurück.« Jedes Mal, wenn ich das mache, spüre ich, wie ein Ruck durch mich durchgeht. So ähnlich, wie wenn ein ausgedehntes Gummiband schmerzlos wieder zurückschnalzt. Ich fühle mich stabiler.

Wenn wir langfristige Beziehungen haben, was auch Kollegen, Freunde, Bekannte, Chefs und natürlich Familienmitglieder mit einschließt, dann können sich regelrechte Stränge gebildet haben, die sich an uns festsaugen. Wir haben diese Verbindungen erlaubt, wir können sie auch wieder abstellen. Natürlich wird nicht nur an uns gesaugt, sondern es kann auch gut sein, dass *wir* diejenigen sind, die saugen.

Familiäre Verbindungen können uns am meisten erschöpfen, denn wir sind genetisch aufeinander eingestimmt. Manchmal kommt auch eine zusätzliche Erschöpfung hinzu, weil wir versuchen, den anderen ändern zu wollen. Es ist wichtig, hier besonders aufmerksam zu sein: Was gehört zu mir? Was nicht? Den anderen zu segnen und ihn seinen Weg gehen zu lassen.

Manche Verbindungen zu unseren Kindern sind so stark, dass wir fühlen, was sie empfinden. Auch hier hilft es nachzusehen: Ist dies mein Gefühl? Wir müssen uns nicht energetisch von unseren Kindern trennen, aber es hilft, nicht von jeder Gefühlsschwankung mitgeschleudert zu werden. Die Gedanken, die wir über jemanden haben, informieren unser Lichtfeld, und unser Lichtfeld informiert unseren Körper. Es hört da nicht auf. Unser Lichtfeld informiert das Lichtfeld des anderen.

Wenn wir mit jemandem ein Gespräch führen, dann tauschen wir Worte aus, doch es läuft nebenbei noch eine Art Film ab. In diesem Film zeigt sich, was wir wirklich denken:

Mutter (Worte):	*»Ulli, hast du schon die Bewerbungsunterlagen weggeschickt?«*
Mutter (Film):	*Er wird bestimmt wieder nicht genommen, dann sitzt er hier weiter unzufrieden rum. Was soll nur aus ihm werden?*
Sohn (Worte):	*»Nein, mach ich später.«*
Sohn (Film):	*Meine Mutter glaubt, dass ich wieder nicht genommen werde und weiter hier nur herumsitze. Sie glaubt nicht, dass aus mir noch irgendetwas wird. Vielleicht hat sie recht.*
Mutter (Worte):	*»Komm, ich helfe dir. Das machen wir jetzt gleich.«*
Mutter (Film):	*Das kriegt er allein nicht hin. Er hat einfach überhaupt keine Energie und keinen Ehrgeiz. Ich weiß nicht, was aus ihm noch werden soll. Von wem hat er das bloß? Von mir nicht.*
Sohn (Worte):	*»Ich mach das schon allein.«*

Sohn (Film): *Ich bin nicht sicher, ob ich das hinkriege. Ich fühle mich komplett schlapp. Meine Mutter traut mir nichts zu. Ich enttäusche sie dauernd. Jetzt ist es auch schon egal.*

Wenn wir uns um jemanden Sorgen machen, dann malen wir uns in Gedanken gern ein Szenario aus. Da wird der schlimmste Fall angenommen. Wenn wir das Lichtfeld unseres Gesprächspartners anders informieren wollen, müssen wir andere Gedanken denken. Wir können uns vorstellen – in Bildern wie im Kino in den schönsten Farben ausmalen –, wie wir es denn gern hätten. Wie wir die Beziehung zu dem geliebten Menschen haben wollen. Wir können uns vorstellen, dass wir mit unseren Teenagertöchtern lachend auf der Couch sitzen, selbst wenn sie mit uns kein Wort reden wollen. Wir können uns vorstellen, dass unsere Teenagersöhne uns wieder in die Augen schauen und nicht mit gesenktem Kopf am Tisch sitzen. Erstaunliche Veränderungen können geschehen.

In unserem Körper sammeln sich unsere Erlebnisse. Wie ein Abfalleimer quillt auch er gelegentlich über und muss geleert werden. Wie leert man den Körper?

Ich zum Beispiel habe meinem Vater erst ein paar Jahre nach seinem Tod vergeben. Ich verstand schließlich, dass er das Beste, was er geben konnte, gegeben hatte. Mehr konnte er nicht. Wir hatten uns auf Seelenebene genau diese Beziehung ausgesucht, und ich lernte dadurch zu vergeben. Dafür bin ich sehr dankbar.

Als ich aus vollem Herzen und mit Verständnis eines Abends meinem Vater vergab, da hatte ich eine starke körperliche Reaktion: Es fühlte sich so an, als ob in meinem Bauch etwas Riesiges aufplatzen würde. Ich zuckte zusammen und spürte dann eine Wärme, die sich ausbreitete. Es war ein intensives körperliches Gefühl. Ich wusste genau, dass sich hier mein Zorn und meine

Engstirnigkeit, die sich in meinem Körper eingenistet hatten, auflösten. Mir schossen die Tränen vor Dankbarkeit in die Augen, und ich legte meine Hände wie zum Schutz auf diese Stelle.

Manchmal ist es Zeit, sich von Beziehungen zu lösen. Vor dem klärenden Gespräch bete ich. Ich erlaube mir vor meinem inneren Auge, meinen Mitmenschen zu sehen. Es ist nicht »der andere«, sondern mein Mitmensch. Wir sind beide hier und machen diese menschliche Erfahrung. In erster Linie sind wir Seelen. Unendlich. Immerwährend. Dann bedanke ich mich für unsere bisherige gemeinsame Zeit. Ich erkenne, was ich durch diese Beziehung gelernt habe, und bedanke mich für die Möglichkeit des Lernens und Wachsens. Ich verzeihe, falls es etwas gibt, was Verzeihung benötigt, und bitte um Verzeihung.

Ich muss mich nicht »entlieben«. Ich liebe alle meine Männer noch ... nun ja, fast alle. Man beschließt nur, nicht mehr zusammen zu sein. Vielleicht, weil man sich verändert hat, oder vielleicht, weil das, was man will, nicht zusammenpasst. Eine Beziehung ist erst dann wirklich erledigt, wenn man in Ruhe und Gelassenheit gehen kann. Ist man wütend, ist man noch verletzt, ist man verzweifelt, dann ist sie noch nicht vorbei. Was es daraus zu lernen gibt, ist erst wirklich dann gelernt, wenn man in Ruhe gehen kann.

Am Ende dieser inneren Trennung sage ich so etwas wie: »Ich, Sabrina, gebe dir, X, alle Kraft und alle Macht zurück, die du mir jetzt, hier und überall gegeben hast. Ich, Sabrina, nehme alle meine Kraft und Macht zurück, die ich dir jetzt, hier und überall gegeben habe. Gottes Segen für unsere Wege.« Dann schaue ich mit meinem inneren Auge, wo die Stränge noch mit meinem Körper verknüpft sind, und schneide sie liebevoll durch und schicke sie zurück.

Ich bin sicher und stabil, wenn ich diese Stränge trenne. Ich trenne sie weder in Aggression noch in Trauer. Ich trenne sie, wie sich eine bewusste Seele von einer anderen bewussten Seele trennt: liebevoll, klar. Das Gleiche mache ich auch bei Freundschaftsbeziehungen, die ich beenden muss. Ich weiß, dass ich diese Verbindung getrennt habe, und sie bleibt getrennt. Danach frage ich am Ende dieser Meditation meine Engel nach einem guten Satz, den ich bei dem persönlichen Gespräch dann meinem Gegenüber sagen kann. Der erste Satz setzt den Ton für das Gespräch. Ich möchte, dass er liebevoll und wahr ist. Ein Beispiel? Als sich zeigte, dass eine Freundschaft vorbei war, wurde mir als erster Satz »In mir ist eine Tür zugefallen« geschickt. Ein anderes Mal kam: »Ich kann nicht mehr deine Frau sein.«

Gerade was Freundschaften betrifft, sind wir häufig unsicher. Manche Freundschaften schleppen wir schon seit Jahren mit uns herum. Manchmal beschleicht uns das Gefühl, dass hier irgendwas nicht stimmt. Doch das komische Gefühl im Magen will einfach nicht nachlassen, und die warnende Stimme unserer Intuition und unserer Engel wird trotz all unserer Versuche, dies zu ignorieren, immer lauter. Wir sind spirituelle Menschen – und sind spirituelle Menschen nicht verständnisvoll? Haben wir uns nicht jahrelang in Geduld geübt, und das ist doch bestimmt nur eine Übung in Geduld? Wahrscheinlich wollen wir nur jemanden verändern und haben nicht gelernt, dass wir jeden so lassen sollen, wie er ist? Wir versuchen, entspannt zu sein, wenn es innerlich in uns knirscht, weil wir glauben, wir müssten alles akzeptieren, was uns diese Freundschaft auf den Beziehungsteller legt: das Drama, das Getratsche, das Eifersüchtige, das Kleinliche. Natürlich ist das nur ein Teil der Beziehung. Da gibt es den Humor, die Verlässlichkeit, die Hilfsbereitschaft. Da gibt es Gründe, warum wir diese Beziehung so lange aufrechterhalten haben. Und doch: Wie fühle ich mich? Bin ich erschöpft nach einem gemeinsam verbrachten Tag?

Wie würde unser Garten der Beziehungen aussehen, wenn alle unsere Freunde und unsere Familienmitglieder Pflanzen wären? Würden wir beim Verweilen dankbar sein? Würden wir uns über die gesunden Obstbäume, Beerenbüsche, den Gemüsegarten und die Blumen freuen? Würden wir überall sitzen können, ohne dass wir uns plötzlich unvermittelt in einem Berg von Brennnesseln wiederfinden? Gibt es sogar eine fleischfressende Pflanze, die uns hinterrücks gelegentlich angreift? Oder Schlingpflanzen, die versuchen, uns bei jedem Schritt zu umgarnen, um uns dann den Lebensraum zu nehmen? Gibt es nur eine schöne Ecke, und der Rest ist voll mit giftigem Wildwuchs, der sich ungehemmt im Garten meines Lebens ausbreiten kann? Das sind genau diese Beziehungen, die uns den Atem nehmen und an uns saugen. Deshalb stellt sich die Frage: Werden wir von unserem Garten ernährt oder müssen wir unsere ganze Kraft aufwenden, diesen Garten zu ernähren?

Vor kurzem saß ich neben einem Paar in einem Café. Man unterhielt sich über eine alte Freundschaft, die gelöst wurde. Obwohl es ihr offensichtlich naheging, sagte sie mit fester Stimme zu ihrem Partner: »Weißt du, mir ist irgendwann einmal klar geworden, dass er eine bessere Freundin verliert als ich.«

Viele Freundschaften tauschen sich nicht auf der Seelenebene aus. Hier trifft Ego auf Ego. Also eigentlich müsste man ungesunde Beziehungen mit folgenden Worten trennen: »Wir sind unendliche wundervolle Seelen, die beide hier in unserem menschlichen Leben so verhaftet sind, dass wir es nicht geschafft haben, die Klarheit unserer Seele zu leben. Lass uns in Liebe verstehen, dass wir eine Pause machen und dabei erkennen, dass wir für immer sind.«

13

Sexuelle Innigkeit und sexuelle Sucht

Wenig ist so vorbelastet wie Sexualität in einem spirituellen Zusammenhang. Die meisten von uns sind mit einem christlichen Weltbild aufgewachsen, und in unserer Kirche ist Sexualität mit vielem verbunden, doch nur selten mit Natürlichkeit. Entweder sollen wir Sex überhaupt nicht haben oder nur unter sehr kontrollierten Gelegenheiten. Oder er ist schuldbeladen. Wir benutzen Sexualität, um Erleuchtung zu erlangen, oder unterdrücken sie – und hoffen auf das gleiche Ziel.

Ich bin kein Experte in Sexualität. Ich bin ein Experte in meiner Sexualität. Und auch da ist die Skala nach oben offen. Ich lerne dazu. In jeder Liebesbeziehung neu. Eines allerdings weiß ich. Nicht überall, wo Sex draufsteht, ist auch innige Sexualität drin.

Sexualität beginnt mit einem: Ehrlichkeit.

Und da hakt es schon. Vor einer Weile schüttete mir eine Freundin ihr Herz aus, die seit vielen Jahren in einer Beziehung ist. Als sie zum ersten Mal zusammenfanden – das war vor zwanzig Jahren –, bekam er einen besonderen Kick dabei, immer mit zwei Frauen gleichzeitig zu schlafen. Sie stimmte dem aus Liebe zu, fühlte sich aber von Anfang an nicht wohl dabei. Sagte nichts. Sie hatte Angst, diesen Mann zu verlieren. Sie hoffte, dass sie sich daran gewöhnen würde oder – besser noch – er es irgendwann nicht mehr möchte. Obwohl sie natürlich auch erregende Momente hatte, war doch das hauptsächliche Gefühl darunter Distanz und nicht Innigkeit. Es wurde zur Gewohnheit. Nur sie gewöhnte sich nicht daran. Erst vor ein paar Jahren weigerte sie sich, weiterhin eine zweite Frau im Bett zu haben. Sie konnte nicht mehr. Ihr Körper machte nicht mehr mit. Sie bekam Ausschläge, Schwächeanfälle, Migräne. Und es kam, wie sie es befürchtet hatte: Sie kommen über ein Kuscheln nicht mehr hinaus. Sie weiß sich nicht mehr zu helfen. Er auch nicht.

Eine Bekannte lernte einen Mann übers Internet kennen. Sie trafen sich, fanden sich aufregend, und er begann ein »Spiel« mit ihr. Neue Orte. Neue Gewohnheiten. Neue Regeln. Sie merkte, dass dieses Spiel nie in einer Innigkeit endete. Sie hatte das Gefühl, als ob sie sich in einer Inszenierung befand. Sie fühlte, dass es eine Möglichkeit für eine Liebe mit diesem Mann für sie gab, doch ihre gemeinsame Sexualität entwickelte sich in eine andere Richtung. Irgendwann einmal fragte sie ihn, wo das denn enden soll und ob es denn irgendwann einmal eine Befriedigung für ihn gebe, die nicht einen weiteren, schärferen Kick brauche. Er war eine Weile still, und er meinte dann, dass es zu dieser ultimativen Befriedigung noch nicht gekommen sei. Die Frauen hätten immer vorher aufgehört.

Die Frauen haben vorher aufgehört, weil sie merkten, dass es diesen ultimativen Kick für ihn nicht geben wird. Es wird immer weiter und höher gesprungen. Bis … ja, bis man springt, ohne zu schauen, wo man landet. Sexualität wurde zum nicht erfüllenden Reiz. Die Reizgrenze muss – wie bei einem Drogen- oder Tablettenabhängigen – immer höher hängen, um den gleichen Kick zu bekommen. Der Körper gewöhnt sich daran. Es wird keine Innigkeit gesucht, sondern eine Erregung. Sex wurde zur Sucht.

Sexualität ist auch öffentlicher geworden. Zu öffentlich für meinen Geschmack. Ich mag nicht mit nackten Busen und intimen Körperteilen beworfen werden, wo immer ich gehe und stehe. Ich finde Pornomagazine bei Tankstellen auf Augenhöhe unpassend. Ich muss dabei immer an die Kinder denken. Sexualität soll doch erst noch entdeckt werden. Kaum noch zu schaffen in Zeiten des Internets. Die Pornoindustrie ist so selbstverständlich geworden, dass man Radiowerbung für Sexshops mit »Mann, ist der groß«

machen kann, und keinen scheint es zu stören. Schulpsychologen haben festgestellt, dass sich Jugendliche weniger küssen, weil sie das nicht in den Pornos sehen, und dass »Gangbang« (mehrere Jungs auf einmal) zum Sprachgebrauch über Sexualität gehört. Die Mädchen sind dann auch noch stolz darauf, »dass jeder gekommen ist«.

Auf der anderen Seite unserer Wahl steht der Satz: »Schlafe nicht mit ihm, wenn du ihn nicht segnen kannst.«

Ich glaube nicht an nur einen möglichen »perfekten« Partner fürs Leben. Weder in Beziehungen noch in der Sexualität. Das kann vorkommen und ist wunderbar, mehrere Sexualpartner in einem Leben sind nichts, weswegen man sich schuldig fühlen müsste. Wir haben mehrere Seelenpartner, nicht nur einen. Es wäre auch ziemlich tragisch, wenn es nur einer wäre: Was, wenn er nicht will oder eine andere hat? Unser Leben ist ein Leben der Wahl. Dazu haben wir unseren freien Willen, und wir wählen, wie oft und mit wem wir intim werden wollen. Natürlich auch, wie.

In einer sexuellen Verbindung wird etwas ausgetauscht. In erster Linie Liebe. Unsere Lichtkörper vermischen sich. Und was ausgetauscht wird, bleibt. Es bleibt besonders in der Frau. Manche behaupten, dass die Energie des Mannes – durch sein Sperma – für immer in der Frau bliebe. Ich glaube das nicht. Aber die Energie ist auf jeden Fall für eine Weile da, und deswegen ist es schlichtweg praktisch, aufzupassen, was wir da reinlassen.

Sexualität ist Innigkeit. Sich in die Augen zu schauen. Auszusprechen, was man fühlt. Wie man den anderen liebt. Sagen, was einem guttut. Sich Zeit lassen.

Das ist kein akrobatischer Akt. Obwohl es das jahrelang für mich war. Ich wollte eine gute Liebhaberin sein und vergaß dabei, Liebe zuzulassen. Ich konnte mich nicht hingeben. Nicht still sein. Nicht genießen. Das war die ersten Jahre in meiner Sexualität äußerst schwierig. Ich war eine Schauspielerin. Nicht nur in meinem Leben, auch in meiner Sexualität. Das Wort »Hingabe« erschreckte mich. Hingeben hatte für mich etwas mit Kontrolleverlieren zu tun. Und das machte mir Angst.

Erst viele Jahre später verstand ich, was Hingabe bedeutet. Ein komplettes Aufmachen. Das Vertrauen, dass der andere dich hält. Da sein. Liebe fühlen.

Das auszusprechen, was man fühlt, ist gerade für Frauen nicht einfach. Wir sind häufig so übervorsichtig, dass wir den Mann nicht verletzen wollen, dass wir es nicht schaffen, zu sagen, was uns gefällt, aus Angst, dass er glaubt, er wäre nicht gut genug.

Sexualität wurde mit unseren sexuellen Organen gleichgestellt. Vieles spielte sich »unten« ab. Im Alter, wenn die Männlichkeit des Mannes nicht mehr an der Erektion seines Penis festzumachen ist, wird entweder Viagra entdeckt oder man hört vor Schreck auf oder beginnt das, was beginnen soll: Man versteht die Ganzkörper-Sexualität. Das innige Miteinander wird in Härte und Weichheit, Lust und Stille, Bewegung und Pause erlebt. Ohne Druck. Ohne etwas erreichen zu müssen. Ein Orgasmus kommt jetzt, oder er kommt später. Wir müssen nicht mehr »fertig« werden.

Miteinander zu sein, sich anzuschauen, sich mit den Augen und mit Worten zu sagen, wie man sich liebt, ruhig und bewegungslos den Mann in sich zu erfühlen, wie er uns erfühlt. Sich zu berühren. Mit den Augen, mit dem Herzen, mit der Seele. Da zu sein. Einfach nur zu sein.

Es könnte so schön sein, wenn es da nicht die Routine gäbe. Frauen sind meistens diejenigen, die (noch) Veränderungen anschieben. Auch in der Sexualität. Es gibt keinen Mann, so hat es mir mal eine Sexualtherapeutin lachend gestanden, der nicht leuchtende Augen bekommt, wenn du ihm vorschlägst, in deinem Sexualleben etwas verbessern zu wollen. Wir müssen keine Experten dabei sein, aber wir können uns informieren. Es gibt wunderbare Bücher zu unglaublich vielen Themen und eben auch zu einer anderen innigen Sexualität. Dafür wurde das Kamasutra erfunden. Dieses Buch wurde dem jungfräulichen Paar ins Schlafzimmer gelegt, sodass das scheue Paar einfach auf etwas deuten konnte, wenn sie die Worte nicht benutzen wollten. Dort hatten sie etwas zum Anschauen, zum Entdecken und zum Ausprobieren.

Wir können Tantrakurse belegen. Obwohl auch hier eine ziemliche Achtsamkeit geboten sein sollte, wie in allen Kursen. Neulich hörte ich von einem, der für Singles gestaltet wird und bei dem man im zweiten Fortgeschrittenenkurs dann Kontakt hat. Etwa im »Miteinanderschlafen«. Halten Sie mich für altmodisch, aber ich habe absolut kein Interesse daran, mit einem Mann in einem Kurs zu schlafen, nur weil es auf der Tagesordnung steht. Das soll spirituelle Entwicklung sein? Manchmal wird einem dann noch zu vermitteln versucht, dass man besonderes Vertrauen übt, wenn man mit einem Mann schläft, zu dem man sich nicht hingezogen fühlt. Oder eben noch keines hat, wenn man dies nicht möchte. Ich halte das nicht für ein besonderes Vertrauen, sondern für hochgradige Manipulation. Mein Herz, mein Körper gibt mir ein klares Zeichen, ob ich mich mit einem Mann verbinden will oder nicht. Meinem Körper nicht zuzuhören bedeutet, meiner Intuition und meiner Seele nicht zuzuhören. Und dafür auch noch zahlen?

Wir sind einzigartige Seelen mit einzigartigen Körpern und uns doch in vielem sehr ähnlich:

Er (Körper):	*Wie schön, ihren Körper zu fühlen.*
Sie (Körper):	*Wir sind noch nicht so weit.*
Er (Verstand):	*»Schatz, lass mich rein.«*
Sie (Verstand):	*»Ja.«*
Sie (Körper):	*Wir sind noch nicht so weit!*
Er (Körper):	*Sie ist noch nicht so weit.*
Er (Verstand):	*Das wird schon.*
Sie (Verstand):	*Das wird schon.*

Sie (Körper): *Hallo, ist da jemand? Ich bin noch nicht so weit!*

Sie (Verstand): *»Warte …«*

Er (Verstand): *Hoffentlich überlegt sie es sich nicht anders. Ich bin schon so nah dran!*

Er (Seele): *Lass uns erst unser Herz aufmachen.*

Er (Verstand): *(Küsst sie.) Komm schon … Ich kann bald nicht mehr warten.*

Er (Seele): *Machen wir unser Herz auf. Fühle sie. Liebe sie.*

Sie (Seele): *Wir sind noch nicht verbunden.*

Sie (Verstand): *Eigentlich habe ich überhaupt keine Lust.*

Sie (Körper): *Achtung, alles aufhören. Erregung einstellen.*

Er (Seele): *Wir sind nicht mit ihr verbunden.*

Er (Verstand): *Also ich bin verbunden.*

Er (Körper): *Na ja, es könnte besser sein.*

Er (Verstand): *Komm schon, nicht kalt werden!*

Sie (Verstand): *Also gut. Ich kann ihn doch nicht enttäuschen.*

Sie (Körper): *Langsam wieder hochfahren.*

Sie (Seele): *Ich weiß nicht, wo ihr seid, aber ich tanze hier nicht mit. Und ohne mich wird das nichts Besonderes.*

Sie (Verstand): *Es kann ja nicht immer was Besonderes sein.*

Er (Verstand): *Also mir ist das jetzt egal. Bitte lass mich rein.*

Sie (Verstand): »*Liebling, gib mir mal das Öl.*«

Wie wir wissen, kann es selbstverständlich auch andersherum gehen. Das Gerücht, dass Männer immer bereit sind, ist eben nur ein Gerücht:

Sie (Verstand): (Versucht, ihn zu berühren.)

Er (Verstand): »*Gute Nacht, Süße. Das war ein anstrengender Tag. Ich bin so müde.*«

Sie (Verstand): *Müde? Ich verhungere hier am langen Arm, und er ist schon wieder müde?*

Sie (Körper): *Also, ich bin nicht müde.*

Sie (Seele): *Wir müssen es ansprechen.*

Er (Verstand): *Hoffentlich sagt sie nichts. Bitte sag nichts. Wenn ich so tue, als ob ich schlafe, dann sagt sie vielleicht nichts.*

Er (Körper): *Wir brauchen Nähe. Ich will auch mal wieder berührt werden.*

Er (Seele): *Wir müssen es ansprechen.*

Er (Verstand): *Ruhe! Ich will jetzt schlafen.*

Er (Körper): *Ich nicht.*

Er (Seele): *Wir können nicht immer so tun, als ob wir schlafen würden. Wir verlieren sie darüber.*

Er (Verstand): *Wenn sie mich liebt, dann wird sie bleiben.*

Er (Seele): *Nicht, wenn wir sie ausschließen.*

Er (Körper): *Ich möchte auch mal wieder mitspielen. Ich kann nämlich.*

Er (Verstand): *Ich traue dir nicht. Das letzte Mal konntest du auch nicht.*

Er (Körper): *Das kann doch jedem mal passieren.*

Er (Verstand): *Mir nicht! Ich schlafe jetzt.*

Er (Seele): *Es ist Zeit aufzuwachen.*

Sie (Seele): *Lass uns mit ihm sprechen. Wir können das nicht länger unterdrücken.*

Sie (Verstand): *»Schatz, bitte bleib wach. Wir müssen reden.«*

Er (Verstand): *O Mist!*

Er (Seele): *Gott sei Dank!*

Häufig sind nicht nur zwei Personen miteinander im Bett:

Er (Körper): *Ich spüre sie. Das fühlt sich so wunderbar an.*

Er (Seele): *Wir lieben sie.*

Sie (Seele): *Wir lieben ihn.*

Sie (Körper):	*Ah, das tut gut.*
Sie (Verstand):	(Phantasie wird angestellt.) *Wenn ich mir jetzt noch vorstelle, dass uns jemand zuschaut …*
Er (Verstand):	*Wenn jetzt noch eine zweite Frau mit dabei wäre …*
Sie (Seele):	*Wir haben die Innigkeit mit ihm verloren.*
Er (Seele):	*Wir haben die Innigkeit mit ihr verloren.*
Er (Verstand):	*Ja und, wo ist das Problem?*
Sie (Verstand):	*Ja und, wo ist das Problem?*
Er (Körper):	*Also mir geht's gut!*
Sie (Körper):	*Mir auch.*
Er (Seele):	*Es könnte uns noch besser gehen.*
Sie (Seele):	*Es könnte uns noch besser gehen.*
Er (Verstand):	*Also mir geht's gut genug. Außerdem hilft mir das, hart zu bleiben.*
Sie (Verstand):	*Mir geht's auch gut genug. Und es hilft mir, feucht zu bleiben.*
Er (Körper):	*Ich würde gern nur in ihr sein. Ohne mich zu bewegen. Sie einfach nur fühlen. Einfach nur da sein. Hören wollen, dass sie mich liebt. Es in ihrem Blick an innigster Zärtlichkeit und Liebe zu sehen.*

Sie (Körper):	*Ich würde ihn gern in mir spüren. Ohne mich zu bewegen. Ihn einfach fühlen. Hören, was er fühlt. In seinen Armen und in seinem Blick da sein.*
Er (Verstand):	*Nicht bewegen? Was sind denn das für schwachsinnige Ideen! Wäre das nicht scharf, wenn wir zu dritt wären … wenn ich mit anderen … wenn ich heimlich … wenn ich stärker … wenn ich mit ihr, mit der …*
Sie (Verstand):	*Ich habe wirklich nicht viel Lust. Irgendwie ist es fast immer das Gleiche. Nun gut, dann denke ich eben, wenn ich mit einem Fremden … wenn ich im Zug … wenn ich mit Frau … wenn ich mit zweien …*
Sie (Seele):	*Wir sind nicht mehr wirklich mit ihm.*
Er (Seele):	*Wir sind nicht mehr wirklich mit ihr.*
Sie (Verstand):	*Ruhe! Ich bin beschäftigt.*
Er (Verstand):	*Ich auch! Ruhe!*

Unsere Gedanken sind im Leben wie in unserer Sexualität eine Herausforderung. Wirklich da zu sein ist nicht einfach. Unser Körper, als Barometer, erfühlt eine Anziehung sofort. Die mag manchmal rein lustvoller Natur sein und manchmal weiter gehen. Lustvoll ist nicht gleich schlecht. Es ist eben nur lustvoll. Das Bewusstsein darum hilft uns, den Unterschied zu erkennen.

Während meines Gesprächs mit Solano über den Körper sprachen wir auch über Sexualität:

Sabrina: *Wieso fühlen wir manchmal eine sexuelle Anziehung, und unsere Seele fühlt sich nicht berührt?*

Solano: *Die kürzeste Antwort ist: Sucht. Das betrifft die Mehrheit der Bevölkerung. Diese Sucht entsteht nicht nur durch die Sexualhormone. Das sieht nur so aus. In Wirklichkeit steckt das Ego dahinter. Das Ego verlinkt sich mit eurem kollektiven Bewusstsein, und dieses Bewusstsein sagt, dass ihr »die andere Hälfte« braucht, um euch ganz zu fühlen. Eine Person, die komplett unabhängig ist und absolut keine Verbindung zu dem größeren kollektiven Bewusstsein eurer Kultur hätte, die wissen würde, dass sie vollkommen ganz ist, die wissen würde, dass sie Teil der Ewigkeit ist, diese Person würde zwar immer noch in ihrem Körper diese Hitze fühlen von den Östrogenen, dem Testosteron, Progesteron und immer noch reagieren, wie eine fruchtbare Frau eben reagiert, mit dem Impuls zu reproduzieren, aber sie wäre nicht interessiert daran, einen Partner zu finden, um die Ganzheit zu finden.*

Sabrina: *Und dann würde man diese Sucht, also die sexuelle Anziehung ohne Seelenkontakt, nicht mehr fühlen?*

Solano: *Viele, so wie du, haben die Sprache ihrer Emotionen – also eures Emotionalkörpers – verstehen gelernt, und es wäre sehr viel schwieriger, euch dadurch selbst in die Irre zu führen. Bei jungen Menschen ist ihr Emotionalkörper mit dieser Hitze verlinkt. Diese Hormone sind verbunden mit dem instinktiven Wunsch, sich miteinander zu paaren und Leben zu zeugen. Du hast die Hitze, aber du verstehst sie besser. Du kannst die Hitze isolieren. Es ist wie bei einem guten Musiker: Er weiß, ob eine Note klar oder flach ist.*

Sabrina: *Sprich zu uns über sexuelle Phantasien. Einiges passt da wohl nicht unter die Überschrift »Großartige spirituelle Erkenntnisse«. Ist das schlecht?*

Solano: *Nichts ist schlecht. Ich möchte das gern in zwei Aspekten besprechen. Wenn du eine Phantasie hast, die du nicht erleben willst – denk daran, dass deine Gedanken die Macht haben, etwas zu erschaffen! –, dann steck sie in eine Art Blase. Sag: Das ist hier Spiel. Dadurch werden deine Gedanken neutralisiert. Was aber sehr viel interessanter ist, ist die Neugierde, warum eure Phantasien sind, wie sie sind. Denn falls eure Phantasien sich in ihrem Ausdruck alle entweder gewalttätig, demütigend oder in einem schwachen Selbstbewusstsein zeigen, ist es wichtig, sich das anzuschauen.*

Sabrina: *Ich verstehe. Herauszufinden, was der Ton unserer sexuellen Phantasien ist. Der Grund darunter.*

Solano: *Ja. Überprüf auch, wie sich euer Lichtfeld während und nach euren sexuellen Phantasien anfühlt. Wird eure Frequenz niedriger? Wenn wir über die absolute Klarheit sprechen wollen, was passiert, bedenkt Folgendes: Wenn ihr eure sexuellen Organe mit dem Wunsch und dem Ziel eines Orgasmus anregt, dann gibt es eine Energie, die entladen wird. In manchen Fällen entlädt sich eine Spannung im Körper. In anderen Umständen wird diese Energie, statt durch die Chakren nach oben zu gehen, einfach nur verpufft.*

Ich bin ja seit vielen Jahren Schülerin Solanos, und deshalb setzt er bei den Gesprächen mit mir einiges voraus. Wie schon angedeutet wurde, sind Chakren Energiefelder, die unseren dichten mit unserem feinstofflichen (also unserem Licht-)Körper verbinden. Die wichtigsten gehen an unserer Wirbelsäule entlang vom

Sitz zum Scheitel und darüber hinaus. Wenn Solano über das Beobachten unseres Lichtfelds spricht, dann geht es um den Fokus auf mein Körpergefühl. Wie fühle ich mich? Wie wohl fühle ich mich? Ich sprach in diesem Buch schon über Beziehungen und wie manche Begegnungen mit Menschen uns schlapp zurücklassen. Hier ist es ähnlich. Wie fühle ich mich, wenn ich bestimmte Phantasien, bestimmte Gedanken habe? Habe ich wundervolle Gedanken, dann wird meine Frequenz höher. Habe ich dunklere Gedanken, wird meine Frequenz dichter. Das lässt sich mit einem See vergleichen. Mehr Licht: Das Wasser ist klar. Weniger Licht: Das Wasser wird dunkler. Es ist immer noch Wasser. Wie wir immer noch unendliche Seelen sind. Man sieht nur weniger.

Jetzt stellte sich mir natürlich sofort eine andere Frage:

Sabrina: *Wie bekommen wir die Energie nach oben durch die Chakren?*

Solano: *Es ist möglich, doch es ist ein bisschen vergleichbar mit der Übung, die da heißt, man soll mit einer Hand auf den Kopf klopfen und gleichzeitig mit der anderen Hand eine kreisende Bewegung um den Bauch machen. Wenn ihr die Hitze in eurem Körper aufbaut und gleichzeitig das Erlebnis habt, dass alle eure Chakren auf und voller Leben sind, dann wird euch ein Moment der Pause auffallen. Diese Pause wird Stille. Diese Pause erschafft Stille. Dann wird die Weite des Universums erlebt. Wenn du das in allen deinen Chakren gleichzeitig erfühlen kannst, dann erwacht die Kundalini. – Sie erwacht, statt dass sie nur entladen wird.*

Da haben wir einiges vor.

Die berühmte Kundalini-Energie. Leider fiel es mir zu spät ein, Solano noch einmal ausführlich über die Kundalini-Energie zu befragen. Deshalb fragte ich LD, der ihn channelt:

Sabrina: *Komischerweise – obwohl ich sonst sehr neugierig bin – interessiert mich die ganze Thematik Kundalini-Energie nicht besonders.*

LD Thompson: (Lacht.) *Das verstehe ich. Bei der Terminologie kann es auch ganz schön kopflastig werden. Wir wissen um die Chakren, die sich durch den Körper ziehen. Jedes Chakra steht für eine Bewusstseinsstufe. Das erste Chakra, das Wurzelchakra, das im Sitz ist, steht für sexuelle und pure kreative Energie. Und dort sitzt auch die Kundalini-Energie, die dann nach oben durch die Chakren geht.*

Sabrina: *Manchmal höre ich von Leuten, die von der Kundalini-Energie sprechen, und es hört sich so an, als ob entweder der Körper in Schmerzen ist, überraschend starke sexuelle Erregungen auftauchen, eigenartige Körperempfindsamkeiten hochkommen oder man in Glückseligkeit versinkt.*

LD Thompson: *Das kann von allem etwas sein. Ich glaube, ganz einfach ausgedrückt passiert Folgendes: Wenn wir uns entwickeln, unser Bewusstsein wacher wird, dann heben wir unsere Kundalini-Energie an. Und für jeden von uns ist das unterschiedlich. Für manche ist es dramatisch, für andere wieder langsam und stetig; manchmal fühlt man sich, als ob man weiterkommt, und manchmal denkt man, man geht einen Schritt zurück. Es ist wichtig, nicht in diesem Denkprozess festzusitzen oder sich mit anderen zu vergleichen. Wenn wir aufwachen, dann erhebt sich auch unsere Kundalini-Energie, garantiert.*

14
Das Körperempfinden der Kinder

Eine Bekannte hatte gerade ihr zweites Kind bekommen. Es war eines dieser ruhigen Kinder. Trank. Schlief. Schaute. Trank. Schlief. Schaute. Ihr Sohn war ein paar Wochen alt, als ich ihn zum ersten Mal sah. Er lag im Arm seiner Mutter wie ein kleiner Mehlsack und hatte die Augen offen. Mein erster Gedanke, als ich ihn hielt, war: »Er ist noch nicht ganz da.« Genau in diesem Moment sagte es mir seine Mutter: »Ich glaube, er ist noch nicht da.« Ich schmunzelte über unseren gleichen Impuls, schloss kurz die Augen und versuchte, mit der Seele Kontakt aufzunehmen. Das heißt, dass ich ein Gebet sprach (das mache ich immer, um den Kontakt sauber zu halten), und danach dachte ich die Frage: »Wann kommst du ganz in den Körper?«

Dann warte ich immer, was als Antwort kommt. Ich suche keine Antwort. Ich bleibe auf Empfang. Mein Kopf bleibt leer. Keine Gedanken.

Dann kam der Gedanke: »Wenn das mit dem Magen vorbei ist.«

»Hat er viele Blähungen?«, fragte ich meine Bekannte.

Sie lachte. »Viele Blähungen? Ein paar mehr, und ich kann ihn als Heißluftballon anbieten.«

»Er kommt ganz rein, wenn die Blähungen vorbei sind«, sagte ich ihr. Normalerweise sage ich nichts, und so war ich selbst überrascht, als meine Worte den Weg nach draußen fanden.

Sie nickte, als wenn es das Normalste von der Welt wäre. »Ja, das macht Sinn.«

Ein halbes Jahr später sah ich ihn wieder. Seine Augen waren wach und neugierig. Seine Mutter begrüßte mich mit den Worten: »Jetzt ist er ganz da.« Zuerst verstand ich nicht, was sie meinte, da ich das Gespräch schon vergessen hatte. Sie erinnerte mich.

Die Seelen unserer Kinder haben wie wir damals entschieden, in unsere Familie und damit genau in dieses energetische Feld hineingeboren zu werden. Auch unsere Kinder nehmen Gedanken auf, wie wir sie damals in unserer Familiensituation aufgenommen haben.

Wir hoffen auf ein »normales« Kind. Wir wissen mittlerweile aus der Gehirnforschung, dass Kinder unterschiedlich lernen. Stellen wir uns also vor, hier liegt ein neues Lebewesen in unseren Armen, das zu verstehen versucht, was wir von ihm wollen, und das verstanden werden will. Das ist, als wenn wir in China in einem Bergdorf landeten und uns jetzt verständigen müssten. Wir – im Gegensatz zu unserem Baby – haben koordinierte Arme und Beine und können die universelle Sprache des Lächelns einsetzen. Doch selbst das fehlt der neugeborenen Seele.

Kinder – übrigens wie Tiere – reagieren auf die ungeklärten und unausgesprochenen Energien der Eltern und der schon da gewesenen Familienmitglieder. Unruhige Kinder reagieren häufig auf unausgesprochene Unruhe. Kinder wie Tiere haben eine sehr sensible Körperwahrnehmung. Ihr Ego ist noch nicht so ausgebildet, dass es sich etwas wegreden kann, was da ist.

Es geht hier nicht um Schuldzuweisungen. Jede Familie hat ihre Seelenhausaufgaben. Es bedeutet nicht, dass, wenn man Kinder hat, die laut oder unruhig sind, dies automatisch auf eine problematische Elternbeziehung hinweist. Ich glaube zum Beispiel, dass eine große Zahl der sogenannten Schreibabys Seelen sind, die komplett und zu hundert Prozent sofort im Körper sind und damit ihre Herausforderungen haben. Hier spielt wieder die Seelenhausaufgabe dieser Familie mit. Früher gab es große Familienstrukturen. Da saß eine Mutter nicht allein mit ihrem Kind zu Hause. Da gab es Großeltern. Viele Geschwister. Nachbarn, die im Bauernhof nebenan wohnten. Viel Platz. Frische Luft. Natur. All das, was einer Kleinfamilie – oder einem alleinerziehenden Elternteil – häufig abgeht.

Unsere Kinder haben die Aufgabe, die genetischen Vorgaben ihrer Eltern um eine Stufe nach oben zu kriegen. Wie wir das bei unseren Eltern hatten. So haben auch unsere Kinder, als Seele, ihre Seelenhausaufgaben. Dazu haben sie sich, wie wir, ihre Talente und ihre Eltern ausgesucht. Uns. Dabei stellt sich die Frage: Wohin gehen unsere Gedanken? Holen wir uns genug Unterstützung? Glauben wir, dass wir ein seltsames Kind haben?

Baby (Ego):	*»Wääähhh!«*
Mutter (Ego):	*»Psst. Ist ja schon gut. Psst.« Was hast du denn jetzt schon wieder? »Psst. Ist schon gut.«*
Baby (Ego):	*»Wääähhh!«*
Mutter (Körper):	*Aufstehen, das Baby tragen und herumgehen.*
Besuch (Ego):	*»Was hat er denn?« Mein Gott, ist das ein Gebrüll. Der schreit wirklich dauernd. Hoffentlich kann ich bald gehen. Wieso kann sie ihr Kind nicht beruhigen?*
Baby (Körper):	*Kopf wegdrehen. Rücken durchdrücken. Spannung im Körper. Adrenalinausschüttung. »Wääähhh!«*
Mutter (Körper):	*Stresshormone ausschütten. Verkrampfung der Schulterblätter.*
Mutter (Ego):	*»Das geht gleich vorbei. Machst du noch einen Kaffee?« Ich halte das bald nicht mehr aus. Ich will auch ein normales Kind haben! Ja,*

vielleicht war das doch ein Fehler, überhaupt ein Kind zu bekommen? Ich bin dafür einfach nicht geschaffen. Wieso bist du so komisch? Was fehlt dir denn?

Mutter (Seele): *Es ist nichts falsch mit unserem Kind. Es vermittelt sich anders.*

Baby (Körper): *»Wäääähhh!« Ich gebe Zeichen: Kopf wegdrehen, Rücken durchdrücken. Ich will hier nicht sein. Es ist zu viel Stimulation. Ich brauche weniger. Ich erfühle zu viel Stress von anderen. Der Besuch ist ärgerlich mit mir. Du bist gestresst. Ich bin auch gestresst. Noch mal: Kopf wegdrehen. Rücken durchdrücken.*

Mutter (Körper): *Das Stofftier nehmen. Mit dem Tier vor dem Baby rumwackeln.*

Mutter (Ego): *»Komm, mein Schatz, hier ist dein Lieblingsstofftier. Wuff, wuff.«*

Besuch (Körper): *Rhythmisch in die Hände klatschen und singen: »Alle Vöglein sind schon da, alle Vöglein, alleee.«*

Besuch (Ego): *Das hat meine Kinder immer beruhigt.*
»… welch ein Singen, Musizieren …«

Baby (Körper): *»Wäääähhh!« Zu viel Stimulation!*

Mutter (Ego): *»… Pfeifen, Zwitschern, Tirilieren! …« Also, das hilft auch nicht. Ich höre besser auf. Ich glaube, er braucht Ruhe. Aber ich kann doch meinen Besuch nicht einfach rausschmeißen? Ich* *kann bald nicht mehr. Immer schreist du. Immer bist du unruhig. Immer nervst du so rum.*

Mutter (Seele): *Immer? Nicht immer! Lass uns unsere Gedanken anschauen. Wir stimulieren durch ein »Immer«. Dadurch entsteht das Gefühl, dass hier etwas falsch ist. Wir dürfen uns nicht mit der Realität anlegen. Woher wissen wir, dass mein Kind schreien soll? Weil es schreit.*

Baby (Seele): *Immer? Nicht immer! Oma. Oma fühlt sich ruhig an. Ich will Oma.*

Mutter (Seele): *Wir brauchen etwas Ruhe. Lass uns unsere Mutter bitten, uns zu helfen.*

Mutter (Ego): *Das ist mein Kind! Ich werde doch wohl wissen, was es braucht!*

Mutter (Seele): *Wir brauchen Hilfe. Wir brauchen Unterstützung. Die Seele der Enkelkinder und die Seelen der Großeltern sind in einem besonderen Band miteinander verbunden. Die einen sind gerade gekommen, und die anderen gehen bald.*

Mutter (Ego): *Das ist mein Kind! Ich krieg das schon hin. Ich bin keine schlechte Mutter! Wenn es nur nicht immer schreien würde.*

Mutter (Seele): *Wir sind keine schlechte Mutter, und unser Kind schreit nicht immer. Hier spricht rein unsere Verstandesebene. Und wir wollen uns vor den anderen nicht blamieren. Wir wollen auch dort als gute Mutter gelten. Das bringt uns noch mehr Stress.*

Mutter (Körper): *Schulterblätter versteifen sich. Rücken tut weh. Kopfschmerz setzt ein.*

Besuch (Ego): *»Oh, schon so spät! Ich muss los. Sei mir nicht böse, aber ich … äh … ich muss noch was abholen. Und die Geschäfte machen ja bald zu. Also bis … äh … bis bald. Süß ist er, ganz süß. Das machst du echt toll. Deine Geduld möchte ich haben.« Meine Herren, was hat er nur? Dieses Gebrüll ist ja nicht auszuhalten! Na ja, anscheinend hat sie vom Muttersein noch nicht viel Ahnung.*

Baby (Körper): *»Wääähhh!« Kopf wegdrehen. Rücken durchdrücken.*

Mutter (Ego): *»Ja klar. Bis bald. Und tut mir leid wegen dem Geschrei. Normalerweise ist er nicht so.« Ich lüge. Er schreit immer.*

Mutter (Körper): *Achtung, zweiteilen: so tun, als ob alles in Ordnung wäre, und sämtliche Körperfunktionen unterdrücken. Lächeln. Entspannt schauen.*

Mutter (Ego): *Vielleicht noch ein Witz am Schluss? Jetzt fällt mir nichts ein.*

(Das Telefon klingelt.)

Baby (Körper): *»Wääähhh!« Kopf wegdrehen. Rücken durchdrücken. Wie oft muss ich das denn noch machen?*

Besuch (Ego): *»Also, tschüs, bis bald.«*

Mutter (Ego):	(Lächelt.) *»Tschüs. Bis bald. Grüß mir die große weite Welt. Irgendwann komme ich auch wieder raus.«* (Lacht.)
Mutter (Körper):	*Achtung, Achtung: Zweiteilung abbrechen. Besuch gegangen.*

(Der Telefonhörer wird abgehoben.)

Mutter (Ego):	*»Hallo, Mama ... Ja, schon seit drei Stunden ... Nein, das schaffe ich schon. Ich muss noch kurz mit ihm zum Einkaufen. Ich habe kein Brot mehr ...«*
Baby (Ego):	*»Wäääh hh!«*
Baby (Seele):	*Nein! Noch mehr Stimulation.*
Mutter (Seele):	*Wir machen einfach Nudeln oder fragen unseren Mann, ob er was mitbringen kann. Oder – noch besser – Oma. Oder bitten Oma zu kommen, und dann gehen wir. So kommen wir auch aus dem Haus raus und können noch einen Spaziergang in der frischen Luft machen.*
Baby (Ego):	*»Wääähhh!«*
Baby (Seele):	*Oma! Bitte, Oma, komm! Mutter braucht Entspannung und ich auch.*
Mutter (Ego):	*»Nein, Mama, wirklich nicht. Du brauchst nicht zu kommen. Das schaffe ich schon.«*
Baby (Ego):	*»Wääähhh!« Oma kommt nicht?*

Mutter (Seele): *Lieber Körper, sie hört nicht. Kannst du bitte …*

Mutter (Körper): *Klar. Sofort. Achtung, Achtung: Erschöpfungszustand auf Maximum drehen. Tränenflüssigkeit vorbereiten.*

Mutter (Ego): *(Weint.) »Also gut, Mama. Bis gleich. Und … danke.«*

Mutter (Körper): *Tränen rauslassen. Adrenalin vorbereiten zum Ableiten durch Bewegung.*

Mutter (Seele): *Gut gemacht!*

Baby (Ego): *»Wääähhh!« Kommt Oma?*

Mutter (Ego): *»Die Oma kommt gleich.«*

Baby (Ego): *»Wääähhh!« Wie herrlich. Ich kann es kaum erwarten. »Wääähhh!«*

Gerade Kinder, die uns vor Herausforderungen stellen, tun dies, weil wir verabredet hatten, dass wir als Eltern neue Wege gehen wollen. Wir lernen, Hilfe zuzulassen. Uns zu informieren. Wahrhaftig zu sein und eine Überforderung zuzugeben. Natürlich auch besonders unsere Gedanken zu überprüfen und uns Pausen zu gönnen.

In meiner Kindheit erspürte ich die Verzweiflung meiner Mutter oft. Ich fragte sie dann, wie es ihr gehe, und sie antwortete immer mit »Gut«. Das irritierte mich. Nahm ich doch etwas anderes auf. Da Kinder nie annehmen, dass ihre Mütter – um sie zu schützen – nicht die Wahrheit sagen, gab es nur eine Möglichkeit für mich: Das, was ich fühlte, war nicht richtig. Und so vertraute ich meiner

Intuition nicht mehr. Als Mutter habe ich mich bemüht, meiner Tochter meine Gefühle zu bestätigen. Jedes Gefühl wurde genau benannt. Trauer war Trauer und nicht »Mir geht's gut«. Natürlich heißt das nicht, dass ich sie mit meinen Problemen belastete und ihr intime Details meines »Ich bin traurig« mitteilte, die sie überfordert hätten.

Wie gehen wir gedanklich mit unserem Stress um? Wie kann man Stille finden? Zeit zur Meditation. Kontakt mit den Engeln. Ist man so verzweifelt, dass man »alles« ausprobiert? Selbst Schamanen? Sachen, die man normalerweise nicht machen würde? Alles in unserem Leben ist dafür da, dass wir wach werden. Alles hat mit uns zu tun. Wir sind das Zentrum unseres Universums, denn wenn wir davon ausgehen, dass das Universum unendlich ist, dann ist überall das Zentrum. Und so ist in unserem Leben alles so erschaffen, wie wir es brauchen. Zum Aufwachen. Zum Lernen. Nichts ist ein Versehen. Nichts ist zufällig. Es fällt uns zu, weil es uns zufallen soll. In dem Moment, in dem wir Verantwortung dafür übernehmen, beginnt ein Wachwerden. Und ist das nicht genau das, was durch dieses Geschrei passiert? Ein aufmerksameres bewusstes Leben?

Vielleicht haben Sie von dem Buch *Der Pferdejunge – Die Heilung meines Sohnes* von Rupert Isaacson gehört. Sein Sohn litt an einer Autismusform, die sich unter anderem durch starke Wutanfälle ausdrückte und die Unfähigkeit, seinen Kot zu halten. Und da er beobachtet hatte, wie sein Junge erstmals auf dem Rücken eines Pferdes entspannter wurde, brachte er ihn von Texas zu den Schamanen in der Mongolei, die für ihre Nähe zu Pferden berühmt waren. Dort fing er an, sich nach Ritualen, der Nähe zu Pferden und einer schamanischen Reise – einer Zeremonie – zu verändern. Etwas in ihm änderte sich. Er veränderte sich.

Mir fällt immer wieder auf, dass wir uns gerade bei Kindern nach der Norm richten. Was ist normal? Und hoffentlich ist mein Kind das auch. Als Beispiel: Bettnässen. Das Bettnässen wird immer gern als psychologisches Problem bezeichnet. Aber ist es das wirklich?

Kann es nicht auch sein, dass ein Kind so tief in seinem Schlaf ist – so aus dem Körper herausgeht –, dass es komplett vergisst, auf die Toilette zu gehen? Es ist nicht einfach, sich von der allgemein verbreiteten Meinung zu lösen und in die eigene intuitive Wahrnehmung zu gehen. Noch dazu, wenn die Meinung von jemandem vertreten wird, dem wir vertrauen wollen. Dazu hier ein Erlebnis von Bea:

»Vor gut 26 Jahren haben mein Mann und ich uns entschieden, unsere kleine Zweisamkeit zu vergrößern. Ende des Jahres 1984 wurde ich schwanger. Ein lang geträumter Traum von mir erfüllte sich, denn vom ersten Tag meiner Beziehung war ich mir sicher, den Mann meines Lebens gefunden zu haben und mit ihm eine Familie gründen zu wollen.

Die ersten Testuntersuchungen bestätigten uns, dass ich schwanger war. Die folgenden Monate verliefen dann nicht so toll. Mein damaliger Arzt konnte bei den Untersuchungen den Fötus nicht finden, obwohl die Tests positiv waren. In meinem Kopf ging alles hin und her. Konnte ich mich jetzt wirklich freuen oder nicht? War alles vorbei?

Es kam der Tag, an dem ich zur Vorsicht ins Krankenhaus geschickt wurde. Eine Woche lang wurden Untersuchungen und Tests mit mir gemacht. Jeden Morgen kamen die Schwestern und fragten, ob ich Blutungen hätte. Jeden Morgen das gleiche Theater. Ich bekam Frauen in mein Zimmer, die Fehlgeburten hatten, und meine Ängste, dies auch erleben zu müssen, wurden immer größer.

Ich fing an, tief in meinen Körper hineinzuhören. Was spielt sich da ab?

Und ... tief in mir wusste ich ...: *Ich bin schwanger*! Nichts und niemand wird mir das wegnehmen. Eines Abends kam dann ein Arzt zu mir. Er schickte meinen Mann vor die Tür, um mit mir allein zu sprechen. Er sagte mir, dass man am nächsten Morgen eine Ausschabung vornehmen würde, da man davon ausgehe, dass die Frucht in mir abgestorben sei. Für mich brach eine Welt zusammen. Das konnte doch nicht sein. Ich wusste, ich war schwanger. In mir wuchs mein kleiner Engel, und dieser Arzt wollte das beenden. Mein ganzer Körper, mein ganzes *Ich* schrien in mir, und ich bat um meine Entlassung. Der Arzt meinte, das ginge ja wohl nicht. Ich würde einen Blutsturz bekommen – und ob ich damit noch rechtzeitig in die Klinik kommen würde, sei dahingestellt. Sein ganzes Gerede drückte mich immer weiter zu, und meine Wut stieg immer mehr in mir hoch. Ich war schwanger, und da gab es nichts dran zu ändern. Am nächsten Morgen verließ ich auf eigenen Wunsch die Klinik. Zu Hause angekommen, habe ich einen Termin bei einem anderen Gynäkologen gemacht.

Der neue Arzt untersuchte mich und stellte fest, dass meine Gebärmutter nach hinten geklappt sei. Das sei aber kein Problem, sagte er und setzte mir einen Ring ein. Nachdem der Ring saß, wurde eine Ultraschallaufnahme gemacht, und ich konnte das Herz meines kleinen Engels schlagen sehen. Knapp fünf Monate später brachte ich meine Tochter als Frühchen zur Welt. Heute ist sie eine 25 Jahre junge Frau, die vollkommen gesund durchs Leben geht.

Den Arzt, der den Abbruch machen wollte, habe ich hochschwanger noch mal auf meiner Arbeitsstelle getroffen und ihm meinen Bauch entgegenge streckt. Ich habe ihm gesagt: ›Schauen Sie sich das mal an, das ist das, was Sie beenden wollten!‹ Er drehte sich um und verließ das Geschäft.«

Bea hatte tief in sich das Wissen, dass sie schwanger ist. Obwohl es ihr erstes Kind war, wusste sie es. Sie nahm mit der Seele ihres Kindes Kontakt auf. Erfühlte das neue Leben in sich. Seelenkontakte sind immer möglich. Das einzige Hindernis kommt von unserem Verstand, der das nicht nachvollziehen kann. Wir als Seele wissen, dass es geht. Auch hier ist es ein einfaches Gespräch, das nach einem Gebet innerlich geführt werden kann, indem wir ganz einfach mit ihm sprechen. Wie wir uns in einer Meditation für den Kontakt aufmachen.

Manche von uns spüren, wenn sich ihnen eine Seele nähert, die von ihnen geboren werden will. Eine meiner Freundinnen sah plötzlich an einem Morgen in ihrer Küche ein dreijähriges blondes Mädchen herumlaufen, und ihr kam der Gedanke: »Ich komme nächstes Jahr.« Sie wurde schwanger, und sie gebar ein Mädchen. Wenn meine Freundinnen schwanger waren, dann habe ich häufig die Hand auf ihren Bauch gelegt und das Kind gebeten, sich zu zeigen. Dann sah ich vor meinem inneren Auge die Essenz dieser Seele. Einer zeigte sich tanzend. Eine schüchtern. Eine schon da als Vision mit Büchern und lesend.

Gerade in der Schwangerschaft meldet sich unser Körper ganz entschieden. Bevor ich mit meiner Tochter schwanger wurde, war ich ein Workaholic. Ich moderierte das Frühstücksfernsehen bei Sat.1 und stand jeden Morgen um vier Uhr auf. Ich liebte meinen Beruf. In dem Moment meiner Schwangerschaft setzte eine unfassbare Müdigkeit ein. Ich bin kurz vorher in die USA zu meinem neuen Ehemann gezogen, und ich schlief jeden Tag siebzehn Stunden. Ich konnte gar nicht anders. So als ob mein Körper mir sagen wollte: »Bei deinem normalen Tempo kriegen wir das Kind nie groß.« Unsere Schwangerschaft und die Geburt unserer Kinder erinnern uns daran, natürlich mit uns umzugehen. Pausen zu machen, wenn wir welche brauchen. Manchmal sorgt auch dieses neue Seelenkind dafür, dass wir aufmerksamer werden.

So hat es auch Tamara Frühbeiss empfunden. Sie ist Heilpraktikerin für Psychotherapie und arbeitet als Coach. Ihre dritte Schwangerschaft hat ihr Leben komplett verändert:

> »Früher hatte ich diese narzisstische Ader in mir, die sehr ausgeprägt, aber eben nicht besonders gesund war. Ich wollte immer Höchstleistungen erbringen. Ich dachte, wenn ich diese Liste erfülle und jene ebenso, ja dann …
>
> Dann wurde ich mit Johanna, unserem dritten Kind, geplant schwanger. Tief in mir wusste ich, irgendetwas stimmt nicht.

Mein Körper reagierte seltsam auf diese Schwangerschaft. Zuerst mit leichten Blutungen, danach so stark, dass ich in der zehnten Woche in die Klinik kam. Kaum zu glauben, aber nach der Untersuchung stellte sich heraus, dass unser Baby lebte. Ich war unglaublich wütend auf meinen Körper. Danach auf Gott und die Engel sowieso. Ich sagte sogar: Wenn da jetzt was schiefgeht, quittiere ich meinen Dienst.

Wie dem auch sei, zwei Wochen später wurde ich aus der Klinik entlassen. Immer noch leicht blutend, wollte ich Heiligabend zu Hause verbringen. Ich wagte es kaum zu gehen. Meine Beine zitterten, mein Körper wollte sich ausruhen, ich war im Zwiespalt. Legte mich dann doch hin. Genau in dem Moment, in dem mein Mann rief: ›Das Christkind war da‹ und die Kinder zum Christbaum stürmten, machte es bei mir im Bauch laut ›Plopp!‹, und ich blutete die komplette weiße Couch voll.

In dieser Nacht hatte ich eine Nahtoderfahrung. Ich mag dieses Wort nicht so gern, aber doch war ich mehr drüben als hier. Woran ich mich erinnere, ist, dass ich noch niemals in meinem Leben so viel Liebe gefühlt habe. Wenn man dort ist, ist alles völlig relativ, man badet in dieser Liebe, bereut nichts, vermisst nichts, will nichts. Nun, nicht ganz. Ich wollte zurück.

Wie durch ein Wunder lebt unser Kind immer noch. Ich war dankbar und doch wütend auf meinen Körper. Ich konnte es nicht verstehen. In dem Moment, in dem ich aufhörte, verstehen zu wollen, all die Wut herausließ – das dauerte bestimmt zwei Wochen lang –, entspannte ich mich und somit mein Körper auch.

Ich musste die nächsten drei Monate im Bett verbringen, Klinik, und danach auf Revers nach Hause *ohne* Toilettengang, Duschen, *Husten*, Lachen … ich hatte die Order, keine Erschütterungen auf den Bauchraum einwirken zu lassen. Nach insgesamt vier Monaten Liegen prognostizierten mir die Ärzte und Physiotherapeuten, mein Körper sei so schlaff, dass ich nach der Geburt – die ich vermutlich nicht schaffen würde – einen Rollstuhl bräuchte.

Ich hielt nichts davon. Ich holte mir eine wundervolle Hebamme ins Haus und ging jeden Tag mindestens für eine Stunde in meinem Kopf joggen. Ich ging tanzen und schwimmen. Das wiederholte ich Tag für Tag. Neben Meditationen und zahlreichen Vorstellungen, die mir dabei halfen, mehr als nur positiv zu bleiben, sondern sogar überzeugt davon zu sein, dass mein Kind und ich gesund und heil da rauskommen würden. Ich würde lügen, wenn ich sagte, ich hätte zwischendurch nicht nackte und pure Angst verspürt, eigentlich jeden Tag beim Toilettengang.

Ich gebar Johanna innerhalb von 40 Minuten zu Hause, gesund und munter, ich stand auf, konnte gehen, und alle meine Muskeln waren da. Ich hatte absolut keine körperlichen Schäden. Auch Johanna nicht. Bei ihr wurde ebenso prognostiziert, sie würde eine Gleichgewichtsstörung von der langen Liegezeit haben, aber ich nahm sie beim Mentaljoggen natürlich auch immer mit.

Mein Fazit: Unser Körper ist absolut genial und immer für uns! Krankheit oder Dinge wie oben beschrieben sind, wie ich finde, eine Chance, und wir dürfen immer auf die Weisheit unseres Körpers vertrauen. Das klingt immer so floskelhaft, doch es steckt so viel Wahrheit dahinter. Seither habe ich die ungesunden narzisstischen Denkweisen – manchmal schnalzen sie noch durch – abgelegt.

Mein Leben sieht anders aus, reicher und beschenkter. Wenn mir jemand sagt: ›Du machst doch so viel‹, dann merke ich, dass ich nichts darauf sagen kann, außer dass ich nachsehe: Stimmt das jetzt? Falls ich mit Ja antworten muss, mach ich eine Pause und bedanke mich für den diesmal ›sanften Hinweis, Ruhe zu geben‹.

Ich liebe meinen Körper. Nie zuvor habe ich erkannt, wie wertvoll dieser ist, welch ein Wunderwerk – und dass er tatsächlich der Tempel unserer Seele ist. Ich bedanke mich täglich während des Einschlafens bei meinen Beinen und Organen, ich finde es großartig, was er leistet.«

Johanna, die Tochter Tamaras, hatte als Seele eine Aufgabe übernommen: Sie unterstützte durch die Herausforderungen während der Schwangerschaft ihre Mutter bei der Erkenntnis und Wahrnehmung ihres Körpers. Ein wundervolles Geschenk für beide.

Doch manche Seelen entscheiden sich gegen eine Geburt. Dafür mag es viele Gründe geben. Manchmal macht die Seele kurzfristig einen Rückzug. Nicht, weil sie die Mutter plötzlich nicht mehr mag. Manchmal ist diese Zeit der Schwangerschaft genau das, was zwischen Kinderseele und Eltern als Lernprozess abgesprochen war. Manchmal wird eine Schwangerschaft vonseiten der Mutter abgebrochen. Auch das wusste die Seele des Kindes. Es gibt keine Überraschungen auf der Seelenebene. Niemand macht irgendetwas gegen den Willen des anderen. Es ist ein harmonisches Miteinander. Ein Rhythmus. Ein Tanz. So schwer das für uns als Menschen auch sein mag, dies manchmal zu verstehen. Wir können auch hier mit der Seele des Kindes sprechen. Beten. Fragen stellen. Platz für Antworten lassen. Aufmerksam sein. Uns bedanken.

Manchmal geht die Seele kurz nach der Geburt. Manche kommen dann später noch mal wieder. Auch hier gibt es verschiedene Gründe. Individuell nach Familie verschieden. Rückblickend können wir manchmal erkennen, was uns dieses Kind geschenkt hat: manchmal Hoffnung, manchmal Demut. Manchmal waren wir verzweifelt und haben uns nach dem Sinn des Lebens gefragt und sind dadurch aufgewacht. Manchmal hat es unseren Kinderwunsch verstärkt. Manchmal haben wir danach ein Kind adoptiert. Manchmal sind wir durch tiefe dunkle Täler gegangen und haben uns selbst kennengelernt. Manchmal haben wir zugelassen, dass wir uns trösten lassen. Manchmal haben wir Beziehungen beendet, weil sie diese Zeit nicht überstanden.

Einige von uns wünschen sich ein Kind, und es kommt einfach nicht. Neben körperlichen Herausforderungen gibt es auch noch emotionale. Empfangen hat immer etwas mit Aufnehmen zu tun. Je entspannter wir sind, desto leichter können wir aufnehmen. Es passiert nicht selten, dass Ehepaare, die sich nach vielen vergeblichen Versuchen endlich zu einer Adoption entschlossen haben, kurz danach ein Kind bekommen. Der Druck hat sich gelöst. Der Körper konnte sich entspannen und … aufnehmen. Auch hier gilt: Was denke ich? Sehe ich mich schwanger? Es unterstützt uns, wenn wir dem Körper dieses Gefühl der Freude vermitteln, die uns die Geburt und das Leben eines Kindes bringt. Es uns so häufig wie möglich vorzustellen. In allen Farben. Mit allen freudigen Emotionen. Das ist es, was auf der vorbereitenden Ebene passiert – und gleichzeitig ein Sicheinfühlen: was der Körper will, was die Seele will.

Warum brauche ich ein Kind? Was erwarte ich davon? Und doch auch durchdenken, was man macht, falls man doch nicht schwanger wird. Diverse Behandlungsmöglichkeiten stehen zur Verfügung. Auch hier müssen wir uns auf uns selbst verlassen. Was will ich mir zumuten? Was bin ich bereit zu tun? Will ich mich lieber für eine Adoption entscheiden? Nicht jede Seele, die zu uns kommen will, kommt durch unseren Bauch zu uns. Viele Seelen finden ihren Weg durch andere. Erinnern wir uns, dass wir viele Male eine Erdenerfahrung haben. Manchmal haben wir Kinder. Manchmal nicht. Vielleicht gilt es auch das zu akzeptieren. Wenn wir unserem Verstand erlauben zu ruhen, werden wir als Seele wissen, was unser Weg ist. Gelassen alle Möglichkeiten auszuprobieren, die wir ausprobieren wollen, ohne den Stress. Wahrscheinlich eine der größten Herausforderungen, die wir haben.

Das Aufziehen unserer Kinder braucht Ehrlichkeit. Und den Trost, dass Elternsein bedeutet, dass man auf jeden Fall irgendetwas »falsch« machen wird. Meine Tochter ist erwachsen, und gelegentlich ertappe ich mich dabei, dass ich zurück an ihre Kindheit denke. Und da fallen mir Dinge auf, die ich heute anders machen würde. Diese Gedanken begleiten meistens ein Gefühl des Bedauerns. Ich »hätte« es besser machen können. Diejenigen unter uns, die wie ich als Seelenhausaufgabe erkennen müssen, dass es »perfekt« nicht gibt, haben daran zu knabbern.

Wenn wir uns für einen Nachmittag auf einen Spielplatz setzen, dann können wir zu diesem Thema einiges erleben:

Mama (Ego): *»Evi, zieh dir die Jacke an, es ist kalt.«*

Mama (Körper): *Mir ist kalt.*

Evi (Körper): *Mir ist nicht kalt.*

Evi (Ego): *»Mama, mir ist nicht kalt.«*

Mama (Ego): *»Zieh die Jacke an. Du holst dir sonst einen Schnupfen.«*

Evi (Körper): *Ich liebe die frische Luft. Ich bin gesund.*

Evi (Ego): *»Ich will mir aber keine Jacke anziehen. Mir ist warm.«*

Mama (Ego): *»Dir kann nicht warm sein.«*

Mama (Körper): *Mir ist kalt.*

Evi (Körper): *Mir ist warm.*

Evi (Ego): *Warum versteht meine Mama nicht, dass mir warm ist? »Mama!«*

Mama (Ego): *»Keine Widerrede.«*

Evi (Seele): *Unsere Mutter ist besorgt um unser Wohlbefinden.*

Mama (Seele):	*Vertrau Evi. Sie ist zehn Jahre alt. Sie weiß, ob ihr kalt ist.*
Mama (Ego):	*Und ich habe sie dann zu Hause mit Grippe. Nein danke. Die Jacke zieht sie an.*

Es ist erstaunlich, dass wir Barfußgehen sowie Jacken- und Handschuhausziehen sofort mit einer Grippe verbinden. Der Körper wird nicht krank, weil er kalte Füße hat. Er wird krank, weil sein Immunsystem schwach ist oder weil unser Körper uns Nachrichten schicken will. Kinder brauchen Natur. Durch unsere Fußsohlen verbindet sich unser Körper mit der Erde. Barfuß gehen für uns wie für die Kinder eine wunderbare Art, sich mit der Natur zu verbinden. Sonnenbrillen für Kleinkinder? Auf was eine optische Industrie so alles kommen kann. Kinderaugen brauchen die Strahlen der Sonne auf ihren Augen für ein gesundes Wachstum. Kinder brauchen keine Sonnenbrillen. Wir übrigens meistens auch nicht. Wir gewöhnen unsere Augen an eine Lichtempfindlichkeit. Ich konnte eine Zeitlang nicht mal mehr ohne Sonnenbrille in den Garten gehen. Dann habe ich es mir langsam wieder abgewöhnt. Jetzt brauche ich nur noch in Extremfällen Sonnenbrillen. Dafür sind sie auch gedacht.

Unsere Kinder sind unsere Lehrer. Gerade auch was den Körper betrifft. Natürlich gilt es für Eltern, die Übersicht und den gesunden Menschenverstand zu bewahren. Schließlich haben wir mehr Erfahrung. 2008 konnte man zum Beispiel in Münchner Zeitungen von einer 32-jährigen Juristin lesen, die mit ihrer völlig nackten durchgefrorenen anderthalbjährigen Tochter im Fahrradsitz bei 11 Grad Celsius von einer Polizeistreife aufgehalten wurde. Die Juristin erklärte, dass ihre Tochter ihre eigenen Persönlichkeitsrechte habe und sich nicht anziehen wollte. Und das habe sie akzeptiert und sie deswegen vollständig nackt in den Fahrradsitz gesetzt. Was sie allerdings nicht akzeptiert hat, ist ihre Aufgabe als

Mutter. Kinder sind nun mal nicht in der Lage, bestimmte Situationen einzuschätzen, da sie einfach nicht über die nötige Erfahrung verfügen. Frühere Leben hin oder her.

Unsere Kinder sind auch nicht unsere besten Freunde. Sie haben ihre eigenen Freunde. Wir sind die Eltern, und dazu gehört es, dass wir es verkraften können, wenn unsere Kinder sich an uns reiben. Und wir trotzdem stabil sind. Ihnen einen Rahmen bieten, in dem sie sicher aufwachsen. Gerade in jungen Jahren ist es für sie wichtig, Grenzen zu erfahren. Das beruhigt.

Kinder lieben es, mit ihrem Körper Erfahrungen zu machen. Für viele Jahre bekam meine Tochter Julia jeden Abend »Lektionen in Meisterschaft«. Abends, nach unserem gemeinsamen Gebet, hielt ich meine Hände 20 bis 30 Zentimeter über ihrem Körper und fragte sie, wo sie denn die Hände fühle. Manchmal waren sie am Kopf. Manchmal am Bauch. Am Knie. An den Füßen. Sie lernte, körperliche Sensibilität zu entwickeln, und lag fast immer richtig.

Besonders kleine Kinder haben noch starke Erinnerungen an frühere Leben. Als unsere Tochter Julia – sie wird wohl fünf Jahre alt gewesen sein – den Abendtisch deckte, war an diesem Abend ausnahmsweise keine Tischdecke auf dem Holztisch. Sie stellte die Tassen darauf und hörte den Klang, den diese Tassen auf dem Tisch machten. »Mama, Mama«, rief sie ganz aufgeregt, »hörst du das?« Sie nahm die Tasse immer wieder hoch und stellte sie auf den Holztisch zurück, nur um dieses Geräusch zu hören. »Ach, Mama, das war ein schönes Leben. Wir waren arm, aber wir waren viele, und wir hatten Spaß.« Natürlich war ich neugierig und hoffte auf mehr: »Und?«, fragte ich so unschuldig wie möglich. Doch sie war gänzlich in das Geräusch der Tassen versunken und stand da noch lächelnd ein paar Minuten, immer wieder die Tassen auf den Tisch stellend, dem Geräusch nachlauschend.

Auch unseren Kindern können wir beibringen, mit ihrem Körper in Kontakt zu bleiben. Wie fühlst du dich? Wo genau tut dir was weh? Ist es groß, ist es klein? Rund oder eckig? Hell oder dunkel? Wir können unseren Kindern mit ein bisschen Übung helfen, sich in ihren Körper einzufühlen. Unsere Engel unterstützen uns dabei. Manchmal fällt es Kindern leichter, durch ihre Engel Informationen zu bekommen als direkt von ihrem Körper.

Vertrauen Sie ihrer Intuition. Ein Gebet, ein tiefer Atemzug stimmt Sie ein, und dann beobachten Sie Ihr Kind und hören aufmerksam zu:

(Mutter und Kind sind gerade mit dem Frühstück fertig geworden und machen sich bereit für die Schule und das Büro.)

Kind: *Aua!*

Mutter: *Hast du dir wehgetan?*

Kind: *Ja.*

Mutter: *Wo?*

Kind: *Am Bauch.*

Mutter: *Wie groß ist der Schmerz?*

Kind: (Weint.) *Ich weiß nicht.*

Mutter: (Deutet auf irgendeinen Punkt am Bauch.) *Ist er hier oder ist er größer?*

Kind: *Größer.*

Mutter: *Zeig mir, wo er anfängt und wo er aufhört.*

(Kind deutet.)

Mutter: *Bewegt er sich oder ist er still?*

Kind: *Bewegt sich.*

Mutter: *Ist er hell oder dunkel?*

Kind: *Dunkel.*

Mutter: *Braun wie eine Kartoffel? Rot wie ein Apfel? Dunkelgrün wie eine Paprikaschote?*

Kind: *Wie ein ganz dreckiger Apfel.*

Mutter: *Pikst der Schmerz oder trommelt er?*

Kind: *Weiß nicht.*

Mutter: *Ist er scharf wie eine Nadel?*

Kind: *Nein.*

Mutter: *Ist er ...?*

Kind: *Wie der Teig beim Plätzchenbacken.*

Mutter: *Ist er immer noch so groß wie vorher?*

Kind: *Nein. Kleiner.*

Mutter: *Wenn er ein Tier wäre, was wäre er für ein Tier?*

Kind: *Ein ... Bär.*

Mutter: *Ein großer Bär oder ein Kinderbär.*

Kind. (Pause:) *Ein Kinderbär.*

Mutter: *Was will dir denn der Kinderbär sagen?*

Kind: (Pause.) *Dass ich mich vor dem Sebastian nicht fürchten muss.*

Mutter: *Du fürchtest dich vor dem Sebastian?*

Kind: *Ja.*

Mutter: *Schon immer oder erst seit kurzem?*

Kind: *Seit gestern.*

Mutter: *Er hat was gemacht, und jetzt fürchtest du dich.*

Kind: *Ja.* (Überlegt.) *Er hat mir mein Lieblingsauto weggenommen.*

Mutter: *Hm. Er hat dir dein Lieblingsauto weggenommen. Das muss dich ganz schon geärgert haben.*

Kind: *Ja.*

(Mutter wartet. Legt vielleicht ihre Hand auf seinen Bauch.)

Mutter: *Was willst du denn machen?*

Kind: *Ich will mein Auto wiederhaben, und ich will, dass er es mir nicht mehr wegnimmt.*

(Mutter nickt. Wartet.)

Kind: *Ich werde es ihm sagen, und ich nehme den Nico mit. Der Nico ist mein Freund, und der ist stark.*

Mutter: *Das ist eine gute Idee. Du kannst auch deine Engel bitten und den Kinderbären, dass er dir dabei hilft.*

Kind: *Ja.*

Mutter: *Und wenn du Hilfe brauchst, kannst du immer noch zur Lehrerin gehen.*

Kind: *Ja.*

Mutter: *Tut dir dein Bauch noch weh?*

Kind: *Hm … ein bisschen.*

Mutter: *Sollen wir ihm eine Farbe schicken?*

(Kind nickt.)

Mutter: *Welche Farbe soll es denn sein?*

Kind: *Blau.*

Mutter: *Gut, dann stellen wir uns jetzt vor, dass dein ganzer Bauch ein wundervolles Blau hat.*

Die Mutter hat ihre Hand auf seinem Bauch und schickt ihre Liebe durch ihre Hände in Blau in den Bauch ihres Sohnes. Wenn das Kind unruhig wird oder fertig ist, dann ist auch diese Übung fertig. Es gibt viele Untersuchungen über Farbtherapien. Ich kenne mich damit noch zu wenig aus, aber ich frage immer nach, welche Farbe in einen Körper geschickt werden soll. Der Körper weiß automatisch, was er braucht. Das können wir natürlich auch selbst in unseren Meditationen in unseren eigenen Körper schicken.

Dies war natürlich nur ein fiktives Beispiel dafür, wie man mit solch einer Situation umgehen kann. Das Wichtigste ist das Vertrauen in unsere Intuition. Meine Intuition meldet sich nicht ununterbrochen. Da gibt es nicht ein konstantes Intuitionsgeschnatter, wie es ein Verstandesgeschnatter gibt.

So ist es auch in der Zusammenarbeit mit dem Körper unserer Kinder wie mit unserem eigenen Körper: Unsere Intuition ist unsere Führung. Die Gedanken, die hochkommen, die Ideen, die man bekommt, die Bilder, die in einem aufsteigen, all das kommt nicht umsonst oder aus Versehen hoch. Das kommt mit einem Ziel: Es will gehört werden. Wir können uns auch immer fragen, warum ausgerechnet diese bestimmte Information hochkommt und nicht eine andere, die uns vielleicht vertrauter wäre. Der Grund, warum ausgerechnet das hochkommt, ist die Bestätigung unserer Intuition. Wie bei allem gilt auch hier: Wir können nur dann herausfinden, ob etwas funktioniert, wenn wir es ausprobieren. Und wenn wir dann erlebt haben, wie sicher unsere Intuition ist, vertrauen wir ihr mehr und mehr.

15

Über die Gründe unserer Krankheiten

Manchmal kommt sie hoch, diese Angst, dass unser Körper uns vielleicht betrügen wird. Dass er eines Tages nicht das tut, was wir von ihm erwarten. Vielleicht hören wir von einem überraschenden Tod. Vielleicht erfahren wir von einer Krankheit bei Verwandten. Vielleicht haben wir schlecht geträumt und uns in einem tiefen Fall wiedergefunden. Unser Körper, den wir lieben sollen, tut so, als wäre alles in Ordnung, und dann … dann … finden wir heraus, dass wir krank sind.

Warum werden wir krank? Sind wir schuld, wenn wir krank werden? Können wir etwas bei unserer Heilung falsch machen? Was ist, wenn ich eine falsche Therapie, einen falschen Arzt, eine falsche Operation auswähle? Warum wird der eine krank und der andere nicht?

Erinnern wir uns:

Wir sind für immer.

Wir sind für immer.

Wir sind für immer.

Unser Körper ist ein Geschenk für dieses Erdenleben. Damit wir als Seele überhaupt ein menschliches Leben führen können. Damit wir uns hier bewegen können. Damit wir durch unsere Sinne Erlebnisse erfahren, die wir uns gewünscht haben.

Ich weiß, wie schwierig sich das anhört. Besonders für Mitmenschen, die sich mit dieser Art von Spiritualität noch nicht lange beschäftigt haben und sich in einer schweren Krankheit befinden, klingt es gewöhnungsbedürftig. So als ob jemand diesen schmerzhaften, angstvollen Weg als leichtfertige Erfahrung abtut. Dies ist keine leichte Erfahrung.

Jede Krankheit hat ihre Herausforderungen, aber auch ihre Geschenke. Väter, die nie ihre Gefühle zeigen konnten und die Nähe zu ihren Kindern vermieden haben, werden durch deren Krankheit gezwungen, Nähe zuzulassen. Und diese Nähe ist heilend für beide. Ein Elternpaar, das sich eine distanzierte Routine angewöhnt hat, wird durch die Krankheit des Kindes dahin geführt, wieder Nähe zu entwickeln. Ein krankes Kind, das durch langwierige und schmerzhafte Behandlungen geht, beschließt, selbst Arzt zu werden, und findet durch die Krankheit die Begeisterung für neue Behandlungsmethoden und ein erfülltes Leben. Ein plötzlich querschnittsgelähmter Sportler, der weiterhin Sportler bleiben will und die Paralympics als Ziel hat, inspiriert dabei nicht nur sich selbst und seine Familie, sondern auch Menschen, die in ähnlichen Situationen sind.

Ist es schwierig? Natürlich. Gibt es Zeiten der Verzweiflung und der Trauer? Ja. Aber es gibt auch Zeiten von berührenden liebevollen Momenten, die umso wertvoller sind, je seltener sie werden. Auch hier gilt, was für anderes gilt: im Jetzt zu bleiben. Die Gedanken zurückzuholen, wenn sie in die Zukunft gehen. Was ist, wenn das passiert? Was ist, wenn es schlimmer wird? Was ist …?

Vielfach ist es gerade so eine schwierige Zeit, die uns Hilfe in der Spiritualität suchen lässt. Wir, die wir mit unserem Leben beschäftigt waren und keine Zeit für etwas anderes als das Pflichtprogramm und volle Terminkalender kannten, wir halten plötzlich inne. Was passiert hier mit mir? Was passiert hier mit uns? Plötzlich ist alles anders. Dinge, die uns vorher wichtig waren, erscheinen fast lächerlich. Wir haben anderes zu tun. Wir, die wir vorher unter Zeitnot litten, haben plötzlich Zeit. Termine, die so unaufschiebbar waren, haben sich auf einmal erledigt. Wir sind wichtig geworden. Auch das ist oft das Ziel einer Krankheit: zu erkennen, dass ich für mein Leben die wichtigste Person bin.

Der Körper wird aus verschiedenen Gründen krank:

- Wir wollen lernen, uns wichtig zu nehmen.
- Wir haben von unserem Körper jahrelang verlangt, dass er das tut, was wir – als Ego – ihm sagen, und haben nicht auf seine Zeichen gehört. Und nun sorgen Seele und Körper dafür, dass wir zuhören.
- Wir als Seele möchten eine bestimmte Erfahrung machen, und dafür schwächt sich der Körper.
- Wir wollen, dass sich jemand um uns kümmert.
- Es ist ein Versprechen, das wir gemacht haben, um in unserer Familie, in unserem Umfeld und in uns etwas zu bewirken.
- Unsere Seele ist bereit, diese menschliche Erfahrung zu beenden. Dazu entzieht die Seele dem Körper Lebenskraft, damit der Körper stirbt.

Unser Körper gibt uns bei Krankheiten Warnzeichen. Sie sind am Anfang klein. Diese Warnungen werden dem Ego geschickt. Je nachdem, wie verbunden wir mit unserer Seele sind, reagieren wir auf diese Warnungen. Manchmal entscheiden wir, als Ego, diese Warnungen zu ignorieren.

Doch es geht weiter. Wir merken: Irgendetwas stimmt da nicht. Aber wir reagieren nicht darauf. Wir machen einfach weiter wie bisher. Der Körper braucht unsere Aufmerksamkeit, die wir ihm nicht geben, und er muss sich deutlicher bemerkbar machen. Die ganz Sturen oder die ganz Leidensfähigen unter uns ignorieren ihn weiterhin. Wir nehmen vielleicht ein paar Schmerztabletten mehr und machen weiter wie bisher. Dann kommt »die Krankheit«. Wir erschrecken und wollen sie loswerden.

Jetzt teilt sich die Resonanz in zwei Gruppen. Die eine Gruppe entschließt sich für weitgreifende Änderungen. Erkennt, warum der Körper diese Zeichen gegeben hat (Leben ändern, Pause machen, Prioritäten überprüfen), geht diese neuen Schritte und wird das bisher gelebte Leben in neue Bahnen lenken. Die andere Gruppe versucht es mit Ignorieren und ein bisschen Verhandeln:

»Ich mache ein bisschen was, und dann hältst du, lieber Körper, still.« Auch hier kann eine Genesung eintreten, die aber meistens nicht lange anhält. Denn es wurden nicht die Schritte unternommen, die die Seele sich vorgenommen hat. Also kommt noch mal dieselbe oder eine andere Krankheit. Jetzt passiert wieder das, was schon vorher geschehen war: Entweder wir verändern nachhaltig unser Leben, oder wir machen weiter wie bisher. Mit ähnlichen Folgen. Ein bekannter Herzchirurg erzählte mir mal, wie frustrierend es für ihn sei, wenn er Herzpatienten wieder auf seinem Operationstisch hat, weil sie die zur Heilung erforderlichen Veränderungen nicht vorgenommen hätten.

Warum machen wir keine weitgreifenden Änderungen? Vielleicht, weil wir Angst haben. Weil uns unser altes Leben vertraut ist. Weil wir uns verpflichtet fühlen, so weiterzumachen wie bisher. Weil wir nicht wissen, dass wir auch anders leben können. Weil uns nicht klar ist, dass wir unsere Realität bestimmen. Oder weil auf uns ein so großer Druck (eingebildet oder real) ausgeübt wird, dass wir uns nicht trauen, ernsthafte Änderungen vorzunehmen. Weil wir keine Verantwortung für uns übernehmen wollen. Manchmal ist diese Angst größer, als unser Wille zu leben. Manchmal entscheiden wir uns genau dadurch, dass wir nichts tun, zum Gehen.

Übrigens ... nicht alle Heilungen sind körperlich. Manchmal heilen wir, und der Körper wird »trotzdem« nicht gesund. Das passiert immer dann, wenn die notwendige Heilung eine Heilung des Herzens war, aber die Seele beschlossen hat, den Körper loszulassen.

Jeder von uns spricht mit seinem Körper. Manchmal findet es unbewusst statt, doch wenn wir uns den folgenden »Dialog« durchlesen, wissen wir genau, dass wir etwas Ähnliches selbst schon oft erlebt haben. Eine Erkältung kündigt sich an:

Ego: *Hm. Mir ist ein bisschen komisch. »Mag jemand noch was von dem Nachtisch?«*

Körper: *Achtung, da sind so ein paar Viren, die sich hier häuslich niederlassen wollen. Wir sollten sie rausschmeißen.*

Ego: »*Schmeckt euch das? Hm. Irgendwie schmeckt das komisch.*«

Körper: *Schluckbeschwerden durch Eindringlinge. Achtung, wir sollten sie rausschmeißen.*

Ego: *Mein Hals kratzt. Na ja, das geht schon wieder weg.*

Körper: *Nein, das geht nicht weg. Die laden sich gerade noch ein paar Freunde ein. Das wird eine Hausbesetzung. Mach was.*

Gast: »*Sag mal, du hustest ja. Ist alles in Ordnung?*«

Körper: *Nichts ist in Ordnung. Wir müssen eine Invasion abwehren, und mir hilft wieder mal keiner.*

Ego: »*Nein, alles in Ordnung. Nur ein bisschen Halskratzen. Das geht schon wieder vorbei.*«

Seele: *Nicht, wenn wir nichts tun.*

Ego: »*Bleibt noch ein bisschen. Hat jemand Lust auf einen Tee?*«

Körper: *Tee? Wunderbar. Wenigstens etwas.*

Gast: »*Hast du keinen Magenbitter?*«

Ego: »*Ja klar. Ich trinke auch einen.*«

Körper: *Halt, wo ist mein Tee? Also gut, ich schicke ihm noch mal ein Kratzen.*

Ego: *Kratzt mein Hals? Ne, ne. Es ist gerade so gemütlich hier.*

Körper: *Achtung, die paar Kerle haben jetzt ihre Freunde mitgebracht und breiten sich gerade weiter aus. Mach was!*

Seele: *Lass uns auf unseren Körper hören. Er braucht unsere Aufmerksamkeit.*

Ego: *Jetzt bin ich aber wirklich hundemüde. Ich räume lieber noch auf. (Hustet.)*

Körper: *Nein, das glaube ich jetzt nicht! Ich bin müde. Wir müssen die Kerle rausschmeißen! Hallo!*

So habe ich es früher immer gemacht. Einfach ignoriert in der Hoffnung, es gehe von allein vorbei. Doch es geht nicht vorbei. Heutzutage bin ich in einem solchen Fall wie ein Streifenpolizist auf der Suche nach einem Verkehrssünder. Mein Hals kratzt? Ha! Als Erstes gehe ich in die Stille und fühle mich in meinen Körper ein. Wie fühle ich mich an? Ist da irgendwo etwas Unangenehmes? Dann spreche ich mit den Eindringlingen (Viren, Bakterien) und schmeiße sie raus. So wie man ungebetene Hausgäste rausschmeißt: »Glaubt bloß nicht, dass ihr euch hier häuslich niederlassen könnt. Raus mit euch! Und zwar sofort!« Ich kann da sehr energisch werden. Dann beginne ich mein Abwehrprogramm. Dazu benutze ich diverse homöopathische Mittel, von denen ich weiß, dass sie bei mir funktionieren. Manchmal gurgle ich auch mit Salzwasser. Wenn ich eine bestimmte Idee bekomme (Tees, sofort ins Bett, heiße Badewanne und so weiter), dann setze ich sie in die Tat um.

Ich reagiere beim ersten Anzeichen. Nicht beim zehnten oder erst am nächsten Morgen. Wenn ich mitten in der Nacht merke, dass hier was nicht stimmt, dann setze ich mich auf, meditiere, schmeiße die Eindringlinge raus und gehe ins Bad, um mir meine homöopathischen Mittel zu holen. Dazu muss ich natürlich meine

Faulheit überwinden. Es ist sehr viel bequemer, liegen zu bleiben und sich mit einem »Nein, das ist bestimmt nichts« zu beruhigen und sich umzudrehen. Allerdings habe ich die Erfahrung gemacht, dass es in solchen Fällen eben doch »etwas ist«, und deshalb stehe ich auf. Ich bemühe mich, sehr sauber in meinen Gedanken zu sein. Auch hier bleibe ich aufmerksam.

Keine Gedanken wie: »Hoffentlich wirkt das. Na ja, ich weiß nicht. Morgen werde ich bestimmt krank sein, und dann kann ich den wichtigen Termin nicht einhalten. Und wie furchtbar. Hoffentlich bin ich in einer Woche wieder gesund.« Solche Gedanken würden den ungebetenen Gästen nur zeigen, dass ich gänzlich unsicher in meiner Rausschmeißaktion bin. Falls ich heute irgendwelche Gäste bei mir in der Wohnung hätte, die ich wieder loswerden müsste, würde ich ihnen auch bei mir zu Hause unmissverständlich klarmachen, dass sie gehen sollten. Ich würde dafür sorgen, dass sie die Wohnung verlassen.

Das ist mit unserem Körper nicht anders. Dazu brauchen wir die Aufmerksamkeit, auf der Stelle zu reagieren. Für mich ist dies das Wichtigste. Woran erkennen wir, dass eine spirituelle Regel wie diese auch wirklich wahr ist? Daran, dass sie funktioniert. Ich mache das seit vielen Jahren. Ich kann mich nicht daran erinnern, wann ich das letzte Mal krank war. Vor fünf Jahren hatte ich mal zu viel getrunken und musste einen Tag im Bett bleiben, weil ich das vierte oder fünfte Glas Rotwein nicht mehr vertragen hatte. Grippe habe ich schon seit zehn, fünfzehn Jahren nicht mehr. Diese Schritte wirken offensichtlich, vorausgesetzt natürlich, wir wollen nicht krank werden.

Manche von uns werden krank, weil es die einzige legitime Möglichkeit ist, sich in Ruhe ins Bett zu legen, ohne dass man als faul angesehen wird. Wir brauchen unsere Krankheit als Entspannung. Zum Ausruhen. Das könnten wir natürlich ganz ohne Krankheit haben, und es wäre sehr viel angenehmer. Oder wir fühlen uns in unserer Arbeit unwohl. Wir wünschen uns eine Krankheit, damit wir aus der unliebsamen Situation herauskommen oder weil wir mehr Aufmerksamkeit wollen. Wir möchten umsorgt werden. »Bitte kümmert euch um mich. Ich schaffe es nicht selbst.« Auch das ist ein Grund, krank zu werden. Hier gilt ebenfalls die Frage: Warum bin ich krank? Und wenn wir aufmerksam auf unsere Krankheit sehen, dann finden wir das heraus.

Mir ist es immer ganz wichtig, dass dies ohne Schuldgefühle passiert. Da sind wir schon krank – das ist anstrengend genug –, und dann sollen wir uns auch noch mit Schuldgefühlen herumschlagen? Manchmal wird sehr schnell geurteilt: »Na ja, sie hat ihr Problem mit ihrer Mutter noch nicht gelöst, kein Wunder, dass sie Krebs hat.« Wir wissen nicht, warum ein anderer krank ist. Wir haben genug damit zu tun, herauszufinden, warum wir krank sind. Eine Krankheit ist eine Nachricht unserer Seele und keine Schuld.

Wird uns gesagt, dass wir eine bestimmte Krankheit haben, sind wir damit häufig überfordert. Zuerst kommen unsere eigenen Gedanken über diese Krankheit. Dann kommen die Information des Arztes und die Vorschläge zur Behandlung dazu. Nur zu sehr wünscht sich eines unserer emotionalen Waisenkinder, dass jemand die Verantwortung für unsere Genesung übernimmt. »Ich mache einfach alles, was mein Arzt sagt. Dann wird es schon wieder gut werden.« Ich vertraue ihm oder ihr. Doch es ist ein Waisenkind, das hier spricht. Niemand kennt unseren Körper so gut wie wir selbst. Viele Untersuchungen über erfolgreiche Heilungen zeigen, wie wichtig es ist, dass der Patient für seine Heilung die Verantwortung selbst übernimmt. Das heißt eben auch, in sich hineinzufühlen. Was ist es, das ich brauche? Wie wäre es, wenn wir erst einmal in die Stille gehen könnten, nachdem uns der Arzt den Befund erklärt hat? Noch bevor er uns die nächsten Schritte und Behandlungen erklärt.

Wir atmen. Sind präsent. Schließen die Augen. Beobachten, was wir denken. Aufmerksam. Hören uns selbst beim Denken zu. Wenn Ängste hochkommen, erinnern wir uns daran, dass wir für immer sind. Dann fühlen wir in unseren Körper hinein. Das heißt, wir erlauben uns, in uns Platz zu nehmen. Wie man in einer Badewanne Platz nimmt. Wir gleiten in uns selbst hinein. Wir merken sofort, dass unsere Schultern leicht nach unten gehen. Sie entspannen sich. Wir sind da. Wie ein erfahrener Kapitän in Krisenzeiten vor seiner Mannschaft auftaucht, so tauchen wir in uns auf. Wir sind präsent. Wir sind im Jetzt. Nicht in der Vergangenheit und schon gar nicht in der Zukunft. Wir wissen nicht, was uns die Zukunft bringt. Wir holen uns immer wieder zurück, wenn wir in die Zukunft gehen. Wir sind jetzt hier. Das »Jetzt« ist alles, was wir haben.

Wird uns das immer gelingen? Vielleicht nicht. Aber wir können uns immer wieder daran erinnern. Je mehr wir es vorher geübt haben, desto leichter wird es uns fallen. Das ist das wache Leben: aufzupassen, wenn wir ins Drama fallen und wenn wir in die Zukunft gehen. Natürlich gibt es bestimmte Dinge, die geplant werden müssen, und dafür müssen wir in die Zukunft gehen. Aber wir halten uns dort nur kurzfristig auf, um das zu erledigen, was zu erledigen ist. Dann kehren wir wieder zurück in die Gegenwart. Ins Jetzt. In uns.

Erinnern wir uns, dass ein spirituelles Leben immer ein aufmerksames Leben ist: »Erkenne dich selbst.« Oder: »Wer um Himmels willen bin ich eigentlich?« Manchmal wird es auch mit selbstgefälliger Nabelschau verglichen. Das mag schon sein. Nur, wenn ich mich nicht anschaue, dann werde ich nie herausfinden, was ich an mir verändern kann und warum ich so und nicht anders reagiere. Ich habe Jahre damit verbracht, meine Mitmenschen verändern zu wollen; und es ist mir nicht gelungen. Mit mir selbst habe ich sehr viel mehr Erfolg. Und außerdem ist Selbsterkenntnis nie nur Nabelschau. Dazu ist sie mit viel zu viel Arbeit verbunden.

Bei diesem aufmerksamen In-uns-Hineinhorchen fragen wir den Körper, was er braucht. Je nachdem, welche sensorische Begabung uns am vertrautesten ist, durch Sehen, Hören, Schmecken, Riechen oder Erfühlen. Unser Körper schickt uns die Zeichen, die wir am einfachsten identifizieren können. Meistens wissen wir, wie wir Informationen aufnehmen. Sind wir visuell begabt oder nehmen wir Informationen durch unser Gehör auf? Falls wir uns nicht sicher sind, gibt es eine einfache Übung, das herauszufinden – den Zitronentest:

Schließen Sie die Augen und stellen Sie sich vor, dass eine Zitrone vor Ihnen liegt, die ausgepresst wird, und der Saft fließt über Ihre Hände. Probieren Sie es. Jetzt also bitte die Augen schließen.

Haben Sie die Zitrone *gesehen*? Hat sich Ihr Mund *zusammengezogen*? Haben Sie das Herausspritzen und das Auspressen *gehört*? Haben Sie die Zitrone *gerochen*? Haben Sie *überlegt*, was Sie anschließend damit machen können (Zitronensaft, Zitroneneis)? Hatten Sie das *Gefühl*, als ob Ihnen der Saft über die Hände fließt?

So wie Sie Ihrem inneren Blick vertrauen, dass Sie mit geschlossenen Augen eine Zitrone »gesehen« haben, genauso können Sie den Bildern vertrauen, die Ihnen Ihr Körper schickt. Wenn Sie gehört haben, wie der Saft spritzt, vertrauen Sie darauf, was Sie hören. Wenn Ihre Nase die Zitrone am stärksten aufgenommen hat, konzentrieren Sie sich mehr auf Ihren Geruchssinn. Statt in einen Raum zu gehen und zu fühlen, ob alles in Ordnung ist, riechen Sie. Wenn wir unseren Körper fragen, was er für die Heilung braucht, dann schickt er uns im Falle des visuell Begabten Bilder. Oder wir hören Sätze oder Worte. Oder wir fühlen, ob eine Behandlung für uns richtig ist. Auch hier ist es nicht leicht, sich den ablenkenden Außeneinflüssen zu entziehen. Das mag eine liebe Freundin, ein Arzt oder eine Astrologin sein. Doch wir sind die Experten für unseren eigenen Körper, und mit uns selbst ist das Gespräch am einfachsten. Natürlich gibt es Ärzte und Heiler, die uns dabei unterstützen können. Doch die Verantwortung für unseren eigenen Körper können sie uns nicht nehmen.

Wenn wir krank sind, hilft es uns herauszufinden, wo diese Disharmonie aufgetreten ist. Es gibt viele Bücher darüber, welcher Körperteil mit welchen Gedankengängen oder Ursprüngen in Verbindung steht. Manche sind für mich offensichtlich. Die Halsschmerzen meiner Kindheit kamen aus dem Unvermögen, das zu sagen, was ich sagen wollte. Meine Rückenschmerzen waren das Ergebnis meines Versuchs, die Sorgen aller anderen zu tragen. Meine Augen wollten vieles nicht sehen. Wenn ich eine Schwäche bemerke, dann schaue ich manchmal in Büchern nach, welche körperlichen Verbindungen zu welchen Glaubensbekenntnissen stehen (Louise Hay zum Beispiel), aber ich fühle immer in mich hinein, ob das Gelesene auch für mich zutrifft. Ich habe – zugegebenermaßen – ein Problem mit der Aussage: »Dies ist immer richtig und immer für alle gleich.« Manchmal trifft es für mich zu, und manchmal bekomme ich in meinen Meditationen andere Gedanken geschickt.

In allen Krisensituationen frage ich mich immer: »Was ist der Segen darin?« Ich glaube nicht an einen Gott, der sich rächt oder mir Böses will. Ich glaube nicht an ein zufälliges Universum. Ich liebe den Ausdruck »das elegante Universum«. Eleganz ist ein Gleiten, ein Einfügen, etwas Schönes, Bewegendes. Ute schickte mir ein Erlebnis dazu:

> »Liebe Sabrina, zum Thema Körper. Im Sommer 2010 sagte mein Mann mir, dass er mich noch liebt, es aber für eine Ehe nicht mehr reicht … mein persönliches Emotionschaos beginnt: Verlassensängste, Existenzängste, Einsamkeit und keine Lust mehr zu leben.
>
> Im Herbst hatte ich dann einen Oberschenkelbruch, festgehalten durch Nagel und Schraube, aber der Arzt klopft den Nagel so ins Bein, dass die Bruchstelle danach fast 1,5 Zentimeter auseinandersteht, also die Bruchstelle sich nicht einmal berührt. Wieder zurück ins Krankenhaus, dann in die Reha. Alle Ärzte sagen mir, dass der Nagel wieder rausmuss und ich aus dem Becken eine Knochenabnahme machen muss, die dann zwischen die Bruchstelle gesetzt wird, denn sonst heilt das nicht. In der Reha war ich emotional komplett im Keller. Ich glaube, tiefer ging es nicht mehr, und dann kam der entscheidende Moment.
>
> Ich saß im Kurort Bad Ems an der Lahn im Café, weil ich am liebsten weggelaufen wäre, da sah ich mein Röntgenbild vor meinem inneren Auge und dass der Knochen an der Bruchstelle keine Verbindung zum Rest des Beins hat. Dann plötzlich durchzuckte es mich: Ich habe keine Verbindung zu mir! Das saß, da wurde mir klar, dass dies der springende Punkt ist: Ich

muss meine Verbindung zu mir finden, dann heilt auch mein Bein. Dann habe ich meinen Zellen gesagt: ›Ihr habt mitbekommen, dass ich kapiert habe, um was es hier geht. Also jetzt alle Zellen zwischen die Bruchstelle und schön vermehren und zusammenwachsen lassen.‹ Dann habe ich mir Reiki, Jin Shin Jyutsu und alles, was ich kann, gegeben und habe eine wunderbare Laune gehabt, habe alle angesteckt mit guter Energie.

Meinem Arzt habe ich gesagt: ›Es gibt keine OP, denn jetzt weiß ich meinen Weg.‹ Im Januar war Röntgenkontrolle, und der Arzt stand vor dem Bild und sagte: ›Ich weiß nicht, wie das geht, ich weiß auch nicht, was Sie gemacht haben, aber hier braucht keine OP mehr stattzufinden, der Knochen ist zusammengewachsen.‹ Ich habe gejubelt!«

Utes Seele hat sich gemeldet. Unser Unterbewusstsein, unsere Seele, unsere Engel, unsere geistige Führung sagen uns das Gleiche. Wahrheit ist Wahrheit, egal, wo sie herkommt. Wenn ich Fragen stelle, dann stelle ich sie jetzt seltener spezifisch an meine Engel, die geistige Führung oder meine Seele. Am Anfang meines spirituellen Erwachens sprach ich nur mit meinen Engeln. Es war mir nicht möglich, mit mir, mit meiner Seele zu sprechen. Das war mir zu nah. Ich brauchte etwas von außen – etwas, was ich als »von außen« betrachtete –, um einen Kontakt zu mir zu schaffen. Jetzt erlebe ich, dass das »Ungesehene« eben alles miteinander verbindet. Wem es schwerer fällt, dies so zu betrachten, der tut sich wahrscheinlich leichter, mit den Engeln zu sprechen. Das Gespräch mit den Engeln geht genauso wie das mit meiner Seele. Weisheit ist Weisheit, egal, wo sie herkommt. Das ist wie elektrischer Strom. Er ist auch gleich, an welcher Steckdose wir unsere Lampe anschließen.

Wie hört sich also solch ein Dialog an? Hier das Beispiel meines Kreuzbandrisses. Dazu meditiere ich. Ich habe mir eine Kerze angezündet und die Augen geschlossen.

Sabrina (Ego): *»Himmlischer Vater, himmlische Mutter, alle Engel, ich bedanke mich für den immerwährenden Segen Gottes auch für diese Zeit.«*

Ich lasse mich in mich einsinken. Im Laufe meiner Meditation halte ich alle meine Finger jeweils für eine Weile und beginne mit dem kleinsten. Wann immer ich das Gefühl habe oder der Gedanke kommt, den Finger zu wechseln, dann mache ich das. Ich erfühle in Dankbarkeit meinen Körper und lasse dieses Gefühl durch mich hindurchwaschen. Automatisch muss ich dabei lächeln und erfühle in der Tiefe meines Herzens große Liebe für meinen Körper. Danach bleibe ich präsent. Meist ohne Gedanken. Still.

Das ist seit einigen Jahren mein Meditationstraining. Ein »Was denke ich eigentlich?« bringt mich in den Zwischenraum meiner Gedanken. In die Stille. Da ich dieses Training schon seit vielen Jahren mache, ist es sehr schnell ruhig in meinem Kopf. Ich konzentriere mich auf meinen Körper. Mein Verstand ruht. Ich fühle alles in meinem Körper fließend, bewegend. Alles ist wach.

Körper: *Schultern herunter. Atmung tiefer. Wir fühlen uns ruhig, wach, verbunden und wohlig angenehm.*

Ego: *Ich danke dir, Körper.*

Körper: *Wohlbefinden.*

Ego: *Wohlbefinden.*

Seele: *Wohlbefinden.*

Ego: *Was ist der Segen von meinem Kreuzbandriss?*

(Pause.)

Seele: Wieder mal zu erkennen, dass unsere Intuition wunderbar funktioniert hat. Du hast nur nicht darauf gehört. Wir wollen lernen, immer darauf zu hören.

Körper: Wohlbefinden.

Ego: Wofür steht mein linkes Knie? Für Bewegung?

Seele: Ja. Bewegung und Veränderung. Es steht eine Veränderung an.

Ego: Eine Veränderung?

Seele: Ja.

Körper: Wir fühlen uns erweitert. Lichtkörper wächst. Oberkörper um das Herz kribbelt.

Seele: Eine Entscheidung steht an.

Körper: Herz zieht sich zusammen.

Ego: (Traurig.) Meine Beziehung. Ja, ich weiß.

Seele: Da ist noch die Möglichkeit für weitere Gemeinsamkeit.

Ego: Ja.

Körper: Entspannung setzt wieder ein.

Ego: Danke. Was ist der erste Schritt zur Stabilisierung meines Knies?

Körper: Bilder vom Fahrradfahren schicken.

Ego: *Danke. Liebes Knie.* (Streichelt Knie.) *Danke, dass du dir so viel Mühe gibst, stabil zu sein und mein Bein zu halten.*

Körper: *Gern geschehen. Ich werde mir große Mühe geben zu heilen. Sei weiterhin so nett zu mir. Ich schicke dir Zeichen, was ich brauche.*

Unser Körper freut sich, wenn wir die Tür zu einem Gespräch, einem Kontakt aufmachen. Das kann auf verschiedene Weise geschehen. Manchmal eben auch durch einen Brief, wie Sabine erfahren hat:

»In einem Seminar, das ich besuchte, ging es um ›Selbstfürsorge‹, und ich musste einen Brief von meinem Körper an mich schreiben. Ja, ›musste‹, denn zunächst konnte ich mit diesem Thema gar nichts anfangen, war schlichtweg hilflos. Was kann ein Körper einem schon schreiben? Ich runzelte die Stirn, sah so in die Runde und stellte fest, nur ich hatte das Problem. Wir haben dieses Seminar Selbstfürsorge gemacht, da wir eine Hospizgruppe sind und es immer notwendig ist, auch bei einer Sterbebegleitung sich selbst nicht zu vergessen. Doch warum gerade mein Körper da ins Spiel kam, verstand ich erst hinterher.

Jedenfalls ging ich in mich, merkte, etwas will mir endlich mal sagen, wie schändlich ich doch über Jahre mit meinem Körper umgegangen bin. Es wurde ein melancholischer Brief. Mein Körper schrieb mir:

Liebe Sabine, jetzt bist du 41 Jahre jung und fühlst dich doch manchmal so alt und müde, ausgelaugt und von Schicksalen geschlagen. Du schätzt mich wenig und noch viel weniger deine Seele, deine liebende Seele. Du hast schon wirklich viel Schlimmes erlebt, und genau das hast auch du mir, deinem Körper, angetan. Du hast schon dreimal versucht, mir, deinem Körper, das Leben zu nehmen. Du hast mir wehgetan und

Schmerzen zugefügt, man sieht heute noch die Narben. Doch ich, dein Körper mit deiner so lieben Seele, wollte nicht gehen, und zum Glück kam immer ein Engel und hat dich retten lassen. Meine Liebe, bitte nimm mich bewusster wahr, so wie du auf dein Bauchgefühl hören kannst und auch hörst, so hör doch auch auf mich, ich trage dich so gern, ich bin so gern ein Schutz für dich, du Seelenkind … In Liebe, dein Körper.

Ich hätte ewig weiterschreiben können. Ich musste nicht mehr, ich wollte auf einmal schreiben. Es tat so gut, sich mal anders zu betrachten, sich mal in etwas anderes hineinzuversetzen, es war eine tolle Übung. Nein, das reicht nicht: Es war eine schöne Selbstbetrachtung. Mir wurden meine Suizidversuche so klar, und mein Körper hat mich in meiner Spiritualität so weitergebracht, dass ich heute meinen Körper von außen betrachten kann. Er steht im Licht, die Wunden zeigen sich mir, doch ich merke, diese Wunden heilen, und der Körper lacht, denn ich kann ihm und mir vergeben. Ich kann ihn lieben, er ist umsorgt und getragen von meinen Geistwesen und Engeln, und in ihm liegt meine Seele, mit der ich im Einklang leben möchte, ich möchte ihr Ruhe schenken, in einem Körper, der schon vieles ertragen musste und getragen hat. Ich *danke*, in Liebe, meinem Körper.«

Ich konnte beim Lesen regelrecht mitfühlen, wie wichtig und wertvoll dieser geschriebene Brief von Sabine war, und deshalb habe ich ihn auch gern hier aufgenommen, denn die Anregung, durch einen Brief den Körper zu verstehen, ist eine wunderbare Möglichkeit, sich zu öffnen und damit auch zu erleben, dass unsere Seele in unserem Körper zu Hause ist.

Wir, als Seele, entscheiden – zusammen mit der Unendlichkeit Gottes, dessen Teil wir sind –, wie lange unsere Erdenerfahrung dauern soll. Diese Suche und die Entscheidung für eine geeignete Therapie ist auf jeden Fall immer auch eine spirituelle Erfahrung.

Worauf verlasse ich mich? Auf mein Gefühl? Auf den Rat anderer? Auf eine Mischung aus beiden? Wie entscheide ich mich? Wie unruhig bin ich dabei? Schaffe ich es, meine Gedanken in ruhigeres Fahrwasser zu lenken?

Wenn wir krank werden, stehen uns verschiedene Möglichkeiten zur Heilung offen, und manchmal – bei lebensbedrohlichen Krankheiten – steht noch die Sorge hinter unserer Entscheidung, dass wir etwas falsch machen könnten.

Ich glaube nicht, dass ich »aus Versehen« sterbe. Da steht nicht plötzlich Gott da und ruft: »Na, da ist mir doch glatt die Sabrina weggestorben.« Wenn es Zeit ist, dann werde ich gehen. Natürlich kann ich das schneller schaffen, wenn ich mich nachts mit dunkler Kleidung auf eine Autobahn stürze. Aber wir reden hier nicht von fahrlässiger oder bewusster Selbsttötung (dazu später mehr). Wir reden von dem Wunsch, gesund zu werden und uns für eine Therapie entscheiden zu müssen. Um einen Raum für Entspanntheit, Zielsetzung und Akzeptanz zu erschaffen, wäre der Gedanke »Ja, ich will leben, aber nicht um jeden Preis, und ich weiß, ich bin für immer« einer, der uns vom Stress befreien kann.

Sie kennen möglicherweise die Trauerstufen der Sterbeforscherin Elisabeth Kübler-Ross. Sie sind bei Krankheiten ähnlich:

- Leugnen: Das kann nicht sein! Das muss eine Verwechslung sein.
- Wut: Wofür werde ich bestraft? Hör mir auf mit Gott!
- Verhandeln: Wenn ich wieder gesund bin, dann werde ich regelmäßig Sport machen und gesünder essen.
- Trauern: Ich werde nie wieder so leben, wie ich bisher gelebt habe. Nie wieder das und das tun können.
- Akzeptieren: Ich werde versuchen, damit umzugehen und das Beste daraus zu machen.

Wenn wir erkennen, dass es diese Stufen gibt, und wenn wir noch dazu merken, dass wir die eine oder andere vielleicht sogar übersprungen haben, dann sehen wir, wie viel wir an Wachheit schon gewonnen haben.

Das bedeutet aber nicht, dass wir uns Vorwürfe machen sollen, wenn wir in der Wut ein bisschen länger bleiben oder im Verhandeln ein paar Wochen verbringen. Es dauert so lange, wie es dauert. Was ich bemerkt habe, ist Folgendes: Wenn ich eine Wahrheit höre und sie zutiefst als Wahrheit empfinde, kann ich sie nicht mehr »zurückdenken«. Einmal etwas verstanden zu haben ist verstanden. Wenn ich um die Phasen der Akzeptanz weiß, dann kann ich nicht mehr ewig in meiner Verhandlungsphase festsitzen, denn ich weiß, dass es ultimativ um die Akzeptanz geht. Ich soll mich nicht mit der Realität anlegen. Woher weiß ich, dass ich die Krankheit haben soll? Weil ich sie habe.

Für mich ist die Auswahl des Arztes wichtig. Ist er offen gegenüber der Intuition und der Seele? Wir haben uns angewöhnt, uns den Richtlinien anderer unterzuordnen. Wenn wir im Krankenhaus sind, benehmen wir uns, wie es von uns erwartet wird. Aber das muss nicht sein. Wir können unsere Umgebung auch hier verändern. Das Einzige, was uns davon abhält, ist die Angst, für ungewöhnlich, verrückt oder nicht normal gehalten zu werden. Trauen Sie sich nur. Sie werden überrascht sein, wie viel angenehmer das Leben wird, wenn Sie so sein können, wie Sie sich das vorgestellt haben. Ja, man wird vielleicht für verrückt gehalten. Und?

Ich hatte mich vor ein paar Jahren beispielsweise dazu durchgerungen, einige meiner Krampfadern entfernen zu lassen. Dazu musste ich operiert werden. Zwei Ärzte wurden mir empfohlen. Beide schaute ich mir an. Einen nahm ich davon. Ich nahm den, der mir sympathisch war. In dessen Nähe ich mich wohlfühlte. Ich sagte ihm, dass ich gern beten möchte, ob das ein Problem für ihn sei. Er meinte, dass er als Arzt jede Hilfe annehme, die er kriegen könne. Das hat mir gut gefallen.

Am Tag der Operation nahm ich meinen kleinen Reisealtar mit, der aus einem Tuch, einer Kerze in einer Blechdose mit Deckel, einem kleinen Salbeibündel zum Ausräuchern und meiner kleinen Engelskulptur bestand. Dabei hatte ich auch einen I-Pod mit einem kleinen Lautsprecher. Ich hatte ein Einzelzimmer und räucherte zuerst das Krankenzimmer mit meinem Salbei aus, indem ich mich an den Eingang stellte, das Fenster öffnete, ein Gebet sprach und sagte: »Alles, was nicht meins ist, verlässt jetzt diesen Raum.« Dann ging ich singend mit einem mit Absicht auf Sparflamme brennenden Salbeibündel durch den Raum. Es hinterließ nur eine klitzekleine Rauchfahne. Aber das reichte mir. Natürlich weiß ich, dass man in Krankenhäusern normalerweise so etwas nicht machen darf, aber es stand nichts herum, was hätte explodieren können. Dann nahm ich ein paar Seidentücher, mit denen ich auch gern verreise, und legte sie über Dinge, die hässlich sind. Anschließend kaufte ich mir im Krankenhausladen Blumen.

Am nächsten Morgen wurde ich in den Operationssaal geschoben, und während mein Puls gemessen wurde, fragte mich die Schwester, wann ich denn meine Beruhigungspille bekommen hätte. Ich hatte keine bekommen. Die Schwester war sehr überrascht. »Sind Sie sicher? Ihr Puls ist ganz entspannt.« Man merkte, sie glaubte mir nicht. »Nun ja«, antwortete ich lachend, »Jahre der Meditation müssen zu irgendwas nütze sein.« Sie blätterte in den Unterlagen. »Sie haben recht. Sie haben noch nichts bekommen.« Sie schüttelte weiter ungläubig den Kopf. Mein Arzt kam und begrüßte mich, die Narkoseärztin stieß dazu und noch eine weitere Schwester. Ich fragte sie, ob sie mit mir ein Gebet sprechen würden. Sie schauten erstaunt, aber nickten. Wir hielten unsere Hände, und ich sagte: »Himmlischer Vater, himmlische Mutter, alle Engel, ich möchte mich herzlich für die Zeit, das Können und die Aufmerksamkeit von Ihnen [dann sagte ich die Namen der Anwesenden] bedanken. Möge mein Körper unterstützend mitwirken und möge alles gut verheilen. Amen.« Als ich die Augen wieder aufmachte, hatte die Narkoseschwester Tränen in den Augen. Sie tätschelte meinen Arm und meinte: »Machen Sie sich keine Sorgen. Ich werde gut für Sie sorgen.« Ich war gerührt. »Ich mache mir keine Sorgen. Ich wollte mich einfach gern bei Ihnen bedanken.« Dann bekam ich meine Narkose und schlief ein.

Als ich später in meinem Zimmer wieder aufwachte, zündete ich mir die Kerze an, sang vor mich hin, und danach machte ich den I-Pod mit meiner Musik an. Ich halte meine Gedanken sauber und bedanke mich bei meinem Körper. Ich hatte eine entzückende Nachtschwester, die sich rührend um mich sorgte, immer wieder reinschaute und irgendwann einmal meinte: »Es ist so gemütlich bei Ihnen im Zimmer. Das habe ich überhaupt noch nicht erlebt.« Am nächsten Morgen kam eine andere Schwester, der als Erstes meine brennende Kerze auffiel. »Die müssen wir sofort ausmachen«, sagte sie bestimmt. »Hier darf es keine offene Flamme geben.«

Ich machte die Kerze aus und freute mich. Wie unglaublich, dass diese Kerze der Nachtschwester nicht aufgefallen war. Sie hat sie mit keinem Wort erwähnt. Es war, als hätte sie die Kerze nicht gesehen. Ich liebe diese kleinen Zeichen magischer Momente. Mittags durfte ich wieder nach Hause.

Vor, während und nach der Operation sprach ich mit meinem Körper. Ich bereitete ihn vor. Fragte ihn, ob er etwas brauche. Fühlte mich ein. Ich war achtsam. Nahm mir Zeit. Aß, wozu ich Lust hatte. Ich legte meine Hände auf die Narben und sang. Das mache ich häufig. Ich beruhige durch meine Stimme meinen Körper. Schicke ihm durch meine Hände Liebe und Wärme und manchmal Farben, die mir in den Sinn kommen.

Ich sprach mit Solano über das Einfühlen in den Körper und Heilungsmöglichkeiten:

Sabrina: *Wenn ich krank bin, dann frage ich meinen Körper, was er von mir braucht. Dann sehe ich vor meinem inneren Auge meistens, was mein Körper will. Wenn ich versuche, das zu vermitteln, merke ich, dass es nicht immer verstanden wird. Warum?*

Solano: *Dies ist eine von vielen Methoden; und wenn du es allen beibringen willst, dann wirst du merken, dass einige von ihnen frustriert sein werden. So ist es wichtig zu erklären, dass jeder Informationen anders wahrnimmt.*

Sabrina: *Ich werde das im Buch durch den Zitronentest erklären. Doch gibt es irgendetwas, was ich besonders den Mitmenschen erklären kann, die vielleicht mit dem Konzept, mit dem Körper zu sprechen, noch nicht so vertraut sind?*

Solano: *Eine der wertvollsten Informationen ist die Frage, die man sich selbst stellen kann: Fühle ich mich voller Energie oder fühle ich mich verbraucht? Dann geh durch den Körper: Fühlen sich meine Füße voller Energie oder fühlen sie sich verbraucht? Dann merken sie selbst, wo ihr Körper Schwächen zeigt und ihr Energiefeld Löcher hat. Diese Übung ist für Menschen, die visuell (bildlich) oder kinästhetisch (über die Bewegungswahrnehmung) empfinden, sehr leicht zu verstehen. Diejenigen, die viel durch ihre Geschmacksnerven erleben, sind in der Regel ebenfalls kinästhetisch. Menschen, die eher durch ihr Gehör wahrnehmen, denen wird dies schwerer fallen. Für sie ist es besser, wenn sie sich vorstellen, dass ihr Körper eine Glocke oder eine Trommel ist. Dann wird diese Glocke oder diese Trommel berührt, und man versteht, wo der Körper gut klingt und wo nicht.*

Sabrina: *Wenn es einen Ton ergibt, dann klingt es gut und ist gut? Und wenn es dumpf klingt, dann fehlt dort etwas, oder es ist in Disharmonie?*

Solano: *Ja.*

Sabrina: *Eine Frage, die sich mir immer wieder stellt, ist die Frage nach den Behandlungsmethoden. Wenn es harte, schwierige Behandlungsmethoden gibt, ist das notwendig oder gibt es nicht weichere und leichtere Methoden?*

Solano: *Es ist unmöglich, diese Frage generell zu beantworten, da sie immer unter den individuellen Umständen betrachtet werden muss.*

Sabrina: *Soll man sich für die Behandlungsmethode entscheiden, der man am meisten vertraut?*

(Pause.)

Solano: *Auch da muss eine Antwort individuell angepasst werden. Zuerst ist es wichtig zu verstehen, wie viel Angst jemand überwinden muss, um die Heilung zu aktivieren. Angst, die nicht durch Hoffnung und Lebenskraft ausgeglichen wird, kann allein den Körper verletzen. Also ist es wichtig zu erkennen, wo dieser Einzelne sich emotional aufhält. Wenn man so viel Angst hat, dass man alles tut, egal, was es ist, dann zeigt dir das, wo er sich in seinem Prozess befindet. Und dies schwächt den Ausblick auf eine Heilung.*

Sabrina: *Wenn Leute sich in dieser tiefen Angst ohne Hoffnung befinden, was kann man schreiben, um sie zu unterstützen?*

Solano: *Erinnere sie daran, dass sie ein göttliches Leben haben. Dass sie für immer sind. Denn dieses Erinnern an das Leben, das für immer ist, reduziert die Angst. Und diese Angst kommt immer aus dem Ego, aus dem Verstand. Immer. Und dann bitte sie, dass sie sich selbst die Frage stellen, wer sie sind. Und ob ihre Geschichte, ihre Lebensgeschichte, die Geschichte einer Krankheit ist, die ihnen ihr Leben nimmt. Damit beginnt der Prozess, sich mit dem ewigen Leben zu beschäftigen. Was würde passieren, wenn du aus diesem Leben gehst? Du gehst in dein neues ewiges Leben. Du darfst nicht vergessen, dass die Menschen, die deine Bücher lesen und sich dort hingezogen fühlen, ein grundlegendes Verständnis dafür haben, dass sie für immer sind. Und diese Angst beginnen sie abzulegen, wenn sie erinnert werden, dass ihr Körper nicht das ist, was sie sind.*

Sabrina: *Ich glaube fest, dass es nicht nur eine Behandlungsmöglichkeit gibt, die mich heilen kann. Wenn meine Seele hier in dieser menschlichen Form bleiben will, dann wird sie einen Weg finden, und ich werde fühlen, was für mich richtig ist. Das ist keine Lotterie, bei der ich ein Glückslos oder eine Niete ziehen kann.*

Solano: *Das ist korrekt.*

Sabrina: *Also wenn mein Arzt sagte: »Du musst das machen, sonst wirst du sterben«, dann gäbe es noch etwas anderes, was ich tun könnte, richtig?*

Solano: *Damit wird einiges vorausgesetzt. Es wird vorausgesetzt, dass du irgendetwas machst. Du musst aktiv sein. Denn wenn der Körper im Zustand der Unausgeglichenheit ist, dann muss das korrigiert werden.*

Sabrina: *Klar. Nicht nur auf der Couch sitzen und warten.*

Solano: *Eine der größten Hürden besteht darin, den Körper so zu akzeptieren, wie er ist. Das ist eine große Herausforderung. Du hast als Seele gewählt, hierhin auf diese Erde zu kommen, auf der du so viel ausprobieren kannst. Auf dieser Erde geht alles durch einen Lebenszyklus. Bäume. Berge. Ozeane. Alles geht durch Zyklen. Alles wächst, wird groß und löst sich auf. Das ist ein Teil des Handels, den ihr eingegangen seid, als ihr hierherzukommen beschlossen habt, und es wird euch eben auch so gehen: Ihr werdet groß, und dann löst ihr euch auf. Alles hier auf dieser Erde zeigt euch, dass alles unbeständig ist. Und was zeigt euch diese Unbeständigkeit? Das, was noch ist. Das, was für immer ist. Das, was das wahre Potenzial ist. Sorge dafür, dass irgendwo in deinem Buch über den Körper die Leute verstehen, dass es ausnehmend wichtig ist, den Körper so zu lieben, wie er ist. Und zu akzeptieren und sich der Tatsache hinzugeben, dass dies zum Leben in Körperform dazugehört. Du hast diesen Körper aus einem bestimmten Grund ausgewählt. Er zeigt dir etwas.*

Es hat mir gutgetan, von Solano immer wieder daran erinnert zu werden, dass wir – wie alles andere – einem Zyklus unterworfen sind. Dass dies mit der Grund dafür ist, warum wir hier sind. Wir wollen erfahren, wie diese verschiedenen Stufen des Lebens im Körper sind. Wir wollen das Göttliche in Menschenform erleben, und dazu gehört die Veränderung. Nichts ist für immer gleich. Selbst in der Unendlichkeit unserer Seele entwickeln wir uns weiter. Entwickelt Gott sich weiter.

Solano sprach darüber, dass wir etwas tun müssen, um eine Unausgeglichenheit zu korrigieren. Unsere Seele verlangt, dass wir etwas tun. Damit ist aber kein hektisches Hin-und-her-Hüpfen gemeint, sondern ein aufmerksames, interessiertes Vorgehen. Dabei liegt es eben auch an uns, eine Atmosphäre zu schaffen, in der wir heilen können. Die für uns passende Musik, die für uns passenden Menschen, die für uns passenden Ärzte auszusuchen. Unseren Ärzten liegt unser Wohl am Herzen. Ich erwarte aber auch, dass mein Arzt versteht, wie gut ich mich in meinem Leben und in meinem Körper auskenne.

Mein Verständnis für meinen Körper ist mit früher nicht zu vergleichen. Er war mir fremd. So fremd, wie mir meine Gedanken und meine Gewohnheiten fremd waren. Ich hatte sie eben. Aber eine innige Verbindung gab es damals nicht; die hat sich entwickelt. Selbst wenn wir erst jetzt damit anfangen. Woher weiß ich, dass ich damit nicht schon früher hätte anfangen sollen? Weil ich erst jetzt damit anfange. Unsere Seele kennt den Weg. Wir wachen nicht alle gleichzeitig auf.

Manchmal zieht unsere Seele die Aufmerksamkeit aus dem Körper. Sei es durch ein Koma oder durch Krankheiten wie Alzheimer oder Demenz. Unser Verstand hat sich zurückgezogen. In beiden Fällen ist es unterstützend, Menschen um sich zu wissen, die ein klares und stabiles Lichtfeld haben.

Auch Komapatienten brauchen klare Menschen in ihrem Umfeld. Ihre Seele hat den Körper nicht endgültig verlassen. Einige zurückgekehrte Komapatienten können sich genau an die Gespräche an ihrem Bett während des Komas erinnern. Einmal erzählte mir eine Frau, die lange Jahre im Koma lag, dass ihre Besucher sich angewöhnt hatten, ihr ihre Probleme zu erzählen. Sie war still. Sie war da. Sie konnte offensichtlich die Geheimnisse nicht weitererzählen. Man kann sich vorstellen, wie gern man als Seele wieder zurückkommen mag, wenn man über Monate nur Probleme der anderen hört …

Eine andere Bekannte hatte gerade eine große Leinwand mit folgenden Worten über dem Bett ihrer Tochter aufgehängt, die im Koma lag: »Ich höre alles, was ihr sagt. Sagt Schönes.«

Was passiert bei einem Koma? Etwas Ähnliches wie das, was bei Alzheimer schleichend passiert. Die Seele hat beschlossen, den Körper zum großen Teil zu verlassen. Im Koma geht die Seele, weil es irgendeine Art Schock gab und sich die Seele zurückzog. Aber so, dass sie wiederkehren kann, wenn sie möchte. Es ist für uns, die bewusst dabeistehen, sehr viel schwieriger zu ertragen als für die betroffene Person selbst. Sie ist in unserer wie in den anderen Welten.

Wir können uns neben einen Komapatienten setzen, die Augen schließen, ein Gebet sprechen und in uns hineinhören. Wir können uns mit seiner Seele verbinden und fragen, was sie braucht.

Gerüche, Musik, Dinge, die mit schönen Erinnerungen verknüpft sind, helfen manchmal der Seele, eine Entscheidung zu treffen.

Ob wir gesund oder momentan krank sind, es gilt auch hier, aufmerksam zu sein, mit welchen Menschen wir uns umgeben. Stabile Menschen unterstützen die Heilung. Gerade weil sich unsere Energiefelder mit anderen Energiefeldern mischen, beeinflusst uns die Angst der anderen. Natürlich ist es verständlich, dass sich die Menschen, die uns lieben, auch Sorgen machen. Nur, sollte das die dominierende Kraft sein, ist es wichtig, offen über die Ängste zu sprechen. Dadurch können sie an die Oberfläche kommen und beruhigt werden.

Wir ahnen vielleicht jetzt, warum wir genau diese Krankheit haben. Wir sind dabei, uns mit unseren Emotionen zu beschäftigen, klären die Gedanken und beginnen unsere Heilung. Doch eines fällt uns unglaublich schwer: diesen Körper, der uns so nicht gefällt, zu lieben.

Stellen Sie sich vor, er wäre ein Kind. Ein Kind, das sich verletzt hat. Ein Kind, das unsere Hilfe braucht. Ein Kind, das getröstet werden will. Wir haben diesen Körper erschaffen. Er ist – auf eine bestimmte Art und Weise – unser Kind. Und er braucht unsere Hilfe. Er ist genau so, wie wir ihn brauchen. Durch ihn wachen wir auf. Durch ihn erkennen wir, wer wir sind. Durch ihn bewegen wir uns. Schließen Sie die Augen und erfühlen Sie die Dankbarkeit dafür. Ohne ihn würden wir all das nicht erleben. Es ist nicht unsere Behinderung, unser Übergewicht, unsere Falten, unsere Schwäche, unsere Unbeweglichkeit, die wir lieben sollen. Es ist unser Körper, mit der Möglichkeit zu sehen, sich zu bewegen, zu fühlen, sich zu berühren, zu schmecken, zu hören. Selbst wenn wir das eine oder das andere nicht mehr können, ohne ihn könnten wir nicht hier sein. Ohne ihn gäbe es dieses Erleben nicht. Danke, lieber Körper, dass du uns ermöglichst, hier zu sein. In diesem Abenteuer Leben.

16

Zwei Stunden mit der Ewigkeit

Ich habe viele Lehrer gehabt. Alle haben mir etwas beigebracht. Manche haben mir beigebracht, mich nicht auf sie zu verlassen. Manche haben mir beigebracht, aufmerksam zu beobachten, wie sie sich selbst verhalten, und dann, falls es nicht dem Standard entspricht, den ich von einem guten Lehrer erwarte, wieder zu gehen.

Es gibt drei große Bereiche, aus denen ich lerne. Einmal sind es meine eigenen Meditationen. Meine eigene Stille. Mein eigenes Leben. Ich übe. Immer. Ich probiere aus, was sich für mich als wahr anfühlt. Ich gebe nur weiter, was ich selbst erlebt habe oder was ich für wahrhaftig halte. Ich überprüfe vieles. Manches funktioniert bei mir nicht. Manches geht wunderbar. In meinem Leben und in meiner Stille wird alles, was ich von anderen höre, überprüft.

Zweitens lerne ich von meinen Mitmenschen. Von meinen sechs Seelenschwestern, von meinen Freunden, von Büchern und Vorträgen. Oft probiere ich aus, was andere vorschlagen oder was ich lese, und stelle fest, ob es für mich nützlich ist oder nicht.

Als Drittes lerne ich von gechannelten Informationen. Dort bin ich besonders aufmerksam. Vieles, was sich als Channeling anbietet, finde ich nicht gut genug. Es ist mir zu allgemein. Zu lapidar. Zu viel Theater drum herum. Mein Wahrheitspegel schlägt erst dann aus, wenn ich Informationen bekomme, die bei mir ein »Aha« auslösen. Informationen, die eine Logik haben, bei der mein ganzer Körper zustimmt. Auch hier ist mein Körper mir ein wichtiges Barometer. Zarathustra, mein erster Lehrer, ist auch heute noch in meinen Meditationen häufig mein Gesprächspartner. Ich hörte ihn zum ersten Mal 1993. Zarathustra wurde von der mittlerweile nach Hause gegangenen Jacqueline Snyder gechannelt, die später meine enge Freundin wurde. Als Kind hatte mich einer meiner Onkel mit Spitznamen immer »Zarathustra, mein Weib« genannt, und als ich viele Jahre später mit Mitte dreißig den Namen »Zarathustra« hörte, wusste ich aus der Tiefe meiner Seele, dass ich ihn treffen musste.

Solano wird von meinem Seelenbruder LD Thompson gechannelt. Ich traf LD vor achtzehn Jahren durch meine Seelenschwester Suzane Piela in Los Angeles, wo ich damals lebte. LD ist Autor (*The Message: A Guide to Being Human*), spiritueller Lehrer, Produzent und Filmemacher. Als junger Mann fühlte er sich völlig verloren in seinem Leben und rief in einer einsamen Nacht im Gebet nach Hilfe. Am nächsten Tag erschien ihm auf einem Parkplatz ein Mann, der ihm sagte: »Du hast mich gerufen.« LD war völlig perplex, und dieser Mann stieg zu ihm ins Auto, legte seine Hand auf sein Herz und sprach mit ihm über sein Leben. Danach verschwand er wieder. Kurze Zeit später meldete sich dieser Mann, Solano, in LDs Meditationen, und so begann sein Channeling. LD gibt einmal im Monat eine Telefonkonferenz, zu der er Solano channelt und die ich mir mit einem roten Stift in den Kalender eintrage. Ich schätze Solanos Unterricht sehr, da er gern auf die Ursprünge eingeht.

Ebenfalls schätze ich meine Seelenschwester Sheila Gillette, die eine Gruppe von zwölf Erzengeln channelt, die sich »Theo« nennen. Sheila ist ein sehr bekanntes Medium, und ihr Mann Marcus und sie haben unter anderem das Buch *The Soul Truth: A Guide to Inner Peace* geschrieben. Beide präsentieren jeden Dienstag um 17.00 Uhr zu den unterschiedlichsten Themen eine spirituelle Internet-Radioshow, bei der sie Theo channelt und Fragen gestellt werden können.

Für mich persönlich ist es wichtig, regelmäßig spirituell hochwertige Informationen zu hören. Wir alle, die wir uns ständig mit spirituellen Themen beschäftigen, hören nicht immer notwendigerweise etwas Neues. Es ist wie beim Sport. Um in Form zu bleiben, ist es wichtig zu trainieren. Und das ist ein Teil meines Trainings. Durch Informationen bleibe ich in Form. Erinnere ich mich immer wieder daran, wer ich bin und was ich weiß.

Theo wie auch Solano haben über den Körper gesprochen. Als Erstes folgt nun ein Gespräch vom September 2010, das ich mit Theo führte. Darin habe ich das, was ich weiß, auch noch mal überprüft.

Sabrina: *Theo, ich habe einige Fragen zum Thema »Mit dem Körper sprechen« und den Verbindungen zur Seele. Wie ist unser Körper entstanden?*

Theo: *Die Kreation des Körpers entsteht in der dritten Dimension, das ist dort, wo physikalische Realität stattfindet. Der Fetus wird zuerst erschaffen, und dann bewohnt die Seele den Körper, wenn es sicher ist, dass der Fetus zur Verwirklichung in einer Lebenserfahrung auf dieser Erde kommt. Du weißt, dass die Seele in dieser Zeit aus dem Körper raus- und reingehen kann, und es kann sein, dass die Seele erst nach der Geburt in den Körper geht.*

Sabrina: *Unser Seelenwunsch erschafft sich diesen Körper. Was ist der Einfluss und die Rolle unserer Gedanken – während der Erschaffung und während unseres Lebens und den dementsprechenden Veränderungen – in Bezug auf unseren Körper?*

Theo: *Wenn die Seele in den Körper kommt, entsteht natürlich eine Verbindung mit dem Intellekt oder dem Gehirn,* wo die Gedanken erschaffen werden. In einem immer weiter werdenden Bewusstsein entwickelt sich diese Erkenntnis, und damit werden die intellektuellen Aspekte des Gehirns verstanden. Man ist also bewusst im Körper, und mit dem Atem und einer inneren Version verbindet man sich – durch Aufmerksamkeit – mit dem eigenen Körper auf einer zellulären Stufe. Das passiert bewusst oder unbewusst, aber in den meisten Fällen ist es eine unbewusste Reaktion. Da menschliche Wesen immer bewusster werden, wird ihnen klar, dass es ihnen möglich ist, den Schöpfungsprozess mitzugestalten. Man hört also auf den Körper, um zu verstehen, was er braucht, um dadurch eine optimale Gesundheit zu erreichen.

Sabrina: Als Beispiel – wenn man Angst hat, dass man Brustkrebs bekommt, weil die weiblichen Vorfahren das ebenfalls gehabt haben, kann dieser Gedanke darüber, diese Angst etwas in dem Körper auslösen, sodass man auch dieses Krankheitsbild erlebt?

Theo: Das können die Gedanken. Wenn allerdings jemand diese Information zur Kenntnis nimmt und sagt: »Ah, meine Familienmitglieder hatten also Krebs, und das Bewusstsein darüber wird in der Familiendynamik weitergegeben« – denn es hat sein eigenes Bewusstsein, wie du weißt –, dann kann er sagen: »Nein, das wird nicht mein Erlebnis. Ich passe auf, was mein Körper mir sagt und welche Zeichen er mir gibt, sodass ich aufmerksam und bei vollem Bewusstsein merke, wenn etwas sofort korrigiert werden muss und mein Körper nicht mehr in Balance ist.«

Sabrina: Ich glaube, dass es immer mehr als eine Behandlungsmethode gibt. Ist das so?

Theo: Oder eine Kombination von einigen Methoden.

Sabrina: Sollte jeder dem folgen, was ihm seine Intuition sagt? Wahrscheinlich am besten ohne Angst oder Information von anderen?

Theo: Es ist dienlich, die Angst von anderen nicht zu akzeptieren. Wenn jemand anders Rat gibt – und speziell wenn dieser Rat nicht von einem Arzt kommt –, dann sind die Gründe häufig die eigenen Ängste und Sorgen der Betreffenden, was passieren würde, wenn sie es hätten. Ja?

Sabrina: Ja. Als Beispiel: Wenn ein Arzt sagen würde, dass du bei einer bestimmten Krankheit eine Chemotherapie brauchst. Ist dann die Chemotherapie die einzige Möglichkeit? Oder wenn du etwas anderes machen kannst, das auch Heilung bringen kann. Ist es nur eine Behandlung, die Heilung bringen wird?

Theo: Es ist niemals nur eine Behandlung.

Sabrina: Das dachte ich auch.

Theo: Wenn es allerdings vorgeschlagen wird und man das Wissen und die Erfahrung gemacht hat, dass diese Behandlung in vielen Fällen hilft, dann geht man in sich und findet heraus, ob das auch für einen selbst geeignet ist. Und in einigen Situationen ist die Chemotherapie dienlich, in manchen ist die Radiation [Bestrahlung] dienlich, in anderen ist eine Operation dienlich. Das wird danach entschieden, wie du – als Körper, als Bewusstsein – dich mit einbringst in diesen Prozess des Heilens. Nicht mehr nur andere für dich entscheiden lässt. Du musst daran teilnehmen.

Sabrina: *Ist es einfacher für bewusste Menschen, sich mit dem Körper zu verbinden, oder ist diese Fähigkeit gleichmäßig verteilt?*

Theo: *Jeder hat die Fähigkeit, sich mit dem Körper auszutauschen. Und in einer krisenhaften Situation entsteht häufig ein Aufwachen in das bewusste Mitmachen zur Heilung. Nicht wahr?*

Sabrina: *Was ist das Wichtigste, was man über den Körper und die Kommunikation mit ihm wissen muss?*

Theo: *Da gibt es verschiedene Bereiche. Als Erstes musst du den Körper lieben. Die meisten machen sich über ihren Körper lustig, weil sie ihren Körper nicht als perfekt sehen. Ehre und segne dieses wundervolle Gefäß, das dir gegeben worden ist, um es während dieser Inkarnation zu bewohnen. Den Körper zu lieben ist sehr wichtig. Und ehre diesen Körper. Dann musst du jeden aktuellen Vorfall, jedes aktuelle Ungleichgewicht, korrigieren. Wir bevorzugen es, von einem Ungleichgewicht und nicht von einer Krankheit zu sprechen. Wir bevorzugen es auch, über Wellness zu sprechen. Wenn man ein Gesundheitsbewusstsein hat, dann verändert sich die Sichtweise, nicht wahr? Dann stellt sich die Frage: »Was kann ich tun, um mich dabei zu unterstützen, dass ich wieder in ein vollkommenes Gleichgewicht mit dieser Struktur – diesem Körper – komme?« Dann beginnt man, wirklich involviert zu sein. Und die emotionalen Herausforderungen sollten auch angesehen werden. Also geh zu dem Platz in deinem Körper, in dem du ein Ungleichgewicht spürst, und dort kannst du den Grund dieser Krankheit finden. Welcher emotionale Aspekt spielt hier mit und hat dieses Ungleichgewicht mit ausgelöst? Dies muss auf verschiedenen Ebenen geklärt werden, verstehst du? Der körperlichen, der zellularen, der emotionalen Ebene.*

Sabrina: *Ist jeder Teil des Körpers speziell verbunden mit einem Gedanken oder einer Emotion?*

Theo: *Ja.*

Sabrina: *Ist das immer das Gleiche für alle oder ist es individuell verschieden?*

Theo: *Es gibt elementare Strukturen, die richtig sind. Aber in jedem Einzelnen kann noch eine große Anzahl von verschiedenen emotionalen Erfahrungen vorhanden sein, du verstehst? Ja, da gibt es im Großen und Ganzen eine Verbindung zu bestimmten Bereichen des Körpers und Emotionen. Es ist auch hier wichtig, dass jeder das für sich selbst überprüft, ob es für ihn wahr ist.*

Sabrina: *Sollen unsere Körper immer in einem perfekten Gleichgewicht sein oder ist es nicht auch das Ziel – aus Sicht der Seele –, ein Ungleichgewicht zu erschaffen, damit wir aufmerksamer werden?*

Theo: *Das ist richtig. Es ist nicht diese Art von Perfektion.*

Sabrina: *Das verstehe ich nicht.*

Theo: *Das bedeutet, dass der Körper perfekt ist, wie er eben ist. Die Seele sucht und gestaltet sich einen Körper genau so, damit sie das lernen kann, was sie lernen will. Das ist eben auch ein Grund, warum wir über den Körper lieber als »im Ungleichgewicht befindlich« sprechen, statt den Ausdruck »Krankheit« zu verwenden. Denn ein Ungleichgewicht kann korrigiert werden, wenn es die*

Seele wünscht. Die Seele macht das mit Absicht, verstehst du? Also kann niemand einen anderen wirklich beurteilen – seinen Lebensweg, seine Herausforderungen und seine Erlebnisse –, denn du weißt nicht, was der Lernwunsch dieser Seele ist, ja?

Sabrina: *Ja. Ist es wichtig für jemanden, der in einem körperlichen Ungleichgewicht ist, dass er die Möglichkeit hat, sich mit jemandem zu verbinden, der gesund ist? Vielleicht damit sich der Körper auch erinnert, was Gesundheit bzw. was perfektes Gleichgewicht wirklich ist? Ist das eine Hilfe?*

Theo: *Es ist eine Hilfe, da es dem anderen ein Verständnis dafür gibt, was dieses Gleichgewicht bedeutet, damit man es selbst erreichen kann. Aber du darfst nicht vergessen, dass die Seele des anderen vielleicht gar kein Gleichgewicht haben will …*

Sabrina: *Verstehe. Er will vielleicht gehen. Oder nicht gesunden.*

Theo: *Du kannst nicht mehr für den anderen wollen, als er selbst will.*

Sabrina: *Ja, das habe ich schon ein paarmal gesehen. – Ich denke gelegentlich darüber nach, ob schwierigere, harsche Behandlungsmethoden wirklich nötig sind?*

Theo: *Das ist eine Wertung, nicht wahr?*

Sabrina: *Ja.*

Theo: *Behandlungsmethoden sind Behandlungsmethoden. Und jeder erfühlt es harsch oder nicht harsch in seiner eigenen Erlebniswelt, nicht wahr?*

Sabrina: Ja.

Theo: Oftmals lernt man gerade in den Zeiten, in denen man sich am unwohlsten fühlt, am meisten. Denn man sucht und forscht, um sich wohler zu fühlen, nicht wahr?

Sabrina: Das stimmt. Ich habe immer das meiste gelernt, wenn es am schmerzhaftesten war.

Theo: Ja.

Sabrina: Wir sprachen über die notwendigen Schritte, mit dem Körper zu reden. Also zuerst den Körper zu akzeptieren und zu lieben. Dann zu segnen, dann in den Körper einzusinken und den Körper zu fragen, was er braucht. Sind das die richtigen Schritte?

Theo: Das ist richtig. Fühle die Emotion, die da ist, denn sie wird sich zeigen. Manche werden sagen, es sei Angst, aber unter der Angst liegt das Kernthema. Also irgendetwas ist passiert, damit dieses Ungleichgewicht entstanden ist. Es mag ein Gedanke gewesen sein, ein Erlebnis, das einen bestimmten Glaubenssatz erschaffen hat, es kann aus einer vergangenen Inkarnation oder aus deinem jetzigen Leben kommen. Denn wenn der emotionale Aspekt erforscht und verstanden worden ist, kann auch er ins Gleichgewicht geführt werden.

Sabrina: Wenn diese Emotionen herausgefunden worden sind, dann schlagt ihr die Seelenintegration vor?

Theo: Ja. Das heißt, dass du den vergangenen Aspekt von dir in dein jetziges erwachsenes Selbst zurückholst. Du tröstest dich selbst. Wenn also jemand aus der Emotion des Verlassenwerdens dieses Ungleichgewicht aufgebaut *hat, dann tröstest und segnest du dich selbst und sagst: »Ich bin jetzt erwachsen, und ich werde mich nie verlassen. Ich kann mich gar nicht verlassen, denn ich bin als Seele unendlich.«*

Sabrina: *Und wenn die Seele sich wünscht, im Gleichgewicht zu sein, dann wird sie das auch?*

Theo: *Ja. Bedenke aber auch die Personen, die um diese Seele herum sind. Auch sie wollen von all dem etwas lernen. Das Lernen ist niemals nur für einen. Es kann sein, dass die Mediziner etwas davon lernen wollen, dass Familienmitglieder daraus etwas lernen wollen. Verstehst du?*

Sabrina: *Ja.*

Theo: *Es ist wie ein Stein, den man ins Wasser wirft. Auch er zieht seine Kreise und bewegt mehr als nur sich. Diese Energie berührt viele.*

Sabrina: *Wenn wir mit unserem Körper sprechen, was sind die unterschiedlichen Reaktionen, die unser Körper auslösen kann?*

Theo: *Einige werden sich ängstlich fühlen, einige werden sich großartig fühlen, einige haben ein Aha-Erlebnis und merken: Jetzt weiß ich, dass ich etwas tun kann. Was am häufigsten passiert, ist, dass der Körper geehrt wird. Dass er gesegnet wird. Sie wünschen sich, dass er wieder harmonisch ist. Dann wird auch verstanden, dass dieser Körper ganz ist und wunderbar und perfekt funktioniert. Und es ist wichtig, sich das vorzustellen.*

Sabrina: Wenn der Körper zu einem Zeitpunkt nicht im Gleichgewicht ist, nicht harmonisch wirken kann, dann sollen wir uns unseren Körper gesund vorstellen?

Theo: Ja.

Sabrina: Am besten wahrscheinlich mit einem dankbaren, glücklichen und segensreichen Gefühl und nicht aus Angst oder Verzweiflung.

Theo: Ja. Geh in den Teil des Körpers, der dieses Ungleichgewicht aufweist, und sieh ihn gesund. Mal dir das aus. Setz deine Imagination dazu ein. Fühl es strahlend, leuchtend. Voller Gesundheit.

Sabrina: Wie oft soll man das tun?

Theo: So oft, wie es notwendig ist. Wenn jemand diese niedrige oder mangelnde Energie fühlt, dann ist der Zeitpunkt dafür gekommen. Und mach es mit Liebe. Segne den Körperteil.

Sabrina: Haben wir immer die richtige Sichtweise über das, was unser Körper braucht?

Theo: Du lebst doch in deinem Körper, oder nicht?

Sabrina: (Lacht.) Ja.

Theo: Dann weißt du es.

Sabrina: Wird jemand krank, spricht man oft von Kampf. Mich irritiert das immer, denn ich denke, wir haben damit einen Krieg in unserem Körper. Ich würde dieses Ungleichgewicht, diesen Körperteil lieber segnen und trösten.

Theo: *Was damit gemeint ist, ist, dass sie gegen die Krankheit kämpfen – nicht gegen den Körper. Es gibt andere Begriffe, die man nutzen kann. Denn dieser Kampf erschafft weiteren Stress, nicht wahr?*

Sabrina: *Ja.*

Theo: *Es ist wichtig, sich selbst zu ehren. Denn in jeder Herausforderung, die sich in eurem Leben zeigt, liegt auch euer Wunsch nach Wachstum. Das ehrt dich. Denk daran, niemand hat etwas falsch gemacht, wenn er krank wird. Jeder nutzt, als Seele, die Möglichkeit zum Wachstum. And that is a blessing. – Und das ist ein Segen.*

Über viele Jahre habe ich festgestellt, dass gute Channels die gleiche Art von Information geben. Sie ist selten oberflächlich und doch erstaunlich klar und einfach. Jeder hat seine eigene Art und Weise, Wahrheit und Information weiterzugeben. Hier einige Aussagen von Solano:

»Viele von euch wollen bei besserer Gesundheit sein. Besser leben: von dem Höhepunkt eures körperlichen Befindens bis zum Verlassen des Körpers. Der Körper, den ihr erlebt, erlebt ihr als dicht, fest. Und eure Erfahrung ist, dass, wenn ihr ein Loch in eure Haut macht, ihr bluten werdet. Wenn ihr euch einen Knochen brecht, muss er geheilt werden, und wenn ihr euch ein Virus einfangt, dann werdet ihr krank.

Aber trotz alledem möchte ich euch darauf hinweisen, dass euer Körper aus freiem Raum besteht und auf einem anderen Level meistens Wasser ist. Wasser ist flüssig, und es akzeptiert Bewusstsein. Viele von euch kennen das Experiment, bei dem klares destilliertes Wasser mit Gedanken konfrontiert wurde. Gedanken, die als Worte ausgesprochen wurden. Oder ein Segen.

Oder Musik. Schöne oder aggressive Musik. Und was immer wieder passierte, war, dass das Bewusstsein der Worte, die Frequenz der Gedanken oder das Gebet, der Segen oder die Musik das Wasser beeinflusst haben. Und die Gedanken, die positiv waren, oder die Musik, die schön war, die geometrisch und rhythmisch war, korrespondierte so mit dem Wasser, dass das Wasser im gefrorenen Zustand wunderschöne Kristalle zeigte. Das allerdings, was aggressiv und negativ war, geboren aus Ärger und Angst, ließ die Kristalle arrhythmisch, disharmonisch und nicht schön werden. Dieses Experiment ist aus zwei Gründen sehr wichtig. Es ist wichtig zu erkennen, dass es auf diesem linearen Niveau – Wasser ist eine lineare Realität – beeinflusst wird. Entweder positiv oder negativ, entweder harmonisch oder disharmonisch, und das durch eure Gedanken.«

Wenn wir daran denken, dass der Körper aus etwa 60 Prozent Wasser besteht, ist es noch klarer, was passiert, wenn wir unseren Körper beschimpfen. Das Experiment, von dem Solano spricht, ist durch den Japaner Masaru Emoto berühmt geworden als *The Hidden Message in Water* (*Die Botschaft des Wassers*).

»Es ist ebenfalls wichtig, euch daran zu erinnern, dass ihr der Träumer eures Traums hier seid. Es ist unerlässlich für euer Verständnis eures Körpers, dass dies eure Schöpfung ist. Du bist der Schöpfer. Er ist keine zufällige Realität. Er ist aus deiner Seele geboren, in dieser Gestalt, um auf diesen Platz zu kommen, um weise zu werden.

Ist es wichtig, zu dieser Zeit, auf dieser Erde, dass ihr bewusst werdet? Dass ihr wach werdet? Dass ihr erleuchtet werdet? Wenn ihr diese Erde liebt – und viele von euch tun das –, je mehr ihr Bewusstsein und Wachheit hierherbringt, je mehr ihr rhythmische, schöne Gedankenformen erschafft, die dann euren Körper dazu inspirieren, gesund zu sein und zu bleiben, je mehr ihr das tut, desto mehr inspiriert ihr eure Umgebung, damit auch sie Gesundheit kennt.

Seid ihr verantwortlich für die Gesundheit anderer in deren Körper? Ist es euch möglich, jemand anderen zu heilen?

Ihr seid nicht verantwortlich für andere. Doch es ist möglich, dass ihr eine dieser seltenen Personen seid, die sich selbst als Teil des göttlichen Bewusstseins erkannt haben und denen es deswegen gelungen ist, diesen Zustand von rhythmischer Organisation aufrechtzuerhalten. Dadurch werden andere davon inspiriert, ihre eigene rhythmische Organisation zu klären.«

Solano spricht von seltenen Menschen, die sich aus dem Zustand des Menschseins erhoben haben und dadurch über besondere Heilungsfähigkeiten verfügen. Es mag sein, dass wir so jemandem begegnen. Es ist manchmal schwierig, wenn wir uns in einer Angstsituation befinden und nach Heilung und vielleicht auch nach einem Heiler suchen, zu erkennen, wann wir wirklich vor solch einem begnadeten Menschen stehen und wann nicht. Es gibt einige, die sich dafür halten, es aber nicht sind. Ich bin sicher, wenn wir uns auf unser ureigenes Empfinden verlassen, dann werden wir erkennen, ob es sich bei dem Betreffenden um so jemanden handelt.

»Also, meine Freunde, perfekte Heilung ist in jedem Moment möglich. Wie ist das möglich? Es ist möglich, wenn ihr von dem jetzigen Zustand eures Bewusstseins übersiedelt in das Wissen, dass ihr göttliches Bewusstsein seid. In dem ihr vollständig erkennt, dass euer Körper aus göttlichem Bewusstsein geboren ist. Eurem göttlichen Bewusstsein. Eure Seele hat dieses Gefäß bestimmt, in dem ihr lebt.«

Solano spricht mit einer Gewissheit, die ich nicht besitze. Ich war noch nicht sterbenskrank und habe mich durch die Kraft meines Bewusstseins geheilt. Ich habe Freunde, die das getan haben. Es gibt viele Bücher und Erlebnisberichte, in denen davon geschrieben wird. Jeder von uns muss das selbst lernen und erfahren.

»Warum ist es zum Beispiel so, dass von zehn Menschen, die einem Virus ausgesetzt waren, nur einer oder zwei dieses Virus aufgenommen haben und krank geworden sind? Warum ist es so, dass Krebszellen in jedem einzelnen Körper auf diesem Planeten vorkommen, in diesem Moment, und nur ein vergleichsweise geringer Prozentsatz bekommt dieses Syndrom, das dann entweder ihr menschliches Leben nimmt – oder sie müssen sich Behandlungen unterziehen, um den Körper zu heilen? Warum ist das so?

Jeder Einzelne ist hier, weil er mit Hilfe des Körpers bewusst werden will, wachsen will. Jede dieser Seelen bestimmt diesen Gedankenraum. Und mit ›Gedankenraum‹ meine ich das, womit sie sich meistens beschäftigen: mit Ängsten, Negativität, Giften, geboren aus Negativität.

Diese Gedanken beeinflussen den Körper, und der Körper mit der Seele bestimmt dann, was man in diesem Leben erfahren will. Du – in deinem Traum als Körper –, engagiere deinen Körper, dein Lehrer zu sein. Das hier, dieser Planet, ist ein Übungsplatz. Das bedeutet, du bist hierhergekommen, um zu demonstrieren, was du gelernt hast. Du erkennst, ob du ein Meister geworden bist oder ob du immer noch verloren bist, in Negativität, Ärger, Sucht, Zweifel, Unsicherheit. Das sind Negativitäten, die sich in einem Körper aufstauen können, aber das ist nicht das, was du bist.

Du bist die Seele. Das Bewusstsein, das damit beschäftigt ist, dir selbst zu zeigen, auf welcher Stufe, auf welcher Ebene du dich befindest und deine Fähigkeit auf diesem Planeten erleben kannst.

Erinnere dich, dass du göttlich bist. Vollkommen wach. Vollkommen bewusst. Unendlich in deinen Möglichkeiten. Was tut man, wenn man eine Unendlichkeit von Möglichkeiten hat? Du erforschst. Du erkundest. Du siehst, dass es ›Entertainment‹, Unterhaltungsmöglichkeiten gibt, die dir wichtig sind.

Dieses Entertainment, das ihr hier habt, ist euch wichtig. Nun, wie könnt ihr das fehlerlos tun? Einfach ausgedrückt: Ihr müsst von euch selbst fordern, dass eure Interaktionen mit eurem Körper so sind, dass ihr ihn niemals beschimpft. Niemals sollt ihr ihn hassen. Niemals schaut ihn mitleidig an. Niemals sollt ihr ihn fürchten. Niemals wollt ihr einen Gedankengang unterstützen, indem ihr auf euren Körper schaut und ihn als einen Defekt oder Misserfolg seht.

Unabhängig davon, ob ihr in diesem Moment krank seid. Ob ihr in diesem Moment altert oder gebrechlich seid. Es ist wichtig, euren Körper anzuschauen, ihn zu lieben, ihn zu segnen, zu akzeptieren und sich daran zu erinnern, dass auch in ihm göttliches Bewusstsein lebt. Du – als menschliche Inkarnation – musst dich identifizieren als deine Seele.

Eine Maxime, die wahr ist und die alles zusammenfasst: Irritation im Geist erschafft Irritation im Körper. Entzündungen im Geist erschaffen Entzündungen im Körper. Angst vor dem Altern erschafft Irritation und Entzündung im Körper, der den Körper anregt, schneller zu altern.

Das Ziel ist nicht, nicht alt zu werden oder zu sterben. Auf dieser Erde existieren Polaritäten. Licht und Dunkel. Vitalität und Schwäche. Erweiterung und Verengung. Diese Polaritäten sind wichtige Aspekte eurer Forschungen hier. Das ist einer der Gründe, warum ihr euren Schatten erforscht, deshalb erforscht ihr eure Ängste. Und euer Licht. Euer exquisites Bewusstsein und Licht – und dass ihr für immer seid, göttlich, und dass ihr alles wisst, wenn ihr in eurer Seele zu Hause seid.

Statt des Versuchs, nicht zu altern und nicht zu sterben, ist es sehr viel wichtiger für euch, völlig und komplett, positiv und voller Lebenskraft und fehlerlos bewusst und in jedem Moment wach zu sein.

Erkenne, wenn du in deiner Vergangenheit lebst oder deine Zukunft fürchtest, dann hast du dich von deiner Kraftquelle entfernt. Denn deine Kraftquelle – deine Seele – ist nur durch diesen aktuellen Moment erreichbar. Und nur dann.

Wenn du dir Erleuchtung als Ziel setzt, dass du sie eines Tages, in der Zukunft erreicht haben wirst, dann hast du den Sinn verfehlt. Du, deine Seele, dein göttliches Selbst ist schon erleuchtet in diesem Moment. In diesem erleuchteten Bewusstsein zu leben: jetzt. Wenn du das tust, dann hast du die Möglichkeit, die Frequenz deines magnetischen Feldes, also deines Lichtfeldes, dahin gehend zu informieren, dass du für immer bist. Das erlaubt dir dann, würdevoll und anmutig zu leben: als Seele, die sich einen Körper genommen hat, um diesen speziellen Traum zu erleben, um zu forschen. Vergiss nicht, als das Ei deiner Mutter von dem Samen deines Vater befruchtet wurde und sich fünfzigmal geteilt hat, gab es schon hundert Millionen Zellen in deinem Körper. Alle diese Zellen sind Bewusstsein! Programmiert für Gesundheit! Programmiert, gesund werden zu wollen. In diesem Moment ist das Programm immer noch da. Um es abzurufen, sei fehlerlos in deinen Gedanken, um in deiner Kraftquelle zu leben. Beweg dich in dich selbst und identifiziere dich als für immer. Dort ist deine Kraft. Dort ist deine Identität – und lass sie als die Frequenz göttlichen Bewusstseins deinen Körper durchdringen. Gesegnet seid ihr.«

Wenn ich Solano übersetze, fällt mir das nicht leicht. Er spricht ein sehr gewähltes Englisch, und seine Sätze sind gelegentlich lang. Da ich schon seit einer Weile Solanos Schülerin bin, habe ich manche Sachen etwas gekürzt oder vereinfacht.

Was hat uns Solano gefragt?

Ob *wir* bereit sind, unsere Aufmerksamkeit und unsere Liebe auf unseren Körper zu lenken. Ihn zu akzeptieren und zu lieben – egal, ob er krank oder alt ist – und auf ihn zu hören und zu *wissen*, dass wir unendliche Seelen sind. Dazu hat Carina mir eine E-Mail geschickt:

»In deinem letzten Newsletter hast du geschrieben, dass du dich über Erfahrungsberichte bezüglich unseres Körpers in Verbindung mit Spiritualität freuen würdest. Durch eine sehr seltene und körperlich sehr einschränkende chronische Erkrankung, in der mein Körper auf vieles unkalkulierbar reagiert und ich mich deshalb teilweise überhaupt nicht mehr auf ihn verlassen konnte, habe ich sehr viel gelernt, wie zum Beispiel: achtsam im Jetzt zu leben, Vertrauen ins Leben zu haben und wie wichtig die Gedankenkontrolle ist.

Mein Körper ist mir ein Lehrer auf dem Weg des ›Erwachens‹. Durch ihn habe ich außerdem gelernt, dass ich nicht mein Körper bin. Ich habe erkannt, dass ein bewusster Teil von mir (vor allem in den ganz schlimmen Krankheitszuständen, die ich in den letzten zwölf Jahren durchlief) immer scheinbar unbeeindruckt von dem akuten Drama ist, aber dafür liebevoll beobachtend anwesend ist. Im Laufe meiner spirituellen Reise habe ich gelernt, dass genau dieser ruhige Pool mein wahres Ich sein muss, nämlich der Teil, der ewig ist und für immer … und dass ich mich nicht mit meinem Körper zu identifizieren brauche, denn es gibt noch etwas anderes, Größeres.

Mein Körper hat mich gelehrt, mich nicht mehr mit Äußerlichkeiten zu identifizieren, ganz gleich, ob körperlicher oder materieller Natur. Ich habe mit den Jahren gelernt, meinen Körper zu lieben und ihn, wenn nötig, wie ein kleines Kind zu trösten. Ich versuche immer, den Segen in jeder Krise zu finden; und selbst wenn es erst so scheint, als wäre keiner vorhanden, so taucht er doch immer wieder auf.

Bevor sich diese Krankheit zu mir gesellte, habe ich viele alltägliche Dinge als selbstverständlich angesehen. Ich stand einfach auf und lief überallhin, wo ich hinwollte. Ich machte viel Sport, nahm an Marathons teil, und neben meiner Vollzeitarbeit gab ich abends noch Fitnessunterricht. Jetzt, wo ich all diese Dinge nicht mehr machen kann, halte ich Rückschau und bin sehr dankbar dafür, dass ich die Chance hatte und all diese Dinge wenigstens früher mal erleben durfte. Die Erinnerungen daran sind immer in mir. Ich kann mich ganz klar an sie erinnern, ich kann sie fühlen, ja, ich kann sie sogar manchmal riechen.

Meiner Meinung nach ist jede Situation im Leben eine Herausforderung, bei der wir die Möglichkeit haben, daraus zu lernen und daran zu wachsen. Nichts passiert grundlos. Diese

Krankheit lehrte mich, für Kleinigkeiten dankbar zu sein. Heute freue ich mich wie ein Kind über kleinste Dinge. Jetzt erst bin ich sensibel für Situationen, die mir früher nicht mal bewusst waren. Ich versuche, so viel wie möglich aus dieser Situation zu lernen, in etwa so, als beobachte ich die Situation von einer höheren Warte aus, als würde ich mein Verhältnis zum Körper und seinem ›Eigenleben‹ erforschen.

Ich glaube, dass mir diese Erkrankung bzw. Körpersituation geschenkt wurde, um mir die Möglichkeit zu geben, vieles zu lernen. Ich freue mich auf die Zukunft und bin gespannt darauf, ob ich eines Tages vollständig geheilt sein werde. Falls dies der Fall sein sollte, dann möchte ich diese Erfahrungen nutzen, um anderen zu helfen, die auch unter einer Krankheit leiden und sich in einer herausfordernden Körpersituation befinden.

Meine Einstellung meinem Körper und dieser Krankheit gegenüber kam nicht ›über Nacht‹. Die Entwicklung hat viele Jahre gedauert und ist bestimmt noch nicht abgeschlossen. Das Lernen ist ja immer ein Prozess.«

Es unterstützt und hilft uns, wenn wir Informationen nicht nur aus einer Quelle bekommen. Carina erlebte ihren Körper als gesund und dann als verändert. Sie lernte, damit umzugehen. Ihn trotzdem zu lieben. Danke, Carina, dass du dies mit uns teilst.

17

Das Auswählen von Therapien

Ich bin fasziniert von der Gehirnforschung. In meinem eigenen Gehirn ist leider eine eindeutige Schwäche für das Merken von Namen und Zahlen festgestellt worden, und deswegen mache ich jetzt, glaube ich, zum fünften Mal meinen Italienisch-Anfängerkurs. Doch auch diese Merkschwäche hat ihre Vorteile. Wenn ich das nicht hätte, wäre ich mit ziemlicher Sicherheit einer von diesen Leuten geworden, die zu allem eine gut fundierte Meinung haben, sie mit Fakten belegen können, diese Information wie ein Banner vor sich hertragen und dementsprechend anstrengend sein können. So hat mein Körper dafür gesorgt, dass ich meine Intuition anerkennen muss, denn es blieb mir schlichtweg nichts anderes übrig. Auf mein Erinnerungsvermögen konnte ich mich nicht verlassen.

Trotzdem bin ich fasziniert von wissenschaftlichen Untersuchungen, und ich kenne mich ziemlich gut aus. Dummerweise weiß ich nie, wie irgendetwas heißt. Das allein hält mich schon davon ab, ein gut fundiertes, informatives Buch zu schreiben, das vollgepackt ist mit nachlesbaren Informationen über mögliche Therapien, mögliche Krankheiten, mögliche Erfolge, mögliche Alternativen. Das haben schon andere getan, die es besser können.*

---

*Dazu möchte ich beispielsweise gern das Buch *Heilung aus der Mitte* von Anne Devillard empfehlen. Sie ist Chefredakteurin von *Natur und Heilen* und hat viele Experten aus dem Bereich der Heilung interviewt. Durch ihr Buch bekommt man einen guten Überblick darüber, was es in dieser Hinsicht denn überhaupt alles gibt.

Es ist unsere Aufgabe, Experte für unseren eigenen Körper zu werden. Natürlich können Ärzte, Heilpraktiker, Heiler, Wissenschaftler, Therapeuten und so weiter einiges an Informationen über Körper im Allgemeinen ansammeln. Aber was genau in *meinem* Körper vor sich geht, das weiß ich am besten selbst.

Unsere Aufgabe ist es, uns selbst über die möglichen Therapien zu informieren. Die Energie geht dahin, wo der Fokus ist. Das ist eine alte spirituelle Weisheit. Manchmal ist das nicht ganz einfach:

Michi (Ego): *Und? Was haben dir die Experten geraten?*

Susa (Ego): *Meinst du die in der Klinik oder die zu Hause?*

Michi (Ego): *Wie, die zu Hause?*

Susa (Ego): *Meine Mutter hat eine Meinung dazu, die sich aber leider nicht mit der meines Vaters deckt. Der will, dass ich zu dem Professor in Ingolstadt gehe. Sie will, dass ich bei dem Arzt bleibe. Im Büro meint mein Chef, ich sollte mal mit seinem Heilpraktiker reden. Das Internet sagt mir, dass ich, wenn ich mich zur Operation entschließe, gleich mein Testament machen kann, weil das in 75 Prozent der Fälle nichts nutzt und wiederkommt. Auf einer anderen Seite steht, dass das unbedingt rausmuss, weil ich sonst nie mehr Lust auf Sex haben werde und sowieso sonst in einem oder in zwei Jahren sterben werde. Mein Freund meint, ich soll zu diesem Heiler in der Oberpfalz fahren, meine Schwester will das nächste Mal unbedingt zum Arzt mitgehen, weil sie glaubt, ich habe nicht genug Fragen gestellt. Und Minki geht die ganze Hektik gehörig auf die Nerven.*

Michi (Ego): *Minki? Ist das nicht deine Katze?*

Susa (Ego):	*Ja. Die will, dass ich aufhöre, so nervös rumzuhampeln, und mich endlich in Ruhe auf die Couch setze, damit ich sie streicheln kann.*
Michi (Ego):	*(Lacht.) Vielleicht gar kein so blöder Rat. Du, das tut mir wirklich leid. Kann ich was für dich tun?*
Susa (Ego):	*Ja, bitte gib mir keinen Rat.*
Michi (Ego):	*Gemacht. Komm. Ich koch dir jetzt erst einmal einen Tee.*
Susa (Ego):	*Danke.*
Susa (Körper):	*Entspannung. Wie gut. Liebevolle Aufmerksamkeit. Wohlfühlhormone Dopamin, Serotonin und Endorphine ausschicken.*
Susa (Ego):	*Weißt du, Michi, ich kann gar nicht mehr denken. Ich weiß überhaupt nicht, was ich machen soll …*
Susa (Seele):	*Doch, das wissen wir. Wir gehen morgen in die Klinik. Wir haben schon gepackt.*
Susa (Ego):	*… obwohl ich schon gepackt habe. Und die in der Klinik sind echt nett. Meinen Arzt kenne ich auch schon eine Weile. Stell dir vor, der hat sogar einen Brunnen im Wartezimmer und Pflanzen, damit sich die Patienten beruhigen.*
Michi (Seele):	*Unterstütze sie.*
Michi (Ego):	*Das hört sich doch gut an. Anscheinend hast du dich schon entschieden. Hier ist dein Tee. Sag, hast*

	du Lust auf Reiki? Ich habe doch gerade meinen zweiten Grad gemacht.
Susa (Ego):	*Reiki? Muss ich da reden?*
Susa (Körper):	*Reiki? Ja, das will ich, und Töne brauche ich auch.*
Susa (Ego):	*Sag, du singst doch deiner Tochter immer etwas vor. Da war ich doch das letzte Mal dabei. Kannst du mir … ich weiß … das klingt doof, aber könntest du mir …?*
Michi (Ego):	*… was vorsingen? Aber natürlich. Machen wir gleich. Beim Reiki musst du auch nichts sagen. Entspann dich einfach. Ich will nur für dich da sein. Du wirst schon die richtige Entscheidung treffen. Weißt du, ich habe mal gelesen, dass, wenn man sich nach der Entscheidung ruhiger fühlt, dann hat man die richtige Wahl getroffen. Wenn man unruhig ist, dann soll man noch mal nachschauen.*
Susa (Ego):	*Das ist ja interessant. Also wenn ich so in mich hineinfühle …*
Susa (Körper):	*Entspannung.*
Susa (Ego):	*… und wenn ich die gesamten Ratschläge von meiner Familie weglasse, dann bin ich doch erstaunlich ruhig. Ich danke dir. Das ist wirklich logisch.*
Susa (Seele):	*Wie schön, dass wir so eine wundervolle Freundin haben.*
Michi (Ego):	*Weißt du, ich stelle mir immer vor, dass alles heilt,*

und ich lobe meinen Körper und tröste ihn. Mir tut das gut.

Susa (Ego): *Das mache ich. Aber jetzt krieg ich erst einmal dein Reiki oder wie das heißt. Da bin ich jetzt wirklich neugierig darauf.*

Ein befreundetes Ehepaar wollte schon immer eine »richtige« Ayurvedakur machen. Fast überall steht, wie gut das tut und wie gesund das ist. Das wollten sie auch mal ausprobieren. In einer von den hochangesehenen Kliniken. Wirklich streng, wirklich teuer, mit viel ärztlicher Betreuung und grausam schmeckenden Reinigungssäften, und das für fast vier Wochen. Beide haben sich mühsam diese Zeit freigeschaufelt. Freunde von ihnen waren im letzten Jahr dort gewesen und hatten geschwärmt, dass dies das Beste war, was sie jemals für sich getan hätten. Das hat sie bestätigt. Ja, das machen wir auch! Kurz vorher hatte sie noch Bedenken. Sie fühlte sich sowieso schon angeschlagen. Ist so eine radikale Kur wirklich das Richtige? Sie kamen gesund und fit zurück. Zwei Tage später wurden beide so krank, dass sie sich zwei Wochen lang ins Bett legen mussten. Ihre Erklärung dazu: Sie waren so sauber, so innerlich gereinigt, dass ihr Körper für das anstrengende Leben in einer Großstadt nicht mehr gerüstet war.

Stimmt das? Ich weiß es nicht. Ich kenne ihre Gedanken nicht. Ich weiß nicht, was ihnen ihre Intuition gesagt hat, als sie die Behandlungen durchgingen. Ich weiß nicht, ob es irgendwann ein inneres Nein gegeben hat, ich weiß nur, dass sie vorher Zweifel hatten. Ich bin häufig gefragt worden, ob ich nicht mal zu einer Ayurvedakur mitfahren möchte, und in mir klingelte nichts. Es regte sich kein Gefühl von freudiger Erwartung und kein »Ja, das möchte ich gern einmal erleben«. Ich habe ein paarmal ayurvedische Massagen gehabt, mir ist auch schon ein paarmal in stetigem Strahl warmes Öl über das Dritte Auge, das Energiezentrum zwischen den Augenbrauen, gegossen worden, doch es hat mich nie besonders berührt. Das heißt nicht, dass ich nicht plötzlich in zehn Jahren den Wunsch verspüren könnte, eine Ayurvedakur zu machen. Aber erst dann wäre der richtige Zeitpunkt gekommen und nicht jetzt.

Ähnlich ging es mir mit EFT, der Emotional-Freedom-Technik von Gary Craig. Dabei handelt es sich um eine bestimmte Klopftechnik, bei der man einen Gedankengang wiederholt und während dessen in einem Auflauf auf bestimmte Punkte am Körper klopft, die mit dem Meridiansystem der Akupunktur verbunden sind.

Vor einigen Jahren empfahl mir eine immer sehr gut informierte Freundin, ich sollte doch mal EFT ausprobieren. Es interessierte mich nicht. Vor knapp zwei Jahren erzählte mir meine Nachbarin davon, und plötzlich klingelte etwas in mir. Die Therapeutin, Cacina Späth, war auch noch in München, und ich bekam sofort einen Termin. Ich hing in einer Gedankenschleife des Sorgenmachens (darüber hatte ich schon geschrieben) und hatte alles versucht. Ich fühlte mich nicht mehr wie ich selbst. Ich brauchte Hilfe. Eine Behandlung bei ihr, und ich fühlte mich befreit. Ich war wieder ich.

Wir wissen aus der Gehirnforschung, dass sich bestimmte Erlebnisse im Gehirn festsetzen und nicht »in der Vergangenheit abgespeichert« werden, wo sie hingehören. Sie klemmen sozusagen. Durch das EFT konnte bei mir dieser Sprung, dieses Lösen entstehen. Ist EFT für alle richtig? Wahrscheinlich nicht. Auch hier verließ ich mich darauf, dass meine Intuition mich schon leitet. Und das hat sie auch getan.

Das gilt auch für die Alexandertechnik, eine Bewegungstherapie, die besonders von Musikern, Tänzern und Schauspielern geschätzt wird. Ich habe gelegentlich Schwierigkeiten mit meiner Haltung. Früher, als ich die Schultern zu sehr nach vorn zog, änderte ich das durch Pilates. Doch gelegentlich ertappe ich mich dabei, dass ich in alte Bewegungsabläufe zurückfalle. Beim Tangotanzen fiel mir auf, dass mir danach der untere Rücken wehtat.

Und nun? Mache ich was damit? Ignoriere ich es?

Ich sprach mit meinem Körper. Ich erfühlte, dass an meiner Haltung etwas nicht stimmt. Ich hatte vorher noch nie etwas von der Alexandertechnik gehört und recherchierte zum Thema »Richtig stehen«. Dann las ich von der Alexandertechnik. Wieder rührte sich etwas in mir. Eine Neugierde. Ein »Klingeln«. Ich suchte mir eine Therapeutin in München, und sie übte mit mir. Nach ein paar Stunden konnte ich mich besser in meine Haltung einfühlen, und der Schmerz beim Tanzen verschwand. Wenn er kurzfristig wiederkommt, weiß ich, dass ich mich wieder besser einfühlen muss.

Ich habe mir auch angewöhnt, die Entscheidungen für oder gegen eine Therapie bei Freunden oder in der Familie nicht infrage zu stellen. Wenn sich jemand für eine Therapie entschieden hat, dann ist er davon überzeugt. Ich mag etwas Zusätzliches empfehlen, aber grundsätzlich unterstütze ich die Entscheidung der anderen. Ich weiß nicht, was das Beste für mein Gegenüber ist. Ich kann nur liebevolle Unterstützung sein. Mehr wird von uns auch nicht verlangt. Wir können nur für das Verantwortung übernehmen, was wir auch ultimativ entscheiden können. Wir können vielleicht noch kontrollieren, ob die anderen ihre Pillen nehmen, aber nicht, was sie denken. Und unsere Gedanken sind ein wichtiger Heilfaktor. Das heißt natürlich nicht, dass man die Augen schließen soll, wenn sich jemand einem Kurpfuscher anvertraut oder gutgläubig ausgenutzt wird. Das sind Ausnahmen.

Natürlich gebe ich neue Informationen weiter, wenn ich etwas gelesen oder gehört habe. Bei einem italienischen Freund wurde Prostatakrebs diagnostiziert, und ich hatte gerade eine Woche vorher von einem neuen Ansatz zur Betrachtung von Krebs gelesen. Wir sind gewohnt, dass man ihn loswerden will. Dass man wieder »krebsfrei« ist und dass dies der Zustand ist, den wir uns wünschen sollen. Doch manche Behandlungen lassen die eine oder andere Zelle überleben, die dann immun gegenüber einer späteren nochmaligen Behandlung bei einem eventuellen neuen Ausbruch ist. Eine andere Methode ist es, Krebs wie zum Beispiel Diabetes zu behandeln. Der Ansatz der Ärzte ist folgender: Du bist zuckerkrank, und wir unterstützen dich dabei, weiterhin mit dieser Krankheit zu leben. Deine Aufgabe ist es, einige Gewohnheiten umzustellen und aufmerksam auf die Zeichen des Körpers zu achten. Genau das ist das Vorgehen bei bestimmten Krebsarten. Besonders bei langsam wachsenden wie Prostatakrebs will man jetzt von den üblichen Behandlungsmethoden abrücken, indem man den Krebs »unter Kontrolle« hält. Ihn aufmerksam beobachtet. Ihn betreut, wie man eine Zuckerkrankheit betreut und behandelt. Gerade bei Prostatakrebs rät man jetzt von Operationen ab. Das habe ich natürlich auch meinem Freund erzählt. Allerdings ohne Druck. Ohne »Du darfst dich nicht operieren lassen, denn sonst …«. Ich habe ihm von dem neuen Ansatz erzählt und ihm ein paar Informationen geschickt. Mehr steht mir nicht zu. Er hat sich für eine Operation entschieden. Er fühlt sich wohl. Das ist alles, was zählt.

Vor vielen Jahren ließ ich mich in den USA zur klinischen Hypnosetherapeutin ausbilden, denn ich war fasziniert vom Unterbewusstsein. Ein guter Hypnosetherapeut kann in der Erkenntnis der Krankheit behilflich sein. Durch die Hypnose kann der Therapeut den Patienten dabei unterstützen, sein Unterbewusstsein klarer zu hören und mit seinem Körper zu sprechen. Wenn wir von einer Krebserkrankung ausgehen, wollen wir mit dem Krebs sprechen. Warum ist er hier? Was braucht er von uns? Was ist der Segen in dieser Krankheit? Was ist mein erster Schritt in die Heilung?

Da ich nicht mehr als Hypnosetherapeutin arbeite, benutze ich diese Methode nur in meinem engsten Freundes- und Familienkreis.

Dazu erschaffe ich erst einmal eine ruhige Atmosphäre. Der Patient liegt bequem und hat die Augen geschlossen. Ich zünde eine Kerze an, habe etwas zum Schreiben auf meinem Schoß und spreche ein lautes Gebet, in dem ich darum bitte, dass diese gemeinsame Zeit zum Wohle des Patienten ist und unsere Engel bei uns sind, um diesen Prozess zu begleiten.

Nach den üblichen Entspannungstechniken erkenne ich an der Augenbewegung unter den geschlossenen Augenlidern, ob der Patient so weit ist. Dann führe ich ihn in die Stille seines Körpers. Ein Hypnosetherapeut begleitet nur. Sorgt dafür, dass man sich im Unterbewusstsein zurechtfindet. Wo man landet, bestimmt das Unterbewusstsein. Nach einer Weile bitte ich den Krebs, sich als eine Gestalt zu zeigen. Häufig ist es ein Tier. Dann wird sich dem Tier angenähert. Es sind selten angstmachende Tiere. Von Waschbären über Rehe und Katzen bis zu schönen weißen Adlern habe ich schon alles gehört.

Dann fragen wir den Krebs – durch das Tier –, warum er hier ist. Was er uns zeigen will. Was er braucht. Es zeigen sich die darunterliegenden Emotionen. Es zeigt sich der Segen dieser Krankheit. Häufig fließen Tränen. Stille Tränen. Tränen der Erleichterung und der Erkenntnis. Ich schreibe mit und sorge dafür, dass die nötigen Fragen gestellt werden. Die Antworten höre ich vom Patienten. Dann geht es um die ersten Schritte zur Heilung. Auch die kommen aus dem Unterbewusstsein des Patienten.

Am Schluss wird dem Körper, dem Krebs, ein Versprechen gegeben. Was immer das passende Versprechen ist. Ein spürbarer Ruck geht dabei durch das Lichtfeld des vor mir Liegenden. Am Ende öffnet er die Augen wieder, und es ist berührend zu sehen, wie wach sie danach sind. Durch diesen inneren Dialog ist eine Klarheit entstanden, die die Heilung unterstützt. Der Wunsch, das Versprochene einzuhalten, ist dann besonders groß.

Eine Disharmonie hat sich im Körper über eine bestimmte Zeit entwickelt. Häufig fühlen wir uns innerlich angestrengt, denn wir wollen »schnell« gesund werden. Natürlich gibt es Spontanheilungen (siehe das Kapitel »Zwei Stunden mit der Ewigkeit«), doch auch der Wunsch danach kann uns anstrengen und unpraktische Stresssymptome entwickeln. Gerade Mitmenschen, denen spirituelles Training sehr wichtig ist, fühlen eine Verpflichtung, gesund zu werden. Sie glauben, dass sie etwas falsch gemacht haben, wenn sie nicht gesund werden. Eine Freundin von mir war fast besessen von dem Gedanken, dass sie geheilt wird, weswegen sie nicht bemerkte, dass ihre Seele nach Hause gehen wollte. Sie wollte sich nicht verabschieden – ihr Ego wollte sich nicht verabschieden. Wir sahen sie an und ahnten, dass ihre Seele gehen will, doch sie weigerte sich, darüber auch nur zu reden. Erst in den letzten Tagen gab sie sich dem Unausweichlichen hin und war in der Lage, friedlich zu gehen.

Was wir wissen und was uns von der Wissenschaft immer wieder bestätigt wird, ist, dass unser Körper heilen will. Unser Körper will uns unterstützen. Er möchte gehört werden. Unser Körper kommt mit der wundervollen Gabe zur Welt, heilen zu wollen. Manchmal muss man ihn einfach nur gut behandeln, damit er genug Zeit, Kraft und Raum bekommt, um sich zu erholen. Er versucht, sich immer wieder den Gegebenheiten anzupassen. Er lässt Kreuzbänder und sogar Nervenzellen nachwachsen.

Ich vergleiche das häufig mit dem Abnehmenwollen: Es hat ein paar Jahre gedauert, bis wir uns die Pfunde draufgepackt haben, jetzt dauert es eben auch ein bisschen, bis wir sie wieder runterhaben.

Heilung kann nicht erzwungen werden. Sie wird zugelassen.

18

Wenn die Seele den Körper verlässt

Meine Mutter war vor ein paar Jahren sehr schwer krank. Sie verbrachte – mit kurzen Unterbrechungen – fast ein ganzes Jahr in Krankenhäusern, und zu ihren gesundheitlichen Herausforderungen kamen Umstände hinzu, die ihre Krankheit noch erschwerten. Meine beiden Schwestern und ich wechselten uns ab und versuchten, ihr eine Stütze zu sein. Meine Mutter hat eine unglaubliche Geduld an den Tag gelegt, die ich wahrscheinlich nicht aufgebracht hätte. Oft habe ich mir überlegt, wie ich in ihrer Situation handeln würde. Da ihr Körper keine Nährstoffe mehr aufnahm, außer sie wurden ihr intravenös jede Nacht zugeführt, hätte ein Verweigern der Nahrungsaufnahme den Körper in kürzester Zeit so geschwächt, dass sie gestorben wäre. Ich hätte wahrscheinlich diese Möglichkeit gewählt. Am Leben zu bleiben erschien mir – ihre Situation von außen betrachtend – nicht mehr erstrebenswert genug. Natürlich weiß ich, dass etwas von außen betrachtet nie wirklich beurteilt werden kann. Erst wenn wir selbst in solch einer Situation sind, treffen wir unsere Entscheidung. Nur gehört es zu einer Funktion unseres menschlichen Gehirns, Situationen zu betrachten, sie zu analysieren und sich zu überlegen, wie man selbst in dieser beobachteten Situation reagieren würde. Ich habe meine Mutter wegen ihres Durchhaltevermögens sehr bewundert.

Am Vortag ihrer vierten Operation merkte ich eine große Unruhe in ihr. Ich fühlte ihre Sorge um den Ausgang, und wir sprachen über die Möglichkeiten. Ich fragte, ob sie gehen will. Sie zögerte, schaute mit unstetem Blick auf die weiße Wand gegenüber und meinte: »Ich weiß es nicht.«

»Deine Seele weiß es, Mama. Möchtest du fragen?«

Sie nickte, und ich bat sie, ihre Augen zu schließen. Wir sprachen gemeinsam ein Gebet, und dann begannen wir einen Prozess der Entspannung und des BodyBlessings. Ich bat meine Mutter, sich in ihren Körper einzufühlen und ihn zu segnen. Sie umarmte sich selbst. Ihre Atmung begann langsamer zu werden, und ihr Gesicht entspannte sich.

Nach zehn Minuten fragte ich sie: »Fühle deinen Körper. Beobachte ihn einfach nur. Wie fühlt er sich an?«

Meine Mutter hielt weiterhin ihre Augen geschlossen, und ihr Atem wurde ruhiger und tiefer.

»Gut.«

»Mama, beobachte nur deinen Körper und sag mir, was er dir für eine Reaktion gibt. Hier ist die Frage, die du dir selbst stellen kannst: Will ich noch hierbleiben oder bin ich fertig und will ich lieber nach Hause gehen?«

Es entstand eine bemerkenswerte Stille im Raum. Das fällt mir häufig auf, wenn es um diese sehr tiefen, besonderen Momente geht. Nichts regt sich mehr, so als ob die Welt auf die Antwort wartet. Die Seele weiß, ob sie gehen will. Eine Heilung ist immer eine Seelenentscheidung. Meine Mutter atmete kaum, so als ob sie es vergessen hätte, und dann plötzlich sog sie die Luft ein, öffnete die Augen und sagte klar und wach: »Nein, ich bleibe noch. Ich will noch ein paar Jahre leben und noch ein bisschen hierbleiben.«

»Wunderbar«, sagte ich und umarmte sie.

Sofort schien sich alles zum Leichteren zu wenden. Meine Mutter fühlte sich ruhig und entspannt, als sie in den Operationssaal geschoben wurde. Die Operation verlief endlich mal ohne Schwierigkeiten. Schon nach einer Woche wurde sie aus dem Krankenhaus entlassen und machte eine bemerkenswerte Heilung durch. Sie konnte zurück in ihre Wohnung, in der sie schon seit vierzig Jahren lebt. Das hatte sie sich sehr gewünscht. Und bis auf eine wöchentliche Putzhilfe braucht sie mittlerweile keine Pflege mehr. Ihr Gedächtnis, das immer ihr Stolz war und das sehr gelitten hatte, wurde auch wieder besser.

Ein weiteres Mal bestätigte sich wieder, was ich schon oft erleben durfte. Es ist die Seele, die entscheidet, ob sie bleibt oder geht. Wenn wir uns mit unserer Seele verbinden, erkennen wir diese Entscheidung sofort, und die Angst zieht sich zurück. Wir *wissen*, dass wir gesund werden. Manchmal spreche ich vom Nachhausegehen der Seele, manchmal davon, dass die Seele in uns zuhause ist. Beides ist richtig. Während unserer menschlichen Erfahrung ist die Seele im Körper zuhause. Am Ende dieser Erfahrung entzieht die Seele dem Körper die Lebenskraft und taucht wieder in die Unendlichkeit Gottes ein, dessen Teil sie ist.

Im Laufe unseres Lebens öffnen sich Fenster. Fenster für Entscheidungen. Will ich gehen oder will ich bleiben? Ein alter Freund von mir, Stan, war viele Jahre krank. Wir redeten häufig über das Sterben, und er fragte mich nach einer wieder mal schwierigen Phase: »Glaubst du, dass ich gehe?«

Ich lachte und meinte: »Frag nicht mich. Ich bin da nicht gut drin. Ich habe schön öfter gedacht, dass du vielleicht nach Hause gehst, und du hast dich immer wieder anders entschieden. Du hast schon so viele Gelegenheiten gehabt und sie offensichtlich nie genutzt. Wahrscheinlich lebst du noch lange.«

Wenn ich das aufschreibe, dann hört es sich an, als ob ich meinen Freund Stan nicht geliebt hätte. Ich liebe ihn. Er ist ein toller Mann. Er ist mittlerweile gestorben und hatte einen Abschied voller zauberhafter Zeichen. Es ist vielleicht schwierig nachzuvollziehen, wie sich solche Gespräche in einem spirituell bewussten Austausch ergeben. Man umarmt sich. Man spricht offen über alles. Man lacht. Man ist gerührt. Aber alles Lachen und alle Wahrheit ist immer eines: liebevoll.

Es ist nicht immer nur unser Ego, das auf eine Gesundung hofft. Manchmal erlauben wir uns nicht zu sagen, dass wir sterben wollen, denn Sterben wird oft mit Aufgeben gleichgesetzt. Das ist es nicht. Es erfordert sehr viel mehr Mut zu sagen: »Ich möchte nach Hause gehen, und ich möchte gern die Zeit, die mir hier noch bleibt, genießen«, als zu sagen: »Ja, ich werde alle möglichen und schwierigen Therapien und Operationen machen, Hauptsache, ich bleibe am Leben.«

Es ist manchmal schwierig, einem geliebten Menschen zuzuschauen, wie er alles verweigert, was zu seiner Heilung beitragen würde. Offensichtlich will er sterben. Meistens wird das nicht ausgesprochen. In dem Moment, in dem wir diese erkennbare Tatsache aussprechen, kann ein Dialog beginnen:

Sie (Ego): *Er nimmt seine Medikamente schon wieder nicht.*

Sie (Seele): *Er will gehen.*

Sie (Körper): *Unser Herz tut weh. Adrenalinausstoß!*

Sie (Ego): *Ich weiß nicht, was ich noch machen soll. Und seine Physiotherapie hat er auch schon wieder abgesagt.*

Sie (Körper): *Hals geht zu. Atme! Hallo!!! Atme!*

Sie (Ego): *Ich halte das nicht mehr aus. Ich habe solche Angst, dass ihm noch mal was passiert.*

Sie (Seele): *Wir haben Angst, dass wir allein gelassen werden.*

Sie (Ego): *Nein, ich habe Angst, dass ihm was passiert.*

Sie (Seele): *Wir haben Angst, dass ihm etwas passiert, dass wir ihn pflegen müssen und dass wir allein gelassen werden.*

Sie (Ego):	*Nein! Ruhe! Um Himmels willen, was denke ich da nur? Wie egoistisch von mir! So etwas würde ich nie denken. Ich liebe ihn doch.*
Sie (Seele):	*Ja, wir lieben ihn. Aber wir lieben auch uns. Und wenn er sich nicht um seine Gesundheit kümmert, müssen wir ihn pflegen, wenn es so weit ist. Also geht uns das auch etwas an. Das ist nicht nur seine Sache. Außer er lebt allein. Aber das tut er ja nicht.*
Sie (Ego):	*Mein Gott, was habe ich heute wieder für Gedanken. Das ist ja schrecklich. Hoffentlich hört mich keiner.*
Sie (Seele):	*Wir müssen mit ihm reden.*

(Pause.)

Sie (Ego):	*»Paul, ich muss mit dir reden.«*
Er (Ego):	*»Nein, nicht schon wieder. Ich weiß, dass ich heute meine Pillen vergessen habe. Ich nehme sie morgen schon wieder.«*
Er (Seele):	*Wir wollen sie nicht mehr nehmen. Wir wollen nach Hause.*
Er (Körper):	*Ich bin müde und habe Schmerzen. So will ich nicht leben.*
Sie (Seele):	*Wir wollen ihn fragen, ob er sterben will.*
Sie (Ego):	*»Bitte nimm deine Tabletten. Mir zuliebe.«* (Weint.)
Er (Ego):	*»Ist ja schon gut. Weine nicht. Ich nehme sie ja.« Ich*

kann sie nicht allein lassen. Ich werde diese Tabletten nehmen.

Er (Körper): Sie helfen nicht.

Er (Seele): Wir wollen nach Hause.

Sie (Seele): Lass uns fragen, ob er nach Hause will.

Sie (Ego): »Es fällt mir so schwer, dich zu fragen, und bitte versteh mich nicht falsch, aber ich habe einfach immer mehr das Gefühl, als ob du nichts für deine Heilung tun willst. Du hast dich irgendwie aufgegeben. Gibst du auf?«

Sie (Seele): Wir wollten nicht fragen, ob er aufgibt. Das bedeutet, dass er feige ist, und das ist er nicht. Wir wollten ihn fragen, ob er nach Hause will.

Er (Ego): »Natürlich nicht. Was hast du für Gedanken? Ich werde wieder gesund. Das habe ich dir versprochen.«

Sie (Ego): »Ja, vergiss das nicht.«

Sie (Körper): Magenschmerzen. Bauchschmerzen. Alles zieht sich zusammen. Irgendwas fühlt sich komisch an!

Sie (Seele): Jetzt!

Sie (Ego): »Paul ... ich habe nicht alles gesagt. Du musst meinetwegen nicht hierbleiben. Ich ... ich will nur wissen, ob du lieber sterben willst. Vielleicht möchtest du noch irgendetwas vorher machen oder sehen ...« (Weint.) »Ich will es nur wissen, weißt du?«

Er (Seele):	*Wie wunderbar. Sag ihr die Wahrheit.*
Er (Ego):	*Das kann ich nicht. Das hält sie nicht aus. Ich muss wieder gesund werden.*
Er (Körper):	*Wir werden nicht wieder gesund. Wir sind auf dem Weg nach Hause.*
Er (Seele):	*Wollen wir wirklich die restliche Zeit mit Lügen verbringen?*
Sie (Ego):	*»Paul. Ich liebe dich. Wir sind jetzt schon so lange zusammen. Habe ich nicht die Wahrheit verdient?«*
Er (Ego):	*»Ja, das hast du.«* (Pause.) *»Bitte verzeih, aber ich kann nicht mehr.«*
Er (Körper):	*Entspannung.*
Sie (Körper):	*Entspannung.*

Wenn wir solch ein Gespräch führen möchten, besteht natürlich die Möglichkeit, zuerst in den inneren Dialog zu gehen. In die Stille. Zu fragen: Was ist der erste Satz? Um dann diesen Satz zu sprechen. In diesem Fall hier: »Paul, du musst meinetwegen nicht hierbleiben.«

Irgendwann einmal wird das Nachhausegehen einen natürlicheren Wert haben. Ärzte werden nicht mehr das Gefühl haben, sie hätten versagt, wenn jemand stirbt. Stellen wir uns vor, wie viel ruhiger, liebevoller und aufmerksamer diese Zeit sein wird, wenn alle Menschen den Abschied so erleben und auch mit ihren Liebsten teilen wollen. Keiner muss mehr »so tun, als ob«. Keiner muss sich zweiteilen. Keiner muss mehr ein hoffnungsvolles »Das wird schon« oder ein verzweifeltes »Natürlich wirst du wieder gesund« vor sich hertragen. Das Tragen hat sich erübrigt. Das Zulassen ist jetzt das Wichtigste.

Nur zur Klarheit: Ich rede nicht von einem »Okay, dann sterbe ich halt!«, weil wir nichts für unsere Gesundheit tun wollen oder weil wir vielleicht vor Angst wie gelähmt sind. Das Zulassen ist jetzt das Wichtigste. Wir geben nicht auf. Wir geben uns hin.

Die Seele wird von unserem Sterben nicht überrascht. Auch bei Menschen, die durch einen Unfall gehen, weiß dies die Seele schon vorher. Es mag vor diesem Termin eine gewisse Unruhe entstehen. Sachen, die derjenige erledigt haben will. Menschen, mit denen sie oder er sich versöhnen möchte. Plötzlich wird Vergangenes aufgeräumt. Gerade bei den Zurückgebliebenen fällt das häufig erst im Rückblick auf. Der Partner hat vielleicht besonders oft gesagt, wie sehr er uns liebt. Uns besonders innig umarmt. Und auch nach dem überraschten Abschied finden sich kleine und größere Zeichen.* Je nachdem, wie wach (sprich bewusst) man lebt, umso klarer werden einem bestimmte Vorahnungen. Das ist aber mit Angst nicht zu vergleichen. Jeder von uns kennt die Angst, die wir vielleicht in einer seltsamen Gegend oder in einer gefährlichen Situation haben. Diese Angst ist wichtig, denn sie warnt uns vor Gefahren.

Dann gibt es auch noch die Angst, die uns in besonders innigen Momenten des Glücks warnende Gedanken schickt, als eine drohende Stimme im Hinterkopf, die uns die Freude daran verderben möchte.

Vorahnungen – wie Intuitionen – kommen klar. Ohne Drama. Aber manchmal sorgt die Seele eben auch dafür, dass diese Vor-

---

*Erst vor kurzem las ich das sensible, offene, wahrhaftige, großartige Buch *Vier minus drei. Wie ich nach dem Verlust meiner Familie zu einem neuen Leben fand* von Barbara Pachl-Eberhart. Ihr Mann und ihre zwei kleinen Kinder sind bei einem Autounfall gestorben, und sie beschreibt die Zeit danach.

ahnungen nicht ins Bewusstsein dringen, damit diese Zeit ohne Trauer oder Verlustängste noch erlebt werden kann. Es mag ein eigenartiges, undefinierbares Gefühl entstehen, das immer wieder kurzfristig hochkommt und dann untertaucht. Es ist aber nur das richtige Gefühl, wenn es angstfrei kommt. Kommt es mit Angst, ist es »nur« unsere Sorge, dass etwas passiert. Ich glaube, das hat etwas mit unserer Entwicklung zu tun. Unsere Seele agiert sozusagen als Selbstschutz, wenn wir uns Sorgen beim Sterben machen. Nur wenn für uns das Sterben wie eine neue Geburt ist und es uns völlig bewusst ist, dass wir hier als Seele eine menschliche Erfahrung machen, dann wird aus einer Vorahnung ein Gefühl der Sicherheit. Es gibt genügend wache Menschen in aller Welt, die kurz vorher ihren Lieben erklären, dass sie jetzt sterben werden, und sich dann hinsetzen, freundlich schauen, die Augen schließen und ... sterben.

Wer sich mit Spiritualität beschäftigt, hat vielleicht schon einmal von Meistern gehört, die ihren Körper mit in die Unendlichkeit nehmen. Vor vielen Jahren war das ein Ziel von mir. Das wollte ich auch lernen. Was mir damals sehr wichtig erschien, finde ich jetzt nicht mehr so spannend. Ich würde mich über einen neuen Körper freuen. Verstehen Sie mich nicht falsch, ich liebe meinen Körper. Aber für alle Ewigkeit den gleichen? Ich liebe es, ab und zu einen neuen Mantel anzuziehen. Ich liebe Mäntel. Und ähnlich sehe ich es auch mit meinem Körper. Ab und zu hätte ich halt gern einen anderen ... Etwas Ähnliches empfinde ich auch, wenn ich von Menschen höre, die entweder sehr wenig essen oder sich von Lichtnahrung ernähren. Ich kann nicht beurteilen, wie dieser Prozess ist, da ich ihn noch nicht ausprobiert habe. Als ich vor vielen Jahren zum ersten Mal davon hörte, war ich neugierig. Sollte ich das vielleicht auch mal versuchen? Doch dann erinnerte ich mich daran, dass ich nach diesem Leben noch genug Lichtnahrung haben werde. Aber jetzt, in diesem Leben, gibt es frisches Bauernbrot und gemütliche Abendessen. Und die genieße ich zusammen mit meinem wunderbaren Körper.

Wir als Seele beschließen zu gehen. Immer dann, wenn wir das, was wir lernen wollten, beendet haben. Das ist schwierig nachzuvollziehen, wenn kleine Kinder hinterlassen werden. Was kann jemand veranlassen, seine Kinder zurückzulassen? Erinnern wir uns, dass wir hierherkommen, um etwas zu erfahren. Auch unsere Kinder sind hier, weil sie etwas lernen wollen. Wenn ihre Eltern sie früh verlassen, so ist auch das Teil des Seelenplans der Kinder. Bei den vielen Leben und den vielen Erfahrungen, die wir machen, ist dies eine davon. Die Seele der Eltern verlässt das Kind nicht. Sie wird weiterhin da sein. Weiterhin in der Nähe bleiben. Nicht getrennt durch den Körper. Sondern, weil körperlos, auch sehr viel näher.

Manchmal sind wir erstaunt, wenn junge Menschen sterben oder jemand überraschend aus dem Leben tritt. Besonders von erfolgreichen oder spirituellen Menschen erwarten wir ein langes Leben. Ist das nicht ein Zeichen von Spiritualität, wenn wir lange auf der Erde sind?

Katharina war eine sehr spirituelle Frau. Sie meditierte schon seit über 25 Jahren. Sie leitete eine spirituelle Gruppe und hatte einen besonders engen Kontakt mit Jesus. Sie war Mutter und Ehefrau. Gescheit. Respektiert. Liebevoll. Sie wurde krank. Sie bekam Krebs. Sie war sicher, dass sie es überleben würde. Sie unterzog sich den nötigen Untersuchungen, beschloss aber, ihre Krankheit geheim zu halten. Außer wenigen wirklich engen Freunden wusste es von ihrer spirituellen Gruppe niemand. Es hieß, sie brauche eine Pause und ziehe sich ins Gebet zurück. Sie entschied sich für eine Operation, die auch sehr erfolgreich war. Sie hielt sich für geheilt, bedankte sich, und nach außen hin zeigte sie niemandem irgendwelche Zweifel. Sie ging zu keiner Nachuntersuchung. Sie war der Meinung, wenn sie nicht mehr an den Krebs dächte, dann würde sie auch nicht krank. Das Wort »Krebs« durfte nicht ausgesprochen werden. Ihr Wunsch nach perfekter Spiritualität war größer als alles andere. Jedes Zeichen ihres Körpers wurde ignoriert.

Zwei Jahre später bestand ihr Mann auf einer Untersuchung, denn sie war extrem schwach. Der Krebs war wieder da. Sie wollte es nicht glauben. Ihr Verstand, ihr Ego, hatte sich durchgesetzt. Sie empfand es als eine Art Schande, dass ihr spirituelles Leben sie nicht gesund gehalten hat. Sie hatte sich für das Geheimnis entschlossen, nicht aus dem Grund, weil sie in Ruhe gehen wollte, sondern weil sie sich schämte, dass ausgerechnet sie krank wurde. Ihre Spiritualität war an ihr Ego gebunden. Sie glaubte fest an eine Wunderheilung. Bis zum Tag ihres Todes. Sie fühlte sich noch kurz davor, als hätte sie versagt. Erst in ihrer letzten Stunde ließ ihr Ego nach, und sie machte sich entspannt und in Frieden auf die Reise, die sie schon vor ihrer Geburt vorbereitet hatte. Sie verstand es: Sie hat nicht versagt. Sie hat genau das getan, was ihre Seele tun wollte. Zu dem genau richtigen Zeitpunkt.

Wir gehen, wenn wir gehen. Selten wird so häufig wider die Realität gesprochen, wie wenn jemand stirbt: »Sie/er hätte nicht sterben sollen.« – »Ein sinnloser Tod.« – »Am falschen Ort zur falschen Zeit.« – »Ein grausamer Zufall.« – »Aus Versehen in den Tod gerissen.« Doch wir sterben nicht aus Versehen. Sterben ist nicht das Schlimmste, was uns passieren kann. Wir gehen zurück nach Hause. In die Unendlichkeit des Seins. Unser Weg dorthin zurück zeigt uns auch, wie wach wir sind. Was wir bisher gelernt haben. Verabschieden wir uns bewusst, wie wir bewusst gelebt haben?

Bevor wir unseren Körper verlassen, halten wir Rückschau. Was haben wir erfahren? Was haben wir gelernt? Was hat uns besonders gefallen? Was hat uns gefehlt? In diesen letzten Tagen wollen wir hören, dass wir wichtig waren. Dass wir etwas bedeutet haben. Dass wir geliebt wurden. Selbst wenn die Angehörigen glauben: »Sie weiß es doch.« Es ist wie mit Liebeserklärungen – die wollen wir auch hören, und ein »Na ja, Schatz, du weißt ja, was ich für dich empfinde« ist nicht annähernd so erfüllend wie ein »Ich bin so glücklich, dass es dich gibt, mein Herz geht auf, wenn ich dich sehe, und ich liebe dich aus ganzem Herzen«.

Es hilft, wenn wir dem anderen den Abschied nicht zu schwer machen. Ein »Bitte verlass mich nicht« ist natürlich verständlich, aber es ist leichter, wenn wir dieses Gefühl mit unseren Freunden teilen und nicht am Sterbenden rütteln. Das ist wie beim Einschlafen. Da möchten wir auch nicht, dass uns jemand permanent aufwecken will.

Ich schreibe hier über den normalen, natürlichen Sterbeprozess und nicht die Momente, in denen ein verlockendes »Bleib hier« hilfreich sein kann. Bei Komapatienten zum Beispiel. Menschen, die etwas zu sich genommen haben und dabei sind, das Bewusstsein zu verlieren. Das sind Ausnahmen.

Die letzte Zeit, in der die Seele den Körper verlässt, ist erlebbar eine besondere Zeit. Die Seele zieht sich langsam aus dem Körper zurück. Eine erwartende Stille legt sich in den Raum. Die Engel, die schon die ganze Zeit neben dem Krankenbett sind, warten auf den Aufbruch der Seele. Manchmal spricht der Sterbende von Lichtern, schon vorangegangenen lieben Menschen, Engeln, Mutter Maria, Jesus.

Ich glaube, dass man Kinder von diesem Prozess nicht fernhalten muss. Gerade die Berührung des dann leeren Körpers unterstützt nicht nur uns in unserer Trauerarbeit. Was passiert durch diese Berührung? Der Abschied kann vollzogen werden. Manche befinden sich in solch einem Schock, dass ihr Verstand sich dagegen wehrt. Durch die körperliche Berührung mit dem anderen, jetzt verlassenen Körper wird der Verstand aus diesem »Nein, das kann nicht sein« herauskatapultiert. Dadurch hat der Körper das klare Empfinden: »Der andere Körper ist leer. Da ist niemand mehr.« Die Trauer kann bewusster beginnen.

Häufig hört man, dass jemand diesen körperlichen Abschied mit den Worten ablehnt: »Ich möchte den Verstorbenen so in Erinnerung behalten, wie er war.« Das ist natürlich verständlich. Doch auch hier glaubt unser Verstand, dass er etwas Schreckliches findet, wenn er den leeren Körper betrachtet. Was man stattdessen wirklich häufig findet, ist die Ruhe, die sich im Gesicht des Verstorbenen immer noch spiegelt. Man erkennt, dass es da einen Frieden gegeben hat, und das hilft, über das eigene Verhältnis zum

Tod nachzudenken. Dieser friedliche Gesichtsausdruck beruhigt. Nimmt nicht selten den Schrecken vor dem leeren Körper, vor dem Tod. In meinem Kinderbuch *Der klitzekleine Engel hilft beim Abschied* wird das Hinterlassen des Körpers wie das Ausziehen eines Kleidungsstücks erklärt. Das Kleidungsstück bleibt, aber da ist niemand mehr drin. Es ist leer. Die Seele ist nach Hause gegangen. Wurde geboren in ein neues Leben in der Unendlichkeit Gottes.

Wenn wir jemanden beim Tod begleitet haben, dann fühlen wir manchmal eine eigenartige Sehnsucht. Wir sind fast wie in einer Art Trance. Wir fühlen uns weit weg von unserem Körper. Wie in Watte gepackt. Das ist nicht immer nur die Trauer. Es ist beim Sterben des anderen eine Tür aufgegangen, und wir standen dabei. Unser Lichtkörper reagiert auf das Verlassen des anderen Lichtkörpers. Die Seele ist nach Hause gegangen, und wir haben den Sog gespürt. Einen lieblichen Sog. Einen körperlichen Sog. Wir fühlen uns leicht und nicht selten euphorisch. Manche schämen sich, weil wir es uns nicht richtig erklären können. Was ist passiert? Wir haben hinter den Vorhang geschaut. Hinter den Vorhang des Vergessens. Wie eine Tür, die aufgeht und aus der wir Heimatgerüche erkennen, so fangen wir an, uns ebenfalls danach zu sehnen, nach Hause zu gehen. Unser Lichtfeld hat durch die Nähe des Lichtfeldes des Gehenden gefühlt, wie es ist. Und es hat uns gefallen. Wir haben uns erinnert. Wie oft wir schon durch dieses Tor gegangen sind. Doch es ist nicht unsere Zeit. Wir sind noch hier, und dieses Gefühl verlässt uns nach einer Weile.

Meine Seelenschwester Suzane Piela hat ihre Eltern im Sterbeprozess begleitet und arbeitet seit vielen Jahren als Hospiz-Krankenschwester. Es ist ihr Herzenswunsch, dass das Sterben wie die Geburt ebenfalls als eine heilige Zeit gesehen wird. Ich habe nach ihren Erfahrungen gefragt:

Sabrina: *Was fällt dir am meisten auf, wenn die Seele den Körper verlässt?*

Suzane: *Die meisten Menschen schauen meist nur auf den Körper und nicht auf die Seele. Was viele aber doch erfühlen, ist eine Art Frieden, der entsteht. Das ist das Geschenk, das der Sterbende den Hinterbliebenen lässt, damit sie wissen, dass alles gut ist. Die Hinterbliebenen kriegen das manchmal nicht mit, denn sie sind in ihrem Schmerz versunken.*

Sabrina: *Du schreibst über »Sacred Dying« (heiliges Sterben). Was bedeutet das?*

Suzane: *Sterben ist ein genauso heiliger Prozess wie Geborenwerden. Es wundert mich, dass wir nicht das gleiche Staunen über das Wunder des Lebens haben, wenn jemand geht. Wenn jemand geboren wird, fällt es uns sehr viel leichter. Jeder, der geht, lässt seine Essenz hier ... wie eine Blume. Jeder kommt mit dieser Essenz, dieser Einzigartigkeit, in dieses Leben. Diese Essenz ist eine Frequenz, die im Herzen der Menschen bleibt, die dich geliebt haben. Diese Essenz, das, was du bist, erschafft ein Gefühl der Liebe.*

Sabrina: *Was passiert beim Sterbeprozess?*

Suzane: *Lass uns mit der Geburt beginnen. Ein Baby ist im Leib der Mutter. Es ist allein. Mit sich selbst. Es ist in seinem eigenen Kokon. In seiner eigenen Energie. Die Seele dieses Babys signalisiert, wenn es bereit ist, geboren zu werden. Die Fruchtblase platzt, und das Baby kommt in unsere körperliche Welt. Im Sterben gehen wir zurück in diesen Kokon. Wir gehen mehr nach innen und sind weniger am Außen, an der Welt, interessiert. Unsere Nahrungsaufnahme ändert sich. Wir schlafen mehr. Wir reflektieren mehr. Wir beginnen unseren Geburtsprozess in die andere Richtung. Wir gehen in uns selbst hi-*

nein. Wir werden in das Licht zurückgeboren, aus dem wir gekommen sind. Wie könnte es sein, dass es nicht auch hier dieselbe Heiligkeit, dieselbe Schönheit, dasselbe Wunder gibt wie bei unserer Geburt? Jetzt gibt es sogar mehr von uns, durch unser gelebtes Leben, als bei unserer Geburt. Unsere Essenz ist mehr. Ist voller. Ist gewachsen.

Sabrina: *Was kann ich tun, wenn ich jemanden bei diesem Prozess begleite?*

Suzane: *Es wird allgemein angenommen, dass Sterben immer mit Schmerzen und Leiden zu tun haben muss. Besonders in der Welt der Krankenhäuser wird davon ausgegangen. Halte den Gedanken hoch, dass das Sterben eine heilige Reise ist. Wir können uns auch ausmalen, wie wir gehen wollen. Liebevoll. Mit Menschen, die uns nahestehen. Leicht. Manche Leute denken: »O Gott, da stirbt jemand. Ich will nicht, dass er leiden muss. Dass es wehtut.« So entsteht ein Fokus auf Schmerz und Leid und nicht auf die Heiligkeit dieser Reise. Und noch etwas Wichtiges: Versuche im Augenblick, im Jetzt, im Moment zu bleiben. Manchmal will der Gedanke hochkommen: »Das wird immer schlimmer werden. Wie furchtbar!« Die Reise entsteht aus sich selbst, zeigt sich so, wie sie sich zeigen will. Wenn du auf ein Baby schaust, dann denkst du doch auch nicht: »In dreizehn Jahren kommt es in die Pubertät, und das wird furchtbar werden.« Du schaust dir einfach nur das Baby an. Lässt den Augenblick zu. Bist präsent in diesem Augenblick. Auch beim Sterben: Schau dir den Menschen an. Sei hier. Geh nicht in die Zukunft.*

Sabrina: *Wie erkenne ich, dass jemand stirbt?*

Suzane: Da gibt es den körperlichen Prozess: Es wird weniger gegessen. Mehr geschlafen. Tiefer geschlafen. Oft fühlt sich der Sterbende orientierungslos, wenn er aufwacht. Meistens schaut man sich sein Leben an. Sterbende reden über Ereignisse, die schon lange zurückliegen, so als wenn sie jetzt passierten. Sie reden zu Menschen, die nur sie im Raum wahrnehmen und sehen können.

Sabrina: Wahrscheinlich ist es besser nachzufragen: Wen siehst du, mit wem sprichst du? Und nicht zu sagen: Das bildest du dir ein.

Suzane: Ja. Nur weil wir etwas nicht sehen können, heißt es noch lange nicht, dass es nicht existiert. Manche werden ruhelos. Strecken ihre Hände aus, um etwas in der Luft zu greifen. Wenn es näher ans Verlassen des Körpers geht, zeigt auch er klare Zeichen: Die Füße und Beine werden kälter. Lila, spinnennetzartige Formen zeigen sich auf der Haut. Wenig Urin verlässt den Körper. Sehen und Hören werden weniger. Manchmal reagieren sie nicht mehr auf Berührungen. Die Kehle steht vor Herausforderungen. Husten und das Runterschlucken von Spucke wird schwieriger.

Sabrina: Ich habe mal gelesen, dass das Geräusch beim schwierigen Luftholen davon kommt, dass die Kehle austrocknet, also nicht davon, dass man keine Luft mehr kriegt, sondern dass unsere Kehle durch die Trockenheit diese Geräusche macht.

Suzane: Ja. Manchmal wird der Atem auch sehr unregelmäßig. Es wird eingeatmet, und dann passiert nichts mehr. Manchmal zehn Sekunden lang.

Sabrina: Mir ist aufgefallen, dass die Menschen und Tiere, die *ich begleiten durfte, mit einem Einatmen sterben. Ist dir das auch aufgefallen?*

Suzane: *Ich habe das auch so erlebt. Der letzte Atemzug geht hinein, und es ist ein sehr zarter Atemzug. Aber vorher beginnt die Seele den Prozess des Loslösens vom Körper. Das kannst du dir so vorstellen, als ob du eine Probefahrt machst. Du hast Träume, dass du schon gestorben bist, die so echt sind, dass du vollkommen überrascht bist, wenn du noch mal in deinem eigenen Körper aufwachst. Manchmal klingelt ein Telefon und holt dich zurück, und du fühlst dich, als hätte dich ein Bus überfahren. Du kannst den Körper kaum mehr bewegen, denn du warst schon so weit draußen. In jedem tiefen Schlaf zieht sich die Seele nach draußen. Und wenn man nach diesem tiefen Schlaf wieder zurückkommt, dann denkt man oft: »Was will ich denn eigentlich noch hier? Ich will wieder zurück. Zurück in die Unendlichkeit.« Jetzt wird der Körper zu einer Art Gefängnis. Wir fühlen uns eingesperrt. Wir wollen raus. Familienmitglieder und Freunde glauben während dieser Phase oft, dass unsere geliebte Person Schmerzen hat. Aber das ist eher mit den Geburtswehen zu vergleichen.*

Sabrina: *Wie wichtig ist es, dass wir den anderen, wenn er gehen will, auch loslassen?*

Suzane: *Wenn wir loslassen können, dann machen wir es dem anderen leichter. Eine liebevolle Atmosphäre zu schaffen ist das Schönste, was wir ihm schenken können.*

Manchmal macht man sich Vorwürfe, dass man genau dann nicht im Zimmer war, als der andere gegangen ist. Da haben wir uns tagelang nicht vom Bett gerührt, und dann sind wir nur mal kurz rausgegangen – und schon … Die Seele hat darauf gewartet, dass wir gehen, denn erst dann konnte er gehen. Der andere ist nicht allein gestorben. Die Engel waren bei ihm, bei ihr.

Zarathustra zufolge bleibt die Seele noch drei Tage nach dem Verlassen um den Körper. Sie hört und sieht und erfühlt, was da passiert. Die Seele versucht häufig noch, Kontakt aufzunehmen. Schickt Zeichen. Zeichen, die natürlich anders sind, da sie über keinen Körper mehr verfügt. Es mögen Notizen sein, die man plötzlich findet und die etwas bedeuten. Gelegentlich liegen Federn irgendwo. Oder etwas, was man schon seit Wochen sucht, taucht plötzlich auf an genau der Stelle, an der man schon fünfmal intensiv nachgesehen hat. Die Lieblingsmusik des Verstorbenen oder ein Lied, das beiden viel bedeutet hat, kommt im Radio. In vielen Fällen sind es Gerüche: Rosen zum Beispiel oder der Duft von Lilien. Manchmal hört man ein Klingeln. Auch da ist unser Körper aufnahmefähig. Er ist es, der Rosen riecht. Er ist es, der etwas hört. Er ist es, der unvermittelt durch eine kühle oder warme Wolke geht. Wenn wir uns in dieser Zeit auf unseren Körper konzentrieren, dann fällt es uns leichter, die Zeichen der gegangenen Seele aufzunehmen.

Natürlich erfühlen wir auch den Schmerz. Die Trauer. Doch nicht jeder empfindet sie stark. Es sind einige meiner engsten Freunde gestorben, und ich merkte, dass ich erst dann tiefes Mitgefühl erlebte, wenn ich an die direkten Hinterbliebenen (die Lebenspartner, die Eltern, die Kinder) dachte. Was ich empfand und was bei mir dieses tiefe Gefühl auslöste, war mein Mitgefühl für deren Trauer. Aber nicht meine eigene. Ich erlebe häufig ein Glücksgefühl und eine Dankbarkeit dafür, dass ich Teil dieses Lebens sein durfte und wir miteinander verbunden waren und immer noch sind.

Viele von uns haben nun seltsame Erlebnisse, die unser Verstand nicht einordnen kann: Wir fühlen den Verstorbenen, riechen sein

Parfüm, haben intensivste eigenartige Erscheinungen, wie sie eigentlich nur in Träumen vorkommen, hören eindeutig und ganz klar die Stimme des Verstorbenen, erfühlen, wie wir unseren Körper verlassen, erspüren den Verstorbenen körperlich in unserer Nähe, haben Visionen von ihm oder ihr, wie er durch das Zimmer geht, wir sehen, wie sich Dinge bewegen, ohne berührt worden zu sein. Dies sind keine ungewöhnlichen Erlebnisse. Viele haben sie.

Es drängt uns dann, uns mitzuteilen. Manchmal ist unser Gegenüber davon komplett überfordert. Sie oder er mag befürchten, dass wir vielleicht verrückt werden, doch irgendwelche Mittel genommen haben, oder schickt diese Erlebnisse erklärend einfach ins Land der Träume.

Vielleicht haben wir aber auch jemanden in unserer Umgebung, der für diese Themen offener ist und dem wir uns anvertrauen können. Es gibt auch wunderbare Literatur darüber.

Wir sind nicht verrückt. Das sind zutiefst erlebte Erfahrungen, die uns zeigen wollen, dass es da mehr gibt, als unser Verstand erklären kann. Wenn wir uns verlieben, dann wissen wir, dass wir verliebt sind. Angenommen, jemand würde uns erklären wollen, wir wären nicht verliebt, wir würden ihn auslachen: *Ich* weiß doch, dass ich verliebt bin. So ist es auch mit diesen körperlichen Erfahrungen: *Ich* erlebe sie. Ich habe manchmal unerklärliche, faszinierende, glückselige, zutiefst wahrgenommene Körpererlebnisse – und nein, ich habe nicht zu viel getrunken, und nein, ich habe auch nicht geträumt. Meine außerkörperlichen Erfahrungen sind besondere Geschenke. Ich weiß, dass ich wach war.

So will sich die Ewigkeit uns zeigen: »Sehe, erkenne und akzeptiere diese gelegentlichen Erlebnisse, die dein Verstand nicht kennt und nicht einordnen kann. Du bist für immer. Das ist das Geschenk an dich. Das Geschenk, dass du durch deinen Körper diese besonderen Schwingungen erfahren kannst.«

Unser Körper gibt uns klare Glückserlebnisse, abwechselnd vielleicht mit einem Gefühl der Angst und des Verlassenseins. Erinnern wir uns, dass wir eine Viertelsekunde Zeit haben, bevor unsere Gedanken Gefühle auslösen. Haben wir gerade gedacht, was jetzt aus uns wird? Sehen wir uns, bis an unser Lebensende, einsam? Glauben wir, dass wir nie wieder lieben werden? Glauben wir, dass wir nie wieder jemanden finden werden, der uns so liebt wie der, der gegangen ist? Glauben wir, dass wir die Nächsten sind? Einer von diesen Gedanken reicht aus, um uns in tiefe Täler zu schicken.

Manchmal sehen und hören wir von Sterbenden, die so voller Schmerzen gehen. In dramatischen Unfällen gehen. Ermordet werden. Die Engel sagen uns, dass die Seele den Körper vor dem Aufprall, vor dem Schmerz verlässt. Der Körper mag noch eine Reaktion haben, aber die Seele ist nicht mehr darin. Der Schmerz wird nicht mehr erlebt. Das empfand ich als sehr tröstend.

Wenn wir unseren Körper verlassen, dann haben wir dazu verschiedene Möglichkeiten. Wir können es langsam tun. Schnell. Oder nachhelfen.

Nachhelfen?

Ich hatte früher eine ganz bestimmte Meinung zur Selbsttötung. Ich dachte, dass sich ein Leben ausstirbt, wenn es zu Ende ist. Es eben darum geht, das auch abzuwarten. Ich habe meine Meinung dazu geändert. Ich glaube, jeder hat das Recht, sein Leben zu beenden, wenn es nicht mehr auszuhalten ist. Ich kann es nicht beurteilen, und es steht mir auch nicht zu, jemanden zum Weiterleben zu zwingen. Ich kann das nicht entscheiden. Selbstverständlich glaube ich nicht, dass wir nach so einer Entscheidung anschließend in der Hölle landen oder dafür bestraft werden.

Leider gibt es natürlich auch immer Jugendliche, die sich selbst töten, da sie noch keine Vorstellung davon haben, dass ihre Probleme – die jetzt für sie riesengroß sind –, wenn sie älter werden, an Bedeutung verlieren. Sie können sich das nicht vorstellen, und so sehen sie häufig keine andere Wahl. Ich hörte von einer Anzeigenkampagne, in der jugendlichen Verzweifelten geraten wurde: »Halt durch. Mir ging es genauso wie dir, und jetzt geht es mir wunderbar. Du wirst sehen.«

Wir können Situationen nicht beurteilen, wenn wir sie nicht selbst erleben. Und wie wir etwas erleben, hängt von unserer Bewusstseinsstufe ab. Vor kurzem las ich in der *Süddeutschen Zeitung* von einer Untersuchung der belgischen Universität Lüttich im *British Medical Journal Open*. Dort wurden Patienten befragt, die mit dem sogenannten »Locked-in-Syndrom« leben, also ihren Körper bis auf ein Blinzeln nicht mehr kontrollieren können. Trotz dieses Zustands, meistens auch noch künstlich beatmet und ernährt, bezeichneten sich 72 Prozent dieser Patienten als glücklich. Nur 7 Prozent sagten, dass sie lieber tot wären.

Gerade jetzt beim Schreiben über dieses hochsensible Thema denke ich natürlich viel an diejenigen, die diesen Text einmal vor Augen haben werden. In welchem Zustand, in welcher Verzweiflung sind Sie, wenn Sie das lesen? In meinem Verständnis der Welt – als unendliche Seele, die eine menschliche Erfahrung macht – scheint es mir unlogisch, dass ich mich langfristig einer körperlichen Situation aussetzen würde, die mich nicht erfüllt. Die 7 Prozent sollten die Möglichkeit haben zu gehen. Natürlich gibt es bei jeder körperlichen Veränderung häufig eine Zeit der tiefen Depression. Wir trauern um das, was mal war. Doch auch dieser neue körperliche Zustand hat etwas mit uns zu tun. Wir können das mit einem Traum vergleichen. Wenn wir einen intensiven Traum haben und am nächsten Morgen aufwachen, dann fragen wir uns, was denn dieser Traum bedeuten soll. Und so ist es auch mit Herausforderungen und Krankheiten: Was soll das bedeuten? Natürlich hat jeder Traum etwas mit mir zu tun, denn *ich* träume ihn ja. Und so hat jede Erfahrung auch etwas mit mir zu tun, denn *ich* habe sie ja.

Wir sind hier, weil wir das Göttliche in Menschenform erleben wollen. Dazu haben wir uns Seelenhausaufgaben mitgenommen, und die wollen angeschaut und gelöst werden. Ein Abbrechen solch einer Seelenhausaufgabe löst sie nicht. Vor vielen Jahren hat einer meiner Lehrer mal gesagt, eine Beziehung ist nur dann zu Ende, wenn man in Frieden gehen kann. Und das – so bin ich sicher – gilt auch für die Beziehung mit mir, mit meinem Körper, mit meinem Leben. Eine Beziehung ist nicht gelöst, wenn ich verzweifelt bin, wenn ich hin- und hergerissen bin, wenn ich bestürzt bin. Ich bin eher in einer emotionalen Achterbahnfahrt. Hier melden sich meine Waisenkinder. Wenn ich weine und keinen klaren Gedanken fasse, dann ist das nicht der Zeitpunkt, eine Beziehung zu beenden. Unser emotionaler Körper hat das Ruder an sich gerissen. Wir sind nicht in der Lage, in diesem Moment auf unsere Seele zu hören. Dies ist der Zeitpunkt, Hilfe zu holen, und nicht, eine Beziehung zu beenden. Auch nicht die mit meinem eigenen Körper. Das ist ein Zeitpunkt, um genau hinzuschauen. Therapien zu machen. Unterstützt zu werden.

Das Ende einer Beziehung ist mit einer offenen Hand zu vergleichen: Sie ist da. Ganz unverkrampft. Weich. Gelöst. Präsent. Selbstverständlich. Wir fühlen kein Drama. In uns ist großer Frieden. Natürlicher Frieden. Nicht ausgelöst durch Medikamente. Ist noch irgendein Zweifel, dann ist die Beziehung nicht beendet. Erst dann, wie beim Umlegen eines Lichtschalters, ist uns klar, dass wir jetzt gehen. Es gibt keine Zweifel mehr, und es gibt keine Fragen. Das ist das Gefühl, das wir empfinden, wenn wir diesen Körper verlassen.

Dann gleitet unsere Seele aus unserem Körper. Wir segnen diesen Körper. Wir betrachten ihn mit unendlicher Liebe und fühlen eine große Dankbarkeit für all die Möglichkeiten, die wir durch ihn hatten. Es gibt noch ein letztes BodyBlessing, und dann fließen wir hinaus. In das Zuhause der Ewigkeit.

19

Zunehmen, Abnehmen, Annehmen

Meine Eltern haben den Zweiten Weltkrieg als Kinder und damit den Hunger erlebt, und so gab es bestimmte und strikte Regeln bei uns zum Thema Essen: Es wird nicht geredet. Es wird nicht getrunken. Es wird aufgegessen, was auf dem Teller liegt. Ein Onkel von mir ließ mich mal ein paar Stunden nach dem Mittagessen vor meinem noch halbvollen, kalt gewordenen Essen sitzen, weil ich mir mit meinen zehn Jahren zu viel aufgeladen hatte und es nicht aufaß. Was uns damit aber auch antrainiert wurde, war, immer über das Sättigungsgefühl hinaus zu essen. Wir hörten nicht mehr auf uns, wann wir eigentlich satt waren. Sondern der leere Teller wurde unser Gradmesser. Es wird aufgegessen. Morgen wird das Wetter besser, wenn wir aufessen. Alles wird gut, wenn wir aufessen. Meine Mutter hatte das so verinnerlicht, dass sie alle Teller ihrer Kinder – falls es doch mal einen Rest gab – im Gehen auf dem Weg zum Abspülen leerte.

Als ich in die Pubertät kam, fing ich auch an, mehr zu essen. Ich war immer hungrig. Ich konnte gar nicht mehr aufhören. Ich war hungrig nach Sicherheit. Hungrig nach einem Zugehörigkeitsgefühl. Hungrig nach Freundschaften:

Ego: *Mir fehlt etwas. Ich brauche was. Es ist jetzt gerade nichts da. Vielleicht ist was im Kühlschrank?*

Körper: *Was essen? Warum nicht. Ja, lass uns was essen. Wenn es dir guttut. Was gibt es denn?*

Ego:	*Vielleicht ein Butterbrot? Vielleicht Schokolade? Schauen wir mal, was da ist.*
Körper:	*Ich bin so weit.*
Ego:	(Isst. Kurze Zeit später.) *Mir fehlt schon wieder was ... ich bin gerade ganz allein ... Mir ist langweilig ... Ich hungere nach ...*
Körper:	*Hunger? Habe ich »essen« gehört? Na, von mir aus. Ein bisschen was geht schon noch. Ich kann mich auch ausdehnen. Ich passe mich an. Was immer du brauchst.*
Ego:	*Dann essen wir was. Ich bin auch immer mit Süßigkeiten getröstet worden. Vielleicht finden wir etwas Süßes?*
Seele:	*Wir hungern nach Aufmerksamkeit. Die wird eine Süßigkeit nicht füllen.*
Ego:	*Aber sie schmeckt.*
Körper:	*Ja.*
Seele:	*Wir geben uns selbst nicht genug Aufmerksamkeit, deshalb hungern wir nach der Aufmerksamkeit anderer.*
Ego:	*Also, ich bin aufmerksam. Ich sorge dafür, dass ich was zum Naschen finde.*
Körper:	*Haben wir Hunger? Also ich kann mich dehnen. Aber ich weiß nicht mehr, ob ich hungrig bin. Ich kann immer was essen, wenn du das willst. Wie du willst.*
Seele:	*Lass uns nachschauen, was wir wirklich brauchen.*

Ego: *Wir brauchen Schokolade. Komisch, ich kann nie nur ein Stück Schokolade essen. Wie schaffen die anderen das bloß? Bei mir muss es gleich die ganze Tafel sein.*

Seele: *Denk daran, wir …*

Ego: *Ha, da ist sie ja! Und auch noch Kinderschokolade. Die mag ich am liebsten.*

(Am nächsten Morgen auf der Waage.)

Ego: *Das darf doch nicht wahr sein! So viel habe ich ja noch nie gewogen. Ich sehe fürchterlich aus! Ich hasse diese Fettpolster, und mein Hintern, der wird ja immer breiter.*

Körper: *Ja, aber ich mache doch nur, was du von mir willst! Wieso gefällt dir jetzt unser Hintern nicht mehr?*

Viele Frauen sind mit ihrem Gewicht nicht glücklich. Und doch hilft ihnen ihr Körper, wo er nur kann. Er lässt mehr Essen zu, als er eigentlich braucht. Er schafft eine Schutzschicht, weil wir sie wollen, und dann wird er auch noch beschimpft dafür, dass er nicht schlank bleibt.

Was denken wir über unseren Körper? Ich habe lange Jahre folgenden Satz gedacht und gesagt: »Ich nehme schon zu, wenn ich nur Essenswerbung im Fernsehen sehe.« Und was sagte mein Körper: »Nun gut, wenn du das möchtest, dann machen wir das eben so.« Ich wusste damals nicht, dass meine Gedanken meine Realität bestimmen. Außerdem hatte ich mein Leben seinerzeit mit jeder Menge Drama und viel Unwahrheiten ausgefüllt. Authentisch war nur das Gewicht auf meiner Waage, ich auf gar keinen Fall. Ich wachte jeden Morgen mit einer Schwere im Magen auf, und ich hielt das für normal. So ist das Leben eben. Mein

Magen wollte mir aber schon damals sagen, dass irgendetwas nicht stimmt und ich sorgfältiger mit mir umgehen sollte, doch das wollte ich nicht hören. Das hätte bedeutet, dass ich Dinge verändern muss. Erstens wusste ich nicht, wie, und zweitens traute ich mich nicht. Ich war bis zum Hals in meinem eigenen Drama versunken und wusste nicht raus. Unser Körper gibt uns zu allen Zeiten Zeichen. Zeichen, die wir gern ignorieren.

Erinnern wir uns daran, dass unser Körper auf unserer Seite ist. Um ein natürliches Körpergefühl wiederherzustellen, ist es wichtig herauszufinden, warum wir hungrig sind:

- Werden wir hungrig, wenn wir etwas Unangenehmes aufschieben wollen? – »Ich muss noch die Steuer machen. Jetzt habe ich erst einmal Hunger und esse etwas.«
- Essen wir, wenn wir uns einsam fühlen? – »Mir ist langweilig. Schauen wir mal, was im Kühlschrank ist?«
- Essen wir, weil es ohnehin schon egal ist? – »Jetzt passen mir meine Hosen sowieso nicht mehr. Ich sehe eh schon furchtbar aus.«
- Essen wir, weil wir Angst vor einer Beziehung haben? – »Ich lasse mich gehen, damit mich bloß keiner anschaut.«
- Essen wir, weil wir uns davor fürchten, nicht attraktiv oder gut genug zu sein? – »Was ist, wenn sich niemand in mich verliebt?«
- Essen wir, weil wir uns schützen wollen? – »Alle sind so gemein. Die Welt ist so hart. Ich brauche eine Pufferzone.«
- Oder essen wir nicht, weil wir vor dem Frausein Angst haben? – »Ich will keine Kurven haben. Das ist ja ekelhaft.«

Leider hat unsere Modeindustrie ein zu dürres Frauenbild entwickelt. Falls sich Ihre Tochter in diesem gefährlichen Gedankendrama befindet, bitte holen Sie Hilfe. Das ist allein schwer zu schaffen. Ausgebildete Therapeuten, die auch spirituelle Weisheiten begreifen, können eine immense Hilfe sein. Wir müssen nicht alles allein auf die Reihe kriegen. Unsere Töchter werden versuchen, so zu tun, als würden wir übertreiben. Als ob es kein Problem gäbe.

Doch wenn unsere Töchter nicht mehr mit uns essen wollen, wenn sie anschließend auf die Toilette oder unter die Dusche gehen, dann stimmt da was nicht. Eine rapide Gewichtsab- wie auch -zunahme brauchten unsere Aufmerksamkeit. Bitte lassen Sie sich nicht durch die Abwehrhaltung Ihrer Töchter von dem Ergreifen geeigneter Maßnahmen abhalten.

Und auch hier geht es nicht um Schuldgefühle. Jeder von uns hat seine Seelenhausaufgaben. Deswegen sind wir hier.

Und was wollen wir lernen? Unsere wichtigste Seelenhausaufgabe ist es, wach zu sein. Bewusst zu sein. Und dabei hilft uns, gerade mit dem Gewicht, unser Körper ganz enorm. Wir haben die Möglichkeit herauszufinden, wonach wir uns sehnen. Was wir uns wünschen. Nach was wir wirklich hungern: Haben wir Schwierigkeiten,

- uns selbst wichtig zu nehmen,
- auf uns zu hören, uns zu vertrauen,
- Nein zu sagen,
- unsere Träume zu verwirklichen,
- uns durchzusetzen,
- geduldig mit anderen zu sein,
- geduldig mit uns selbst zu sein?

Was ist also unser eigener persönlicher Hunger? Womit können wir ihn befriedigen? Wenn uns der Gedanke kommt, etwas zu essen, ist das der ideale Zeitpunkt, in uns hineinzuhören. Wir können unsere Augen schließen und mit einer tief gefühlten Dankbarkeit unseren Körper wahrnehmen: »Danke, lieber Körper, dass du dich gemeldet hast.«

Lassen wir dieses Gefühl der Dankbarkeit zu, überschwemmt es den Körper regelrecht damit, und natürlich fühlen wir es; das ist schließlich unser Körper. Es strahlt vom Herzen aus und breitet sich im gesamten Körper aus, einschließlich unseres Lichtkörpers. Es ist herrlich, in diesem Gefühl eine Weile zu verbringen. Meistens lächelt man dabei, und die Sehnsucht nach tiefen Atemzügen erwacht. Beim Ein- wie beim Ausatmen sorgen wir dafür, dass die Lungen vollständig gefüllt und komplett ausgeleert werden. In diesem Gefühl können wir so lange bleiben, wie wir möchten. Oftmals kommt dann unser Verstand hinzu und versucht, das Ganze abzubrechen: »Haben wir nichts zu tun? Jetzt mach mal …!« Doch, wir haben etwas zu tun. Wir erfühlen unseren Körper und schenken ihm Liebe und Dankbarkeit. Wann immer wir so weit sind, kann unser Gespräch mit dem Körper weitergehen.

»Mein wunderbarer Körper, ich höre dir zu. Was brauchst du?« Dann warten wir ab. Konzentrieren uns auf dieses Gefühl in unserem Körper. Wo ist es? Wie groß ist es? Bewegt es sich? Rumort es? Wir müssen nichts damit tun. Das muss nicht kleiner, größer, runder, weicher gemacht werden. Es ist da, und es wird wahrgenommen. Das ist alles.

Wie von selbst kommt hoch, was hochkommen will. Wenn wir unserem Körper den Platz geben, gehört zu werden. Und dann ist uns schnell klar, ob wir etwas essen wollen, ob wir am liebsten in dieser stillen Dankbarkeitsmeditation bleiben wollen oder ob sich mein Körper bewegen will. Oft hat er keinen wirklichen Bedarf an Nahrung. Er hat vielmehr einen Mangel an Aufmerksamkeit.

Wenn ich das Gefühl habe, etwas essen zu wollen, dann hole ich mir was zu essen. Dabei erlaube ich mir, den Tisch schön zu decken, selbst wenn ich allein speise. Ich versuche (es gelingt mir nicht immer), mich aufmerksam dem Essen zuzuwenden. Ich segne meine Nahrung vorher, indem ich mich bedanke, bei allem, das dazu beigetragen hat, damit sie auf meinem Teller liegt. Von der Erde bis zum Bauern. Ich esse, worauf ich Lust habe. Wenn ich satt bin, höre ich auf. Das klingt einfacher, als es ist. Das schlechte Gewissen, »den Teller nicht leer gegessen zu haben«, kommt gelegentlich hoch. Als ich noch auf dem Land lebte, kamen Essensreste auf den Kompost und nicht in den Abfall.

Dabei gilt auch zu beachten, was wir denken, wenn wir etwas zu uns nehmen. Ist Schokolade schlecht? Nein. Sie ist nur ungünstig, wenn wir zwei Tafeln in uns hineinstopfen. Dann genießen wir nicht mehr, sondern wir verschlingen. Von dem schlechten Gewissen anschließend mal ganz abgesehen, also wenn wir etwas zu uns nehmen und dabei noch die Schwere der Gedanken addieren: »Mein Gott, jetzt esse ich schon wieder diese grauenvollen Chips mit diesen seltsamen Fetten, die ungesund sind.« Oder: »Jetzt rauche ich ja schon wieder. Vom Lungenkrebs bin ich bestimmt nicht mehr weit entfernt.« Es geht ums Genießen. Und die eine Zigarette, die wir in der Abendsonne rauchen und an der wir uns von Herzen freuen, ist eine völlig andere als die, die wir hektisch in uns hineinziehen, weil wir ärgerlich auf unsere Kollegen sind und sowieso schon wieder keine Zeit haben.

Tiere, die in Schmerzen gehalten worden sind, haben diese Schmerzen in diesem Fleisch, und dieses Fleisch essen wir. Vor kurzem sah ich an einem Stand ein gegrilltes halbes Hähnchen für 2,20 Euro. Wie soll das gehen? Ist das der Wert eines Lebewesens? Unter welchen Bedingungen muss es gelebt haben, damit dies überhaupt möglich ist? Unter den Bedingungen der industrialisierten Tierhaltung. 98 Prozent aller Tiere werden in den Staaten in großen Industrieanlagen gehalten. Bei uns in Europa sind es schon 70 Prozent. Steigende Tendenz. Diese Schmerzen, dieser Terror, diese Schwere, die diese armen Lebewesen erdulden müssen – und damit die Hormone –, werden an uns weitergegeben.*

Trotz allem braucht mein Körper im Moment einmal die Woche tierisches Eiweiß. Ich habe versucht, Vegetarierin zu sein, aber mein Körper will es nicht. Auch hier musste ich einsehen, dass ich – mein Ego, meine Persönlichkeit – zwar den Wunsch äußern kann, aber wenn mein Körper etwas anderes braucht, nutzt es nichts, wenn ich es »von oben« aus durchsetzen will. Aber ich kann wenigstens dafür sorgen, dass mein Fleisch aus artgerechter Tierhaltung kommt. Ich habe mir auch angewöhnt, in Restaurants zu fragen, ob das Fleisch Biofleisch ist. Ich weiß, dass es normalerweise dabei steht, wenn es welches ist. Aber ich denke mir, je mehr Leute

*Siehe dazu auch das Buch *Tiere essen* von Jonathan Safran Foer.

fragen, desto besser. Und woran merke ich, dass ich Fleisch essen soll? Wenn ich Lust darauf habe.

Alles, wirklich alles, ist verbunden mit gedanklichen Energien, die Gefühle erzeugen, welche unseren Körper und damit unser Leben beeinflussen. Und der Wunsch nach Wachheit, nach aufmerksamem Bewusstsein, wird auch an unserem Teller nicht haltmachen. Wir oft denke ich ans Essen? Was denke ich darüber? Vielleicht haben Sie Lust, diesen Handzähler auszuprobieren, von dem schon die Rede war? Und vor allen Dingen: *Was* denke ich, wenn ich über das Essen nachsinne? Kann ich mich daran erfreuen? Kann ich es segnen? Kann ich mich dabei segnen?

Wenn wir nicht nur unseren Körper, sondern auch unser Essen segnen, dann entsteht eine Pause. Aufmerksamkeit. Dankbarkeit. Der Wunsch, dass diese Nahrung meinen Körper unterstützt. Ihn nährt. Diese Dankbarkeit wird dann durch uns aufgenommen und kommt als Dankbarkeit im Körper an. Und nicht als Selbstbeschimpfung. Das ist ein großer Unterschied.

Erinnern wir uns daran, dass unser Körper unser Freund ist. Vertraut er uns noch? Meiner hatte mir lange Jahre nicht mehr vertraut. Mit Recht. Er wusste nie, wann es was zu essen gab und wie viel. Wenn uns unser Körper nicht mehr vertraut, dann will er nichts loslassen. Loslassen hat mit Zulassen, mit Entspannung und Gelassenheit zu tun. Ich weiß noch gut, dass ich in Zeiten, in denen ich übergewichtig war, mich manchmal regelrecht kasteien konnte und kaum ein paar Gramm abnahm. Meine Freundin, auf der gleichen Diät, sah die Pfunde nur so purzeln. Bei mir purzelte nur die Stimmung. Mein Körper drehte jede Kalorie dreimal um.

Da ich durch meine Schwangerschaft zu einem gesunden Essrhythmus fand, vertraute mir mein Körper wieder. Und doch sah ich mich auch fünf Jahre nach der Geburt meiner Tochter immer noch in Gedanken als übergewichtige Frau, die eben ausnahmsweise mal schlank war.

Eines Tages sah ich in einer meiner Meditationen eine kleine, dicke Frau vor meinem inneren Auge. Sie hatte einen Reisekoffer bei sich. Sie schaute mich an und sagte: »Ich verlasse dich jetzt.« Und dann drehte sie sich um und ging.

Ich war sprachlos. Plötzlich wurde mir klar, dass es hier um meine Selbstwahrnehmung als dicke Frau ging, die sich von mir verabschiedet hatte. Ich erinnere mich noch, wie begeistert ich von dieser Meditation war. Diese kleine süße dicke Frau mit ihrem winzigen Koffer tauchte da einfach vor mir auf und zeigte sich.

Übrigens hatte ich auch viele Jahre lang Skulpturen von dicken Frauen gesammelt. Ich liebte diese Skulpturen. Obwohl ich meine Rundungen nicht leiden konnte, fand ich die Rundungen »meiner« dicken Frauen wunderschön. Auch als Bildhauerin machen runde Frauen sehr viel mehr Spaß als dürre.

Ich habe von meinem Körper gelernt. Ich bin authentisch geworden. Ich verstelle mich nicht mehr. Ich hole mir Hilfe, wenn ich sie brauche. Ich kann mich hingeben. Ich bin ehrlich. Ich lasse Liebe und Wärme zu. Ich sage, wenn ich etwas nicht weiß. Ich tue nicht mehr so, als ob. Nirgendwo. Ich liebe mich. Ich brauche den Schutz nicht mehr. Den Schutz meiner Extrapfunde.

20

Brief an einen Teenager

Liebe … hm … wie nenne ich dich? Lieber weiblicher Teenager? (Hört sich grauenvoll an.) Liebe junge Frau? (Fast noch schlimmer.) Vielleicht einfach mit einem:

Hallo,

ich weiß nicht, wie du dazu gekommen bist, dass du dies hier liest, aber vielleicht hat dir deine Mutter oder eine Freundin das hingelegt. Vielleicht denkst du: »O nein, nicht schon wieder! Ich schau lieber nach, wer gerade auf Facebook ist.«

Versteh ich. Ich glaube nicht, dass ich zugehört hätte, wenn mir jemand so alt wie ich was übers Teenagersein und über den Körper hätte erzählen wollen: »Hat die überhaupt noch einen?«

Ja. Und was ich mir als Teenager nie hätte vorstellen können: Ich bin sogar glücklich damit. Ich weiß auch, dass ich schnell sein muss, damit du nicht gelangweilt wirst von dem, was ich hier schreibe. Deshalb verzeih, wenn es etwas »zackig« geht.

Hier ein universelles Gesetz, das die meisten Teenager betrifft: Keiner mag seinen Körper. Punkt.

Du weißt es wahrscheinlich, aber in eurer Altersgruppe möchte man dazugehören. In eurem Gehirn geht es gerade rund. Eure Hormone verschieben sich und schießen ein, und das wird wohl die schwierigste Zeit eures Lebens sein. Ihr habt Eltern, die euch wahrscheinlich auf die Nerven gehen. Ich dir wahrscheinlich auch gleich.

Dein Körper verändert sich. Ziemlich jeder schaut irgendwann während der Pubertät komisch aus. Das gehört dazu. Es gibt Pickel. Man weiß nie genau, wo die Arme und Beine aufhören. Alles wächst relativ unkontrolliert. Man stößt sich dauernd irgendwo. Der Babyspeck hat sich noch nicht verteilt; und wenn wir einen Körperteil bewundern müssten, dann müssten wir echt lange überlegen. Wir sind alle fünf Minuten verliebt oder eben gar nicht und wundern uns, ob da irgendetwas nicht mit uns stimmt. Ich erinnere mich noch, dass ich mich verzweifelt verlieben wollte, aber es passierte nichts. Ich befürchtete, mit mir stimmte was nicht. Ich wusste damals noch nicht, dass ich mich eben nicht oft verliebe.

Du glaubst vielleicht, jeder schaut dich an und denkt irgendetwas Schreckliches über dich. Das gibt sich. Das haben wir alle gedacht. Dein Busen gefällt dir wahrscheinlich nicht. Er ist entweder zu groß oder zu klein. Zu breit oder zu spitz. Hängt oder steht komisch rum. Du willst für erwachsen gehalten werden und lässt dich vielleicht von jemandem niederknutschen, den du nicht leiden kannst, nur damit die anderen wissen, dass du auch weißt, worum es geht. Du trinkst vielleicht zu viel (Alkohol wirkt bei Mädchen doppelt so schnell wie bei Jungs), aber das ist dir egal. Denken ist sowieso etwas schwierig während dieser Zeit.

Dein Körper ist auf deiner Seite. Du wirst später mal zurückschauen und die Fotos auf dem Computer anschauen und sehen, wie entzückend zu warst. Ja, ich weiß, entzückend sagt kein Mensch, aber später wirst du es über dich sagen. Glaub mir. Ich habe es auch über mich gesagt, und da gab es wirklich sehr, sehr wenig, was entzückend war. Du kannst dir das ungefähr so vorstellen: Würdest du einem Baby, das kaum Haare und keine Zähne hat, sagen: »Mein Gott, siehst du furchtbar aus!«? Du weißt, dass da Haare und Zähne kommen und alles genau richtig wachsen wird. So ist das jetzt bei dir. Selbst wenn das eine oder andere gerade seltsam aussieht, das wächst zusammen. Du wirst sehen.

Wenn du dich zu dick fühlst oder zu dick bist, beginne keine Diäten. Die helfen nicht. Die machen dich nur wahnsinnig. Vielleicht brauchst du gerade etwas Schutz, und die Extrapfunde sind dafür da. Es ist einfach, nur auf eine Sache zu verzichten: vielleicht

Softdrinks oder die Chips ab 22.00 Uhr. Um das durchzuhalten, musst du dir eine Alternative suchen. Sport vielleicht. Mach dich nicht verrückt mit dem Essen. Dein Körper ist auf deiner Seite. Selbst wenn es im Moment nicht so aussieht. Wenn du es irgendwie schaffst, beweg dich. Mach Sport. Such dir was aus, was dir Spaß macht. Selbstverteidigungssport ist auch nicht schlecht. Da lernst du gleich, dass du ziemlich stark sein kannst – wenn du willst.

Kotz das Essen nicht aus. Das macht deinen Körper kaputt; und wenn du Abführmittel nimmst, dann ruiniert das deinen Darm. Beides willst du nicht. Wer hat schon Lust, später viele Jahre seines Lebens Probleme mit dem Stuhlgang zu haben? Das ist kein »toller Trick«, sondern ungesund. Du wirst dich nicht mehr trauen, irgendwo hinzugehen, weil du Angst hast, unkontrolliert aufs Klo gehen zu müssen – und da ist vielleicht keins. Das macht nun überhaupt keinen Spaß. Außerdem vertraut dein Körper dir dann nicht mehr. Das heißt, dass er alles, was er bekommt, besonders gut verwerten will. Das ist so, als wenn eine Freundin sich Klamotten von dir leiht und dann später behauptet, das stimmt nicht.

Du lügst deinen Körper an, wenn du dich nicht regelmäßig um ihn kümmerst. Er traut dir nicht mehr. Ohne deinen Körper wärst du nicht hier. Selbst wenn er im Moment nicht so aussieht, wie du ihn gern hättest.

Pass auch auf, was du denkst, wenn du isst. Wenn du dich dauernd beschimpfst: »Mein Gott, das ist ja fürchterlich, jetzt esse ich schon wieder Süßigkeiten«, »Ich sehe furchtbar aus«, »Ich werde immer dicker und dicker«, dann hört das dein Körper. Er ist es, der die Ohren hat, und er ist es, der weiß, was du denkst. Er ist sensibel. Er hört zu. Auch hier ist er genau wie eine gute Freundin. Die will auch nicht die ganze Zeit beschimpft werden.

Von meiner Warte aus (immerhin bin ich 52 Jahre alt) sehe ich keine hässlichen Mädchen mehr. Ihr wisst schon jetzt, wie man das Beste aus euch macht. Ihr habt Geschmack. Wir hatten damals keinen. Das hat aber auch den Nachteil, dass eurer Geschmack manchmal zu sehr vom Zeitgeist geprägt ist und jeder so dürr sein will, dass ihr nicht mehr wie eine Frau ausseht. Denkt daran, dass viel Mode von homosexuellen Männern gemacht wird. Die haben einen guten Geschmack. Nur: Ihr Schönheitsideal ist knabenhaft. Du bist nun mal ein Mädchen. Mit Hüften und Busen und Rundungen. Fragt jeden Jungen, der Mädchen mag: Sie mögen Mädchen, die wie Mädchen ausschauen.

Frag nicht nur deine gleichaltrigen Freundinnen nach Rat. Die wissen zwar über vieles, aber nicht über alles Bescheid. Such dir irgendeine erwachsene Frau. Eine, die dir gefällt. Eine Freundin eurer Mutter vielleicht. Die Mutter einer Freundin. Eine Nachbarin. Irgendjemanden. Es gibt immer irgendjemanden in der Nähe, der offen und ehrlich mit dir reden will. Natürlich würde es deine Mutter auch tun ... aber von der willst du während dieser Zeit nicht viel wissen.

So – und jetzt noch ein bisschen was anderes: Du bist eine unendliche Seele, die sich hier einen Körper ausgesucht hat (die Eltern übrigens auch, selbst die, die nerven und sehr schwierig sind) und einen Verstand. Dein Verstand ist der, der fast alles bestimmen will. Der Verstand ist wie ein Computerprogramm, das behauptet, es sei der Computer. Woran du das merkst? Du kannst beobachten, was du denkst. Wer beobachtet dein Denken also? Du. Als Seele.

Du bist für immer. Als Seele. Du hast dir dieses Leben ausgesucht, weil du hier was erleben bist. Das ist wie ein Abenteuerurlaub. Du bist eigentlich drei: deine Seele, dein Verstand und dein Körper. Das, was die meiste Zeit redet, ist dein Verstand. Die Seele ist das Stille, das Leise darunter. Die Seele ist es, die dir ab und zu sagt, dass dies jetzt wirklich Blödsinn ist, was du da ausprobierst. Meine Seele hat mir auf meiner Hochzeit (ich habe mit neunzehn zum ersten Mal geheiratet) in der Kirche gesagt: »Was machst du da eigentlich?« Aber da traute ich mich nicht mehr zurück. Meine Seele hatte mir das schon vorher bei den Vorbereitungen erzählt, aber da war ich zu beschäftigt mit der Party und den Einladungen und wollte nicht drauf hören.

Wenn du an deine Kindheit denkst, dann hast du vielleicht noch Erinnerungen an seltsame Begebenheiten. Vielleicht hast du Dinge gesehen, Engel, Sachen gefühlt, die andere nicht fühlen. Etwas gerochen, was nicht da war. Vielleicht hast du das immer noch und denkst dir, das ist nicht normal. Es wird leider selten darüber gesprochen, und deshalb glaubt man, dass man die Einzige ist, die so was hat. Du bist nicht die Einzige. Hol dir ein paar Bücher dazu. Da steht einiges drin. Aber: Glaub nicht alles. Fühle selbst, ob es richtig für dich ist, was da drinsteht. Warum vergessen wir so viel von früher? Warum vergessen wir, dass wir eine Seele sind? Um diesen Abenteuerurlaub »Leben« auch richtig mitzumachen, legt unsere Seele einen Schleier des Vergessens auf uns. Das ist wie im Kino. Wenn wir uns dauernd bewusst machten, dass das alles nur Schauspieler sind, würde der ganze Film keinen Spaß mehr machen.

Und hier auch gleich die berühmteste Frage, die immer wieder kommt: »Wenn es Gott gibt, warum gibt es Kriege und Krankheit und Tod?« Die kurze Antwort: Wir haben einen freien Willen mitbekommen, das zu tun, was wir wollen. *Wir* machen die Kriege, nicht Gott. Und, wir sind ein Teil von Gott. Wie die Sonnenstrahlen Teil der Sonne sind. Es liegt an uns, wie unsere Welt ausschaut, und ... den Einzigen, den wir wirklich verändern können, sind wir selbst. Krankheit ist dazu da, damit wir erkennen, dass wir nicht nur Körper sind, sondern eine unendliche Seele, die immer wieder sich ein neues Leben, eine neue Erfahrung sucht. Der Tod kommt, weil wir als Seele hier fertig sind. Deine Aufgabe ist es hier, *du* zu sein. So, wie *du* bist.

Dein Körper gibt dir Signale. Sachen, die ihm gefallen, und andere, die er nicht mag. Du wirst nach bestimmten Sachen erschöpft sein. Wenn es keinen richtigen Grund dafür gibt (Sport, du hast dich zu sehr angestrengt, wenig Schlaf), dann kann es einen anderen Grund haben. Wenn du Freunde hast, die neidisch sind, dauernd meckern, dich kleinmachen, dich ausnutzen, dann beobachte einfach nur deinen Körper, wie er sich danach fühlt. Dein Körper ist dein Barometer. Beobachte, wie du dich in bestimmten Clubs fühlst, in bestimmten Wohnungen, bei bestimmten Menschen. Du wirst begeistert von deinem Körper sein! Dein Verstand mag dir sagen: »Wieso, das ist doch geil hier?«, doch dein Körper sagt: »Spinnst du? Nichts wie weg.«

Denk daran, dass du bei jeder Droge, die du ausprobieren willst, deine Stimmung künstlich nach oben drückst. Und was nach oben geht, muss auch wieder runter. Also, nach jedem Drogenhoch kommt ein Tief. Um das Tief loszuwerden, nimmt man noch mal irgendwas. Das bringt wieder ein Hoch. Gefolgt von einem Tief. Leider haben die Sachen auch den Effekt, dass sie eine immer kürzere Wirkung haben, also brauchst du mit der Zeit mehr. Das Tief kommt. Immer. Darauf kannst du wetten. Lohnt sich das?

Wenn jemand nicht will, dass es dir gutgeht, dann ist er nicht dein Freund. So einfach ist das. Das weißt du natürlich selber, aber manchmal will man doch noch mal schauen, ob es vielleicht dennoch anders ist. Aber das ist es nicht.

Und: Jeder hat die Freunde, die er verdient. Das ist hart. Manchmal. Manchmal ist es aber auch eine tolle Bestätigung. Und manchmal hilft es zu schauen, was man eigentlich unter Freundschaft versteht. Sind wir selber gute Freunde? Reden wir hinter dem Rücken anderer? Sind wir ehrlich?

Jeder Mensch ist gelegentlich traurig. Das ist ganz normal. Da ist man nicht unbedingt krank und braucht Medizin. Aber man kann sich helfen lassen. Wie du weißt, nabelst du dich von deinen Eltern und deiner Familie ab. Das braucht ein erwachsener Mensch, der selbstverantwortlich entscheiden will. Das gilt es zu üben. Versuch, dir Zeit zu lassen, bevor du etwas entscheidest. Fühl in dich hinein, ob du das wirklich willst. Beobachte aufmerksam, ob das einfach nur die normale Angst vor etwas Neuem ist. Ich merke immer, dass Begeisterung mir weiterhilft. Wenn ich begeistert von einer Sache bin, dann mache ich sie. Natürlich machen viele Dinge erst dann Spaß, wenn wir sie gut können. Und dazu gilt es zu üben. Du schaffst alles, wenn du es wirklich willst und dich auf deine Intuition verlässt.

Der Unterschied zwischen Intuition und Angst? Angst kommt in Sätzen. Brüllt. Ist laut in deinem Kopf. Die Intuition kommt neutral. Meistens nur in einem kurzen Wort. Ruhig. Klar. Da gibt es kein Drama drum herum. Wenn die Angst hochkommt, frag sie, was sie will. Unsere Ängste wollen uns schützen. Natürlich gibt es auch die Angst davor, nachts in einer seltsamen Gegend herumzulaufen. Es macht Sinn, sich dort nicht zu bewegen. Aber ich rede vor der Angst, etwas zu machen, was man machen will. Schließ die Augen und frag deine Angst, warum sie da ist. Warte dann, was kommt. So kannst du mit deinem Unterbewusstsein sprechen. Vertrau darauf.

Du bist ein einzigartiges Wesen. Jede Schneeflocke ist einzigartig und jeder Mensch. Du bist sensibel. Ich habe jahrelang versucht, mir ein dickeres Fell zuzulegen, in der Hoffnung, dass mir dann nicht mehr so viel wehtut und mich verletzt. Es gibt kein dickeres Fell. Es gibt nur Mauern, hinter denen man sich versteckt, und Masken, die man aufsetzt. Aber wenn du so geliebt werden willst, wie du bist, dann musst du dich so zeigen, wie du bist. Eben auch sensibel. Du hast ganz besondere Talente mitgebracht, und die gilt es zu entdecken. Manches fällt dir schwer, und manches fällt dir leicht. Was dir leichtfällt, nimmst du wahrscheinlich nicht einmal richtig wahr, weil es eben so easy ist.

Lies ein bisschen was über das Teenagergehirn. Google das. Da gibt es gute, einfache Erklärungen. Das hilft. Dann weißt du gleich, was dir logischerweise schwerfällt. Du kannst zum Beispiel die Konsequenzen deiner Aktionen nicht richtig einordnen. Kein Teenager kann das. Das Gehirn ist noch nicht so weit. Manche behalten das ihr Leben lang … ;-)

Jedem Teenager fällt es schwer, früh aufzustehen. Dafür kann er abends nicht einschlafen. Das ist wissenschaftlich bewiesen. Da kannst du nichts für. Mitgefühl ist auch nicht besonders stark ausgeprägt während dieser Zeit. Denk daran, auch Mütter sind nur Menschen. Unser Mitgefühl – im Gegensatz zu eurem - ist recht stark ausgeprägt. Deshalb machen wir uns ja auch so gern Sorgen um euch. Wir wollen, dass es euch gutgeht. Und euch geht es nur gut, wenn wir die Klappe halten. Ach ja, und das tun wir eben nicht. Warum? Weil wir euch lieben. Wir haben euch geboren, und wir wollen euch gesund behalten.

Fast jeder Teenager denkt irgendwann einmal daran, sich umzubringen. Ich habe mir in dem Alter ausgemalt, wie sie dann alle vor meinem Grab trauern und sich schlecht fühlen. Manchmal fühlen wir uns so einsam, dass wir uns nicht vorstellen können, dass es besser wird. Es wird besser. Die Teenagerzeit ist die anstrengendste deines Lebens. Wenn du da durch bist, ist das Schlimmste überstanden. Allein sein ist wichtig. Das gilt es zu lernen. Wenn wir das mal gelernt haben, dann haben wir gelernt, mit uns befreundet zu sein. Ich habe festgestellt, dass es immer jemanden gibt, der für mich da ist: ich!

Wenn du einsam bist, schau in eine Kerze. Singe. Erinnere dich daran, dass *du* eine großartige Person bist und *du* immer für dich da sein wirst. *Du* kannst dir deine beste Freundin sein. Sei dir selbst die Freundin, wie du deine Freundin haben willst, und das ist doch schon ziemlich toll, oder? Sei nicht nur anderen loyal gegenüber, sondern auch dir selbst. Wir alle machen mal Sachen, die wir später bedauern. Das gehört zum Leben.

Denk daran, dass alles in deiner Umgebung dich beeinflusst. Deine Musik. Deine Filme. Deine Freunde. Ist es Gewalt oder ist es Fröhlichkeit, die du dir anschaust? Ist es, dass andere Leute lächerlich gemacht werden, oder ist es Neues und Spannendes? Denk daran: Du bist sensibel.

So. Das war's. Vielleicht ein bisschen zu viel und vielleicht ein bisschen zu lange. Sieh es mir nach. Ich bin eben auch Mutter.

Schön, dass es dich gibt.
Sabrina

21

Selbstbewusstsein und Selbstliebe

Wir sollen uns selbst lieben. Das wissen wir mittlerweile. Das soll gut sein. Nun ja, da gibt es noch den kleinen nagenden Zweifel, ob wir nicht alle zu Egomanen werden. Aber in einem gewissen Rahmen kann man sich ja mal ein bisschen lieben, oder? Vielleicht kommt die richtig tiefe Liebe dann wie von selbst?

Wieso ist das so schwer? Warum lieben wir uns eigentlich nicht? Jesus hat gesagt: »Liebe deinen Nächsten wie dich selbst.« Es ist häufig so: Wir lieben uns nicht, und wir lieben unseren Nächsten nicht. Diese »Selbstliebe« war für die meiste Zeit meines Lebens ein Buch mit sieben Siegeln und auch nicht die Nummer eins auf meiner Prioritätenliste. Ich wollte mich verbessern. Meine Engel erfühlen. Weise werden. Frieden in meinem Leben haben. Wach sein. Und mein Selbst lieben? Na ja, so wichtig war das nicht für mich.

Ich habe mich um die Liebe zu mir selbst nicht wirklich gekümmert. So dachte ich. Bis mir klar wurde, dass ich alles tat, um mich selbst zu lieben. Ich wurde authentischer. Wahrhaftiger. Log nicht mehr. Veränderte mich und die Situationen, in denen ich lebte, auch wenn es schwer war. Ich fing an, mich besser zu behandeln und auf meinen Körper zu hören.

Vor einem Jahr fiel mir etwas auf. Nachdem eine langjährige Beziehung liebevoll zu Ende gegangen war, ich zum ersten Mal seit vielen Jahren wieder allein lebte und auch meine Tochter erwachsen war, empfand ich nach ein paar Monaten zu meinem

Erstaunen ein großes Glücksgefühl. Als ich das bemerkte, fiel mir auch auf, dass ich mich selbst so anschaue, wie ich jemanden ansehe, in den ich verliebt bin. Ich begrüßte mich selbstverständlich mit einem Lächeln jeden Morgen im Bad. Schaute mir liebevoll im Rückspiegel und in spiegelnden Schaufenstern nach. »Bin ich plötzlich narzisstisch geworden und habe es nicht gemerkt?«, fragte mein Verstand verschreckt. Gleichzeitig wurde ich von einer körperlichen Glückswelle getragen, dass ich wusste, damit konnte das nichts zu tun haben. Nein, ich liebe mich!

Himmel, hoffentlich sieht mich jetzt keiner. Lachend musste ich feststellen, dass sich ein Teil von mir deswegen schämt. Wir sind nun mal Mitteleuropäer. Einem Amerikaner würde das nicht so schwerfallen. Aber die gehen natürlich durch ein gänzlich anderes Erziehungssystem als wir. Dort muss man sich beispielsweise für Erfolg nicht entschuldigen. Bei uns hat sich das noch nicht so ganz rumgesprochen.

Was ist also passiert? Wieso liebe ich mich plötzlich? Und ... ist es wirklich so plötzlich?

Vor etwa achtzehn Jahren stellte man mir in einem Interview mal die Frage (da war ich noch Fernsehmoderatorin) : »Mögen Sie sich?« Darauf war ich erst einmal still und sagte dann: »Ich habe mich an mich gewöhnt.« Als wenn ich ein Hautausschlag oder eine Magenverstimmung gewesen wäre. Ich war auch noch recht zufrieden mit meiner Aussage. Sollte es doch der Journalistin vermitteln, dass ich keine von diesen leichtfertigen, naiven Frauchen war, sondern dass ich durchaus kritisch, selbstkritisch regelrecht, mit mir selbst und dem »Mögen« umgehen kann. Was man so alles macht und denkt, wenn man von anderen mehr gemocht werden will als von sich selbst.

Wenn ich mich zurückblickend betrachte, dann gab es auch nicht viel, das ich liebenswert finden konnte. Ich war nicht ehrlich. Ich lebte nicht authentisch. Ich wollte gefallen und gemocht werden. Ich wusste nicht, wer ich war und was ich will. Ich hatte mich angepasst. Obwohl ich erfolgreich war, war es nie genug, denn der Erfolg gab mir nicht das, was ich mir tief im Herzen gewünscht hatte. Kein Wunder, dass ich mich nicht liebte. Ich war nicht richtig vorhanden.

Das ist, glaube ich, der häufigste Grund dafür, dass es uns so schwerfällt, uns selbst zu lieben. Wir sind nicht stolz auf uns. Wir haben, wie der Koch, auf uns – dieses wunderbare und einzigartige Gericht – zu viel Ketchup drübergeschüttet. Und unter dieser roten Masse finden wir uns kaum. Was also sollen wir lieben? Wir existieren kaum mehr:

Ego: *Also hier steht, ich soll mich lieben. Das Mantra dazu: »Ich bin ein wunderbares einzigartiges Wesen, und ich liebe mich.«*

Körper: *Wir wollten heute doch früh ins Bett. Ich bin zu müde.*

Ego: *Ich bin zu beschäftigt. Sieht du nicht, dass das hier wichtig ist? Glaub mir, dann geht es dir auch besser, wenn es mir besser geht. »Ich bin ein wunderbares einzigartiges Wesen, und ich liebe mich. Ich bin ein wunderbares einzigartiges Wesen, und ich liebe mich. Ich bin …«*

Körper: *… immer noch müde. Und vielleicht ist es ja umgekehrt? Wenn es mir besser geht, geht es dir da oben auch besser.*

Ego: *Blödsinn! Ich sorge dafür, dass es dir besser geht. Wie war das noch mal? »Ich bin ein wunderbares einzigartiges Wesen, und …«*

Seele: *Lass es uns nicht nur sagen, sondern auch erfühlen.*

Ego: *»… ich liebe mich. Ich bin ein wunderbares, einzigartiges Wesen …«*

Körper: *… mit einem tollen Körper, der Pausen braucht und sich hinlegen muss. Ich dachte, du liebst mich?*

Ego: *Mein Gott, bin ich müde. So kann das nie was werden. Ich muss wach bleiben. Konzentrier dich. Wir ziehen das jetzt durch. Fertig. Aus. Ich muss dieses Mantra noch mindestens fünfzehn Minuten lang sagen. »Ich bin ein einzigartiges Wesen, äh … wunderbares einzigartiges Wesen, und ich liebe mich.«*

Körper: *Du liebst dich? Wen genau? Schließt das mich mit ein? Kannst du dich bitte mal an mich wenden?*

Seele: *Wir können unser Erwachen nicht nur auf einen Terminkalender setzen. Wir müssen dafür freie Zeit erschaffen. Dafür sollten wir etwas anderes weglassen. Unser Körper braucht ebenfalls Aufmerksamkeit.*

Ego: *»Ich bin ein wunderbares einzigartiges Wesen.« Hoffentlich hilft das was, mir geht's echt schlecht. Ich bin hundemüde und muss eigentlich noch ein paar E-Mails beantworten, aber das mache ich vielleicht morgen, obwohl … da habe ich doch dieses Treffen? »Ich bin ein wunderbares einzigartiges …«*

Körper: *… Wesen, das nicht die Wahrheit sagt. Ich mag nicht mehr. Ich muss schlafen. Achtung: Augen flattern, gähnen. Konzentration lässt nach – und … tschüs.*

Wenn wir uns lieben wollen, können wir noch so viele Mantras aufsagen. Wir glauben sie nicht. Die Worte müssen mit Inhalt und Gefühl aufgefüllt werden. Unser Körper ist nicht blöd. Er bekommt mit, ob wir wirklich etwas für ihn tun wollen.

Wir fangen an, uns selbst zu lieben, wenn wir etwas tun, auf das wir stolz sein können. Was macht uns stolz und glücklich? Und ich benutze »stolz« hier nicht im Sinne von »Ich bin besser als ihr anderen, und ihr könnt mich mal«, sondern von »Ich habe das geschafft, und das war nicht leicht für mich, deshalb bin ich stolz auf mich«. Im Tiefsten unseres Herzens sind wir stolz und glücklich, wenn wir etwas geschafft haben. Wenn wir uns überwunden haben und trotz Widerständen, trotz unserer Trägheit, trotz anfänglichen Nichtgelingens »es« durch Schwierigkeiten hindurch geschafft haben. Wir sind stolz, wenn wir uns die neuen Vokabeln auf Italienisch gemerkt haben. Wir sind stolz, wenn wir ein Stück auf dem Klavier endlich fehlerfrei hinbekommen haben. Wir sind stolz, wenn die Website steht, die wir mit viel Mühe, Kraft und Kreativität aufgebaut haben. Wir sind stolz, dass wir unsere Steuererklärung gemacht haben. Wir sind stolz, dass wir die Bilder endlich in Alben haben, und wir sind stolz, dass unser Schrank aufgeräumt, wir befördert und unser Zuhause schön ist. Und ja, wir sind auch stolz auf ein neues Auto, weil wir lange dafür gearbeitet haben. Wir sind stolz, dass wir uns beim Chef durchgesetzt haben oder selbst Chef geworden sind. Wir sind stolz, dass wir gekündigt haben und endlich mit der Schafzucht auf dem Bauernhof angefangen haben, was wir uns schon so lange gewünscht hatten. Wir sind stolz, dass wir unsere Seele nicht verkauft haben. Wir sind stolz, dass wir uns jetzt endlich Pausen gönnen. Wir sind stolz, dass wir zu etwas Nein gesagt haben. Wir sind stolz, dass wir so mutig gewesen sind, uns selbständig zu machen. Wir sind stolz, dass wir mehr Spaß in unserem Leben haben.

Je mehr dieser Momente wir erschaffen, desto mehr lieben wir uns. Denn wir haben gemerkt, was wir geschafft haben. Wir sind Mitschöpfer in unserem Leben, und wir können uns entscheiden.

Wir wissen aus eigener Erfahrung, dass man durch Schwierigkeiten lernt. Wir erkennen erst dann, was wir können, wenn wir es ausprobieren und nicht gleich beim ersten Widerstand aufgeben. Erfolgreiche Menschen (und damit meine ich nicht reiche oder berühmte, sondern Menschen, die in ihrem Leben glücklich sind) wissen, wie es ist, durch Herausforderungen zu lernen: Wenn die Vordertür verschlossen ist, ist vielleicht ein Fenster auf?

Selbstwertgefühl entsteht auch nicht ausschließlich daraus, dass uns unsere Eltern immer gelobt haben. Als meine Tochter noch im Schulalter war, zeigte sie mir beispielsweise etwas Gebasteltes für eine Hausaufgabe. Sie hatte sich gerade mal eine halbe Stunde damit beschäftigt, und ich sagte ihr: »Das ist ein toller Anfang. Ich bin gespannt, was du daraus machst.«

Offensichtlich gefiel ihr meine Reaktion nicht, denn sie meinte: »Ich bin fertig.«

»Bist du sicher?«, fragte ich sie. »Ich weiß, dass du das besser kannst und dir bestimmt auch noch einiges dazu einfallen wird.«

Diese Antwort passte ihr nicht, und sie meinte: »Warum kannst du mich nicht einfach mal so loben wie andere Mütter auch? Sag doch einfach, dass du stolz auf mich bist.«

»Aber dann lüge ich dich an. Dann weißt du später gar nicht mehr, wann ich wirklich stolz auf dich bin und wann ich es nur so sage.«

»Das ist mir egal. Sag es einfach.«

Ich umarmte sie und meinte: »Das wird nicht gehen. Da hättest du dir eine andere Mutter aussuchen müssen.« Sie schnappte sich ihr Bild und ging grummelnd wieder an ihren Tisch und malte weiter. Sie hat sich dann umso mehr über das spätere Lob gefreut.

Sich selbst zu lieben ist nicht nur eine Körperwahrnehmung, denn sonst wären alle schönen Menschen von ihrem Körper begeistert. Und das sind sie nicht. Es wird immer jemanden geben, der schöner, schlanker, beweglicher oder jünger ist. Sich selbst zu lieben ist auch, zu erkennen, dass wir für manche Dinge eben Zeit und Mühe investieren müssen.

Lieben ist erst einmal akzeptieren, was ist: So sehe ich jetzt aus. Es bringt uns nichts, wenn wir uns mit der Realität anlegen. So sehen wir aus. Es gibt Dinge, die sich nicht verändern lassen: unsere Größe zum Beispiel. Wir haben kurze oder lange Beine. Unsere

Stimme. Dünne oder dicke Haare. Weit oder eng auseinanderstehende Augen. Einen langen oder einen kurzen Hals. Schmale oder breite Schultern.

Vieles kann verändert werden. Ich habe lange Jahre unter meinem großen Busen gelitten. Dann habe ich mich mit ihm angefreundet. Dann habe ich ihn verkleinert. Zuerst einmal musste ich über die Hürde, die da lautet: »Verkleinern spirituelle Leute ihren Busen?« Ich fühlte in mich hinein. Ich bat meine Engel um Hilfe. Ich sah ein Nicken. Ich suchte mir einen Arzt aus und ließ mir Bilder zeigen. Dort ging mein Herz auf. Er zeigte mir Bilder von anderen Patientinnen, und mir standen vor Mitgefühl Tränen in den Augen. Busen, die wie lange dünne Säcke bis zum Nabel hingen. Das ist nicht einfach zu lieben. Könnte ich das? Ich glaube nicht. Wenn uns etwas zutiefst an unserem Körper stört, so glaube ich, haben wir die Möglichkeit, es zu ändern.

Es gibt zwei Herausforderungen dabei. Einmal, dass wir nicht plötzlich anfangen, an jeder Kleinigkeit herumzuschnipseln, und zweitens, dass wir uns mit allen modernen Möglichkeiten nicht entstellen. Aufgespritzte runde Gesichter ab fünfzig mit Riesenlippen und einem nach oben stehenden Riesenbusen auf einem dünnen, schmalen Körper passen einfach nicht zusammen. Das ist nicht Liebe. Das ist Angst.

Ich war froh, dass ich meine Brustverkleinerung gemacht habe. Ich betete mit meinem Arzt. Sang zu meinem Körper. Tröstete mich. Bedankte mich, dass er sich bei der Heilung so viel Mühe gab. Doch was passiert, wenn uns unser Körper plötzlich enttäuscht? Wir haben eine Routineoperation und nehmen an, dass alles gut verläuft, und dann passiert etwas, mit dem wir nicht gerechnet haben.

Marianne hatte, so schrieb sie mir, mal eine »blöde« Erfahrung mit dem Körper gehabt und suchte nach einer Lösung:

> »Bei mir war es eine missglückte OP, wo man sich im Vorfeld nicht darauf vorbereiten konnte, sondern man nach der OP aufwachte und alles während der OP anders als geplant ver-

laufen war. Der Körper war danach extrem schwach, weil – in meinem Fall –, fast verblutet. Der Unterschied: Körper schwach, Verstand/Geist stark ... Dieser Unterschied war so extrem, und ich kam damit nicht gut klar. Nun ist diese Erfahrung im Körper gespeichert und kommt häufig wieder hoch. Bei mir ist es insgesamt jetzt so, dass ich mich nicht mehr richtig sicher fühle in meinem Körper und meinem Körper nicht mehr richtig vertraue. Und seitdem sind viele Ängste da. Wie kann man wieder Vertrauen zu seinem Körper bekommen trotz ›schlimmer‹ Erfahrungen – und dass die nicht mehr bei Arztbesuchen oder in Situationen, wo etwas von mir verlangt wird, hochkommen, sondern ich sie wirklich loslassen kann und nicht mehr auf meinen Körper ›aufpassen‹ muss? Eine weitere Folge dieser OP war, dass ich häufig meinen Körper ›abspalte‹, also rausgehe und nur noch im Kopf bin und ich nicht mehr weiß, wie ich da wieder reinkomme.«

Die Angst, dem Körper nicht mehr zu vertrauen, sitzt in solchen Fällen tief. Wir, das Ego, unser Verstand, möchte kontrollieren und ist fassungslos, wenn ihm das nicht gelingt.

Doch der Körper braucht Unterstützung und er braucht Liebe. Es passiert uns nichts, was nicht mit unserer Seele in Einklang ist. So schwierig diese Herausforderungen auch sind. Wir als Seele und nicht wir als Ego entscheiden über unsere Abenteuer im Menschenleben, die wir hier erleben wollen. Wie könnte es sich nach der Operation hier abgespielt haben?

Körper: *Ich bin schwach. Ich brauche Unterstützung. Mir fehlt Kraft.*

Ego: *Was passiert mit mir? Ich fühle mich stark. Was machst du da?*

Körper:	*Ich brauche Erholung. Hilfe. Unterstützung.*
Ego:	*Du fällst mir in den Rücken!*
Körper:	*Ich brauche Erholung. Hilfe. Unterstützung.*
Ego:	*Ich habe dir vertraut! Wie kannst du mich so verlassen?*
Körper:	*Ich habe dich nicht verlassen. Ich gebe mir die größte Mühe, dazubleiben.*
Ego:	*Aber schau dich an! So? So will ich dich nicht. Ich will meinen alten starken Körper zurück.*
Körper:	*Das werde ich auch wieder sein. Nachdem ich die Erholung und die Hilfe und die Unterstützung bekommen habe.*
Ego:	*Ich will nicht so hier liegen. Ich habe etwas zu tun. Ich will nicht schwach sein.*
Seele:	*Wir sind nicht schwach.*
Ego:	*Natürlich! Schau dir meinen Körper an.*
Seele:	*Erinnern wir uns daran, dass wir für immer sind.*
Ego:	*Das glaube ich nicht mehr. Schau dir meinen Körper an. Er kann jederzeit überraschend aufhören. Ich werde nie wieder Ruhe in mir fühlen.*
Seele:	*Der Körper wird irgendwann einmal aufhören. Das haben wir jetzt erfahren. Wir können uns auch daran erfreuen, wenn wir sehen, wie viel Mühe er sich gibt.*

Ego: *Erfreuen? Ich habe Schmerzen. Ich bin schwach. Ich habe mein Vertrauen verloren. Bist du nun verrückt geworden?*

Körper: *Ich bemühe mich doch. Gib mir Unterstützung. Du schickst mir so viele Gedanken über mein Versagen. Kannst du nicht versuchen, dich daran zu erfreuen, dass ich noch da bin, und mir zeigen, wie sehr du mich schätzt? Schick mir Gedanken der Dankbarkeit. Das strahlt in meinen Körper aus und beruhigt mich. Du würdest doch ein Kind, das sich verletzt hat, auch nicht beschimpfen, sondern trösten. Tröste mich!*

Ego: *Und wer tröstet mich?*

Seele: *Ich. Wir wollten lernen, uns in unseren Körper einzufühlen. Aufmerksamer zu sein. Das haben wir uns gewünscht.*

Ego: *Das glaube ich nicht. Ich habe mir gewünscht, dass mein Körper gesund ist.*

Seele: *Wir sind gesund, selbst wenn unser Körper manchmal krank wird. Unser Körper unterstützt uns bei unseren Lernaufgaben. Dazu muss er manchmal krank werden. Wir lernen zu erkennen, dass wir unendliche Seelen sind. Sonst würden wir glauben, wir sind nur unser Körper.*

Ego: *Ach, du immer mit deinen Erklärungen …*

Seele: *Wir sind für immer. Und unser Körper würde sich über liebevolle Anteilnahme freuen.*

Körper: *Ja! Da fühle ich mich gleich besser.*

Wir sind für immer. Lassen Sie uns das nicht vergessen. Immer häufiger erinnere ich mich daran, dass ich für immer bin. Wenn es etwas gibt, an dem sich mein Verstand festbeißen will, dann erinnere ich ihn daran, dass wir für immer sind. Wenn ich meinen Körper zärtlich betrachte, erinnere ich mich daran. Das trainiere ich, übe ich, jeden Tag. Ich bin immer lieber Schüler gewesen. Ich finde es faszinierend zu lernen. Ich möchte natürlich auch wissen, ob das, was ich gelernt habe, wirklich wahr ist. Mich interessiert es nicht mehr, recht zu haben (das war lange Jahre eine Motivation von mir), jetzt interessiert es mich nur noch, in die tiefsten Tiefen der Wahrheit vorzudringen. So eigenartig, seltsam, unbequem oder irritierend das auch sein mag. Es ist unglaublich spannend.

Ich vertraue jetzt meinem Leben. Das war nicht immer so. Wenn ich zurückblicke, dann hat jede Herausforderung, jede Krankheit, jede Schwäche, jede Beziehung, jeder Schock, jeder Schmerz einen Vorteil für mich gehabt. Ich bin aufgewacht. Habe etwas dazugelernt. Wurde neugierig. Wollte etwas wissen.

Wir lernen eine Art neue Sprache im Umgang mit unserem Körper. Und wie mit den Italienischvokabeln dauert das manchmal ein bisschen. Haben Sie Geduld mit sich.

Ich habe mir vor ein paar Jahren angewöhnt, mich selbst laut zu loben. Das ist äußerst praktisch, und ich kann es nur empfehlen. Wenn man mal über die anerzogene Hürde des »Selbstlob stinkt« hinweggesprungen ist, dann macht Selbstlob sehr viel Sinn. Ich bin die Einzige, die wirklich weiß, was ich hören will. Ich bin die Einzige, die wirklich beurteilen kann, was für mich schwierig war und wie viel Aufwand ich benötigt habe, um das zu schaffen, was ich geschafft habe. Ich bin die Einzige, die wirklich genau die richtigen Worte findet, die ich auch hören will.

Also – wozu sich mit weniger abgeben und frustriert sein, wenn die Umwelt es wieder nicht erkennt, dass wir etwas Großartiges gemacht haben? Außerdem warten wir dann nicht mehr darauf, dass uns andere toll finden. Wir sind also nicht mehr verletzt, wenn sie uns eine Anerkennung verweigern, weil sie es vielleicht nicht einmal mitbekommen haben. Wir sind zufrieden, denn wir haben uns schon gelobt, und das mit genau den Worten und genau der Intensität, die wir hören wollten. Unsere Familie und unsere Freunde müssen also nichts dafür tun, dass wir uns wohlfühlen. Wir sorgen selbst dafür, dass es so ist.

Probieren Sie es mal aus. Wenn ich gewusst hätte, wie großartig das ist, hätte ich schon sehr viel früher damit angefangen. Es macht frei!

22

BodyBlessing für sich selbst

Das Leben ist nicht annähernd so kompliziert, wie ich es mir früher vorgestellt und auch so erlebt hatte. Jeder Tag hatte damals mehr Drama als jetzt mein komplettes Jahr. Das, was ich mir am Anfang meines spirituellen Erwachens 1992 erhofft und ersehnt hatte, ist eingetreten. Ich habe Frieden in meinem Leben. Frieden in mir. Und nicht nur das, sondern eine innere Freude und Gelassenheit, die sich manchmal durch lange stille Zeiten und dann wieder durch begeisterte Aktivität zeigt.

Das bedeutet nicht, dass ich oder mein Leben langweilig geworden ist. Es heißt aber, dass ich ehrlicher geworden bin. Loyaler mir gegenüber. Zärtlicher zu meinem Körper. Ein Teil von mir ist kompromissloser, ein anderer Teil weicher geworden. Ich habe mehr Verständnis für meine Mitmenschen und für mich entwickelt und gleichzeitig eine direktere, vielleicht auch schärfere Klarheit, was gemacht werden muss. Obwohl ich fließe, ist nichts mehr Wischiwaschi. Ich schaue mir Verhaltensweisen und Lebensumstände an, und es ist sehr viel klarer, warum sich etwas so und nicht anders entwickelt hat. Ich habe mich verändert und weiß, wie viel Fokus das braucht. Ich bin stolz auf mich, dass ich es geschafft habe. Bin ich fertig? Nein. Ich lebe noch.

Der spirituelle Weg wird schmäler. Am Anfang ist er wie eine breite Straße, auf der man noch vieles ausprobieren kann. Je mehr man sich schult, desto schmäler und gerader wird er. Das ist wie bei einer Skulptur. Wenn ich am Anfang an einer Figur arbeite, dann gibt es grobe Bewegungen. Lehm wird in großen Stücken angebracht. Gegen Ende gehe ich mit feinem kleinem Zahnarztwerkzeug daran. Einer Lupe. Die grobe Arbeit ist vorbei. Jetzt geht es ans Justieren.

Wenn Wahrheit einmal verstanden ist, dann kann sie nicht mehr weggedacht werden. Einmal verstanden, bleibt sie uns:

Verstand: (Beendet Telefonat.) »*Ja, alles klar. Schick mir den Vertrag zu. Ich mach mit. Tschüs.*«

Verstand: *Eigenartig. Ich kriege Halsschmerzen.*

Körper: *Husten und Schluckbeschwerden verstärken.*

Verstand: *Moment mal, was habe ich gerade gesagt, oder …* (Überlegt.) *Was habe ich gerade nicht gesagt?*

Körper: *Husten und Schluckbeschwerden konstant halten.*

Verstand: *Ach ja, stimmt. Ich habe schon wieder zugesagt, obwohl ich eigentlich absagen wollte.* (Hebt den Hörer noch mal ab und wählt.) »*Ich bin's noch mal. Mir ist gerade was aufgefallen. Ich sage gelegentlich etwas zu, obwohl ich schon weiß, dass das jetzt im Moment nicht in mein Leben passt. Ich muss leider doch absagen. Danke für dein Verständnis.*«

Seele: *Bravo!*

Verstand: »*Ja. Ich weiß. Es hat auch eine Zeit gedauert, bis ich das gelernt habe. Bis bald. Tschüs.*« (Legt auf.)

Körper: *Husten und Schluckbeschwerden abschwächen.*

Verstand: *Mein wunderbarer Körper, ich danke dir. Sag, stellst du die Schluckbeschwerden jetzt ein oder ist da noch ein Virus, das da dranhängt und das ich in Gedanken und mit Fokussierung rausschmeißen muss?*

Körper: *Husten und Schluckbeschwerden abstellen! Bitte weitergeben! Danke, Verstand. Gern geschehen. Wohlgefühl aussenden.*

Verstand: (Beobachtet.) *Ah, ich glaube, die gehen jetzt weg. Danke, Körper. Ich fühle mich richtig gut.*

Ich bin die Tochter eines Handwerkers und komme aus Bayern. Sachen müssen praktisch sein. Nachvollziehbar. Logisch sein. Funktionieren! Ich bin ein großer Verfechter davon, Dinge auszuprobieren. Und wenn es dann nach einem ernsthaften längeren Versuch mein Leben nicht verbessert, dann lasse ich es wieder und suche mir etwas anderes.

BodyBlessing ist eine Zusammenfassung von dem, was ich gelernt habe. Im Gegensatz zu anderen Übungen ist dies nicht etwas, was man eine halbe Stunde am Tag machen könnte und worum man sich dann nicht mehr kümmern müsste. Schön wär's!

Wir wünschen uns, wach zu werden – wenn Sie bis hierher gelesen haben, dann wünschen Sie es sich –, und dazu gehört ein aufmerksames Leben im Jetzt. Das ist nicht wie Yoga, das man für eine Stunde macht und es dann »hinter sich« hat, sodass das normale Leben weitergeht. Die erste halbe Stunde stimmt mich ein, und den Rest des Tages über vertieft es sich, weil ich aufpasse, was ich denke.

BodyBlessing *ist* das normale Leben. Es geht den ganzen Tag weiter. Es ist wie Atmen. Wir hören ja auch nicht nach einer halben Stunde, in der wir tief und gut geatmet haben, für den Rest des Tages auf. Unser Segen, unser Dank, unser Blessing wird wie unser Atmen mit jedem Mal selbstverständlicher.

Lassen Sie uns anfangen.

Hier sind die acht Schritte im BodyBlessing:

1. Beim Aufwachen, beim ersten Augenaufschlag, beim ersten Einsinken, Zurücksinken in den Körper sagen wir, denken wir, erinnern wir uns, wer wir sind: *Ich bin für immer. Ich bin eine endlose Seele, die eine menschliche Erfahrung macht. Ich bin für immer.*

   Was immer für Sie passt. Was immer Ihnen gefällt. Suchen Sie sich das aus, was Sie wissen oder was Sie glauben können (zum Beispiel »Ich bin ein Kind Gottes«, »Ich bin ein Teil des Universums«, »Ich bin das Zentrum meines Universums«, »Ich werde geliebt und liebe«, »Ich bin unendlich«, »Ich bin Weisheit«, »Ich bin Liebe« oder »Ich bin«). Für mich ist es ein »Ich bin für immer«.

2. *Dann umarmen wir uns. Wiegen uns. Segnen unseren Körper. Bedanken uns.* Bitte benutzen Sie auch dazu Ihre eigenen Worte. Es nutzt nichts, wenn ich hier etwas aufschreibe, was bei Ihnen überhaupt nichts zum Klingen bringt. BodyBlessing bedeutet nicht, dass Sie Ihren Körper so segnen wie ich meinen. BodyBlessing bedeutet, dass Sie das zu sich sagen, was Sie hören wollen. Sie kennen sich am besten. Legen Sie Ihr ganzes Gefühl hinein. Wenn es Ihnen schwerfällt, Ihren Körper zu segnen, weil Sie ihn »hassen«, ihn loswerden wollen oder er nur Ärger macht: Stellen Sie sich vor, er wäre Ihr Kind und hätte sich wehgetan. Trösten Sie Ihren Körper. Sprechen Sie ihm Mut zu.

   Erinnern wir uns daran: Unser Körper ist so, wie er ist. Wir legen uns nicht mit der Realität an. Er ist genau so, wie wir ihn – als Seele – brauchen. Ich habe Krampfadern. Aber ich habe auch Beine. Beine, die mich tragen. Beine, die sich bewegen, und Beine, die ihr Bestes versuchen. Ich segne und bedanke mich bei meinen Beinen, dass ich sie überhaupt habe.

3. *Wir fokussieren uns auf die Herzgegend (wir halten uns immer noch umarmt).* Wir sind häufig in unserem Kopf, in unserem Verstand. Da spielt sich vieles ab. Mit diesem dritten Schritt holen wir den Fokus vom Kopf runter in unser Herz. Sich wirklich einfühlen: Das erfordert alle Konzentration. Wenn der Gedanke hochkommt: »Was ziehe ich heute bloß an« oder »Was ist noch zu erledigen«, holen Sie sich bitte wieder in Ihr Herz zurück. Das ist eine Konzentrationsaufgabe. Das wird mit Übung immer besser.

4. *Einsinken in den Körper.* Sie erfühlen Ihren ganzen Körper. Immer noch mit diesem BodyBlessing-Gefühl, diesem Dankbarkeitsgefühl, überhaupt einen Körper zu haben. Ohne ihn wären Sie nicht hier. Und das wäre zu schade! Erfühlen Sie, was Ihnen Ihr Körper zeigt. Wellenbewegungen. Bereiche, die heiß sind. Fließen. Kreisen. Das wird mit der Zeit mehr werden. Wenn Sie am Anfang noch wenig empfinden, versuchen Sie, nicht zu viel zu erwarten. Das sind kleine, sehr zarte Bewegungen. Die entgehen uns leicht. Ich habe am Anfang auch nichts gespürt. Das wird schon! Ein einfacher Test, ob Sie komplett und wirklich in Ihrem Körper eingesunken sind: Sie lächeln. Es lässt sich gar nicht vermeiden.

   Dann setzen Sie sich entweder auf zu Ihrer Meditation, oder Sie bleiben liegen. (Liegen bleiben sollten Sie nur, wenn Sie Erfahrung darin haben. Das heißt, wenn Sie wissen, dass Sie dann nicht gleich wieder einschlafen. Ich habe, wenn ich im Liegen meditiere, immer die Beine über Kreuz. So weiß mein Körper, dass wir meditieren und nicht schlafen wollen. Und mein Körper schläft dabei auch nie ein. Er ist das gewohnt.)

5. *BodyBlessing-Gebet.* Als Beispiel meines: »Himmlischer Vater, himmlische Mutter, alle Engel und alle Meister, ich bedanke mich für diesen Tag, dieses Leben, diesen Körper. Ich segne dich. Amen.«

Meine Gebete sind sehr viel kürzer als früher. Wenn Sie ein längeres brauchen, machen Sie es länger. Natürlich können Sie auch Ihr Gebet verändern, wenn es sich richtig anfühlt. Es ist *Ihr* Gebet. Es muss für *Sie* nützlich sein.

6. *Finger halten und einfühlen.* In dieser Meditation halten wir einen Finger nach dem anderen. Damit verbinden Sie sich durch die Finger mit jedem Organ, mit jedem Körperteil, und alles bekommt Ihre Liebe ab und wird angeregt, harmonisch miteinander zu fließen. Manche Finger wollen länger, manche kürzer gehalten werden. Wann immer Ihnen der Gedanke kommt: »Wie lange halte ich den Finger eigentlich schon?«, oder: »Jetzt sollte ich doch mal wechseln«, wechseln Sie. Als ich dies vor ein paar Jahren begann, hielt ich fast ausschließlich die Finger der linken Hand und am längsten den kleinen Finger. Unser Körper weiß, was wie lange gehalten werden will. Sorgen Sie dafür, dass Ihr Verstand sich dabei heraushält. Er lernt es nach einer Weile. Meiner hat es auch gelernt, und er war besonders stur:

   Herausforderung 1: Sie denken zu viel und haben Ihren Körper wieder auf Ihren Verstand reduziert. Fragen Sie sich: Was denke ich eigentlich? Und beobachten Sie, was da als Gedanke kommt. Es werden mit der Zeit immer weniger. Immer wieder, wenn Ihnen auffällt, dass Sie sich von der Körperempfindung aufs Denken verlegt haben, fragen Sie einfach nur: »Was denke ich eigentlich?«, und *beobachten*, was da so kommt. Ohne Schuldgefühle. Wir üben hier. Seien Sie nett zu sich. Denken Sie daran, dass Sie sich so behandeln, wie Sie ein Kind behandeln würden, das gerade laufen lernt. Ganz entspannt. In der Regel gelingt es dann sofort, wieder zurück in die Körperwahrnehmung zu kommen.

   Herausforderung 2: Sie sind eingeschlafen. Sie waren wahrscheinlich noch müde. Versuchen Sie es das nächste Mal im

Sitzen, ohne sich anzulehnen. Dies ist ein bewusstes In-den-Körper-Hineinspüren. Sie werden immer weniger abdriften und stattdessen immer länger, immer bewusster da sein.

Herausforderung 3: Ich habe sehr lange Arme, und es ist für mich sehr angenehm, im Liegen meine Finger zu halten. Wenn Ihre Ellbogen nicht entspannt liegen können, dann wird das Fingerhalten ein Fingerziehen, und das macht keinen Spaß. Sie können gern zwei kleine Kissen unter die Ellbogen legen, damit die Hände entspannt auf Ihrem Körper (Bauch, Herz oder nur Oberkörper – wie immer Sie es am angenehmsten haben) liegen lassen können.

Herausforderung 4: Zeit. Sie haben keine. Hm. Komisch. Haben Sie nicht auch 24 Stunden gekriegt?

Eine Meditation sollte zirka 20 Minuten dauern, und das Body-Blessing dauert bisher auch so lange.

7. *Tanzen.* Tanzen? Das kann nicht mein Ernst sein? Doch. Wenn möglich, suchen Sie sich vorher eine Musik aus, die Sie berührt. Sie sollte harmonisch und melodisch sein. Sie darf gern rhythmisch sein. Sie muss Ihnen Spaß machen. Im Idealfall ist sie am Anfang weicher und zieht erst später an. Minimum: 10 Minuten.

   Erfühlen Sie die Musik. Tanzen Sie die Musik. Falls Sie sich körperlich nicht bewegen können, stellen Sie es sich vor. Strecken Sie Ihre Arme aus, bewegen Sie Ihre Knie, lassen Sie Ihre Hüften kreisen, und wenn Ihr Partner zuschaut und Ihre Kinder sich kaputtlachen, ist das auch gut. So haben Sie wenigstens für deren Amüsement gesorgt. Das ist Teil des BodyBlessings: etwas zu tun, selbst wenn es komisch aussieht (und es sieht übrigens nie komisch aus, sondern immer berührend). Schließen Sie die Augen, dann sehen Sie's nicht. Und denken Sie daran, dass Sie Arme haben, die wollen ausgestreckt werden. Ich komme aus der Disco-Zeit, in der man elegant mit den Hüften gewippt hat und die Arme gelangweilt nach unten hingen. Das machen wir nicht. Wir bewegen uns. Wir machen uns breit. Wir singen mit!

8. *Singen.* Ja, auch das noch. »Das war es aber dann, oder?« Ja. Das war es dann. Töne haben eine heilende Wirkung auf unseren Körper. Besonders unsere eigenen Töne. Die, die automatisch, intuitiv aus uns gesungen werden. Häufig singe ich beim Meditieren. Ich verlasse mich darauf, dass die Töne, die für mich wichtig sind, aus meinem Körper kommen. Ich habe ein »Toning« von mir aufgenommen, das ich gelegentlich höre und das mich immer sehr entspannt. Ich bin es, die zu mir singt. Erinnern wir uns daran, wie wir es geliebt haben, wenn uns als Kindern etwas vorgesungen wurde. So singen wir uns selbst etwas vor. Wir segnen uns selbst damit. Viel Spaß!

23
BodyBlessing für Paare

Wenn Sie das BodyBlessing als Paar machen wollen, können Sie das entweder ebenfalls am Morgen tun (obwohl Sie vielleicht nicht zur gleichen Zeit aufwachen) oder einfach nur so und natürlich auch, bevor Sie miteinander schlafen.

Umarmen Sie sich gegenseitig so, dass Sie sich dabei auch in die Augen schauen können. Sagen Sie dem anderen, dass er für immer ist. Er sagt es Ihnen. Halten Sie Blickkontakt und halten Sie ihn aus. Ein Tipp: Suchen Sie sich das linke Auge aus. Das berührt tiefer.

1. *Du bist für immer. Du bist eine endlose Seele, die eine menschliche Erfahrung macht. Du bist für immer. Wie wunderbar, dass du diese Erfahrung auch hier mit mir machst.* Hier gilt ebenfalls: Sagen Sie, was immer für Sie passt. Was immer Sie sagen wollen. Es muss nicht das Gleiche sein.

2. *Dann umarmen Sie sich. Segnen den Körper des anderen. Bedanken sich.* Auch hier benutzen Sie bitte Ihre eigenen Worte. Immer noch sehen Sie den anderen an. Natürlich können ab und zu die Augen zugemacht werden, aber bitte den intimen Austausch zulassen. Achten Sie, was der andere besonders gern hört. Segnen Sie, was Sie segnen wollen. Wenn Sie seine Hände, seinen Penis segnen wollen, nur zu!

3. *Den Fokus auf die Herzgegend legen.* Wir legen unsere Hand auf das Herz unseres Gegenübers und sagen, wie sehr wir ihn/sie lieben. Augen bitte immer noch auf. Variieren Sie die Wortwahl Ihres Liebesbekenntnisses. Und lassen Sie Ihre Liebe durch Ihr Herz, durch Ihre Hand zum Herzen des anderen fließen.

4. *Einsinken in den Körper.* Jetzt umarmen Sie sich wieder. Schließen Sie die Augen und erfühlen Sie den Körper des anderen mit Ihrem eigenen Körper. Erfreuen Sie sich an der Berührung. An der Wärme. An einer gelegentlichen Bewegung. An einem Streicheln.

5. *BodyBlessing-Gebet.* Sie haben vielleicht ein gemeinsames Gebet. Dann sprechen Sie es entweder gemeinsam oder jeder für sich allein. Laut oder leise. Wie Sie möchten.

   Möglichkeit 1: Falls Sie miteinander schlafen wollen, vergessen Sie das Fingerhalten.

   Möglichkeit 2: Falls Sie in Ihrer Beziehung in einer Krise sein sollten, sprechen Sie ein gemeinsames Gebet für Ihre Beziehung. Zum Beispiel: »Himmlischer Vater, himmlische Mutter, wir beten gemeinsam für unsere Liebe und unsere Ehe/Beziehung. Mögen wir erkennen, was wir gemeinsam verändern oder loslassen können, um weiterhin Verständnis und Liebe füreinander zu empfinden. Amen.«

6. *Finger halten und einfühlen.* Im Paar-BodyBlessing halten wir den Finger des anderen. Gehen von einem zum anderen. Fühlen hinein, wann der nächste Finger gehalten werden will. Falls unser Partner den vorherigen länger gehalten haben möchte, sagt er es.

   Auch hier fühlen wir nur in uns hinein. Wie fühlt es sich an, wenn ich den Finger meines Gegenübers halte? Wie fühlt es sich an, wenn mein Finger gehalten wird? Wird er so gehalten, wie ich das möchte? Falls nicht, bitte mitteilen. Dies wird eine Weile dauern. Jetzt kommt es darauf an, ob Sie im Bett liegen und schlafen wollen, miteinander schlafen wollen oder ob dies am Morgen oder tagsüber gemacht wird. Probieren Sie gelegentlich die Schritte 7 und 8 aus.

7. *Tanzen.* Bei der Musik muss es keine sein, die Ihnen beiden gefällt. Jeder bringt seine eigene Musik. Auch hier sollte sie harmonisch und melodisch sein. Sie darf gern rhythmisch sein. Sie muss Ihnen Spaß machen. Im Idealfall ist sie am Anfang weicher und zieht erst später an. Jeder kann ein Lied tanzen. Man kann zusammen tanzen. Einer nach dem anderen. Doch es sollte irgendwann einmal sein, dass jeweils der eine dem anderen zuschaut.

   Ziehen Sie etwas an (Sie können natürlich auch nackt tanzen), worin Sie sich wohlfühlen. Gerade für Frauen: worin Sie sich weiblich fühlen. Wenn Sie sich am Anfang scheuen, vor dem anderen zu tanzen, zünden Sie nur ein paar Kerzen an. Das macht es einfacher. Glauben Sie mir, Sie sehen wunderbar aus. Wenn Sie sich erlauben, in die Musik einzusinken, wird das eine berührende Bewegung sein, die der Mann oder die Frau, die uns liebt, mit Beglückung wahrnimmt. Und wenn Sie singen wollen …

8. *Singen.* Sie können entweder miteinander singen, oder einer singt dem anderen etwas vor. Beim Miteinandersingen verlassen Sie sich auf Ihre Intuition. Lassen Sie das heraus, was an Tönen aus Ihnen kommen möchte. Manchmal versuchen wir verzweifelt, harmonisch mit dem Partner zu singen. Aber wenn wir die Töne unserer Seele singen – und kein Lied, das beide kennen –, dann könnte unser Verstand dabei verrückt werden. Er kann es nicht kontrollieren. Fangen Sie mit einem leichten Summen an und bleiben Sie bei sich. Lassen Sie alle Ihre

Töne heraus, wie Ihr Partner oder Ihre Partnerin das auch macht. Nach einer Weile ergibt sich eine natürliche Harmonie. Sie werden überrascht sein.

Wenn Sie dem anderen vorsingen, verlassen Sie sich auch hier wieder auf die Töne. Selbst wenn seltsame Geräusche aus Ihnen kommen wollen – bitte zulassen. Der andere wird sie brauchen. Sonst würden sie nicht kommen.

24

BodyBlessing für Kinder

Halten Sie Ihr Kind so, dass Sie sich beide wohlfühlen. Das kann auch gern abends beim Zubettgehen sein. Sie können das natürlich ebenso gut beim gemeinsamen Kuscheln machen. Schauen Sie in das linke Auge des Kindes.

1. *Du bist für immer, und du hast dir diesen tollen Körper ausgesucht, wie man sich ein neues Spielzeug aussucht.* Verlassen Sie sich auf Ihre Intuition. Sie wissen, was Ihr Kind hören will.

2. *Umarmen Sie Ihr Kind und lassen Sie sich umarmen. Segnen Sie den Körper des Kindes.* Bedanken Sie sich. Bitten Sie mit den eigenen Worten. Hier nur ein Beispiel: »Ich liebe dich, und ich freue mich so, dass wir uns ausgesucht haben. Ich segne deinen tollen Körper. Ich segne dich. Ich freue mich so, dass es dich gibt.«

3. *Den Fokus auf die Herzgegend legen.* Hier können wir auch spielerisch fragen, ob unser Kind sein eigenes Herz fühlen kann. Wie schlägt es denn? Sagt es etwas? Hat es einen Rhythmus? Dann legen wir die Hand auf das Herz unseres Kindes. Schicken durch unsere Hand unsere Liebe zum Herzen des Kindes. Es mag das vielleicht auch umgekehrt machen. Wir können außerdem singen oder sagen: »Ich liebe dich, ich liebe dich, ich liebe dich.«

4. *Einsinken in den Körper.* Wir können unser Kind fragen, wie sich denn sein Körper anfühlt. Ob er warm ist. Ob sich etwas bewegt. Ist es nicht toll, dass es so einen guten Körper hat? Dass es springen und tanzen und essen und umarmen und spielen kann? Haben Sie Spaß damit! Erfreuen Sie sich an der Berührung. Streicheln Sie das Kind und lassen Sie sich streicheln.

5. *BodyBlessing-Gebet.* Falls Sie noch kein gemeinsames Gebet haben, können Sie sich eins aussuchen. Kinder mögen es gern, wenn es vertraut, also stets das Gleiche ist. Sie können entweder gemeinsam eins entwickeln oder sich welche aussuchen und dann eins davon wählen.

6. *Finger halten und einfühlen.* Beim Kinder-BodyBlessing halten wir jeweils einen Finger des Kindes oder zeigen ihm, wie es geht. Erinnern wir uns daran, dass jedes Kind anders ist und vielleicht auch ein wenig gelangweilt von etwas ist. Seien Sie flexibel. Sie können fragen, an welcher Stelle des Körpers Ihr Kind es fühlt, wenn Sie einen bestimmten Finger halten.

7. *Tanzen.* Sollten Sie das BodyBlessing am Abend durchführen, fällt das Tanzen natürlich weg. Falls Sie Ihr eigenes BodyBlessing machen, kann es auch ein gemeinsames Tanzen und Singen am Morgen sein. Unsere Kinder verstehen sehr schnell, wenn wir neue Gewohnheiten einbringen. Sie mögen das. Sie können also Ihr BodyBlessing am Morgen erst mal bis zum Tanzen allein machen. Mit der Musik finden vielleicht auch die Kinder Freude, den Morgen so ganz anders zu beginnen. Hierbei kann natürlich auch ein Lied der Kinder ausgesucht werden.

8. *Singen.* Auch beim Einschlafen können Sie Ihrem Kind natürlich etwas vorsingen und ihm beibringen, selbst zu singen. Was kommt automatisch an Tönen heraus? Was möchte gesummt, was möchte lauter gesungen werden? Sind es einfach nur

Vokale, sind es Worte, ist es ein bestimmtes Lied, das beruhigt? Denken Sie daran, Sie können nichts falsch machen. Wenn Sie sich auf Ihr Gefühl verlassen und Ihr Kind mit einbeziehen, dann entsteht etwas Berührendes daraus.

25

BodyBlessing für Kranke oder Mitmenschen, die nicht mehr ganz im Körper sind

Es mag jemand im Koma liegen, Alzheimer haben, tief schlafend im Krankenbett liegen, auf dem Weg nach Hause sein. Das BodyBlessing beginnt auch hier beim Erkennen:

1. *Du bist für immer. Du bist eine endlose Seele, die eine menschliche Erfahrung macht. Wir sind für immer.* Sie können das in Gedanken oder laut sagen. Verlassen Sie sich auf Ihre Intuition. Passen Sie aber auf, dass dort nicht Ihre Sorge spricht: »Was werden denn die Leute hier von mir denken?« Das ist nicht die Intuition. Die Sorge kommt mit einem »Herz zumachen«. Macht etwas mein Herz auf, ist es richtig.

2. *Dann umarmen, segnen wir den Körper des anderen. Bedanken uns.* Hier tun wir natürlich auch nur, was möglich ist.

   Man kann sich übrigens zu einem Kranken ins Bett legen. Auch wenn die anderen seltsam schauen. Ich mache BodyBlessing häufig im Krankenhaus, und es ist immer wieder erstaunlich, wie manche andere Zimmernachbarn entweder ganz still werden oder den Raum verlassen. Was immer sie tun, es passt stets perfekt. Manche fragen dann nach, was ich denn da gemacht hätte. Manche schließen selbst die Augen und hören zu. Ich kündige es auch immer vorher an. Zum Beispiel so: »Ich hoffe, ich störe Sie nicht, aber ich würde gern einen Segen für die Heilung meines Freunds/meiner Freundin/meines Familienmitglieds sprechen. Später singe ich auch, nicht erschrecken, bitte.« Da ich beim BodyBlessing fast immer auch singe, warne ich stets gern vor. Ich möchte natürlich auch dem anderen die Möglichkeit geben, zu gehen, wenn ihm das unangenehm ist.

3. *Den Fokus auf die Herzgegend legen.* Wir legen entweder unsere Hand auf das Herz des anderen, oder wir haben unsere Hand über dem eigenen Herzen. Natürlich geht es ebenso, dass eine Hand auf unserem und die zweite auf dem Herzen des anderen liegt. Auch hier gilt: Bitte folgen Sie Ihrer Intuition.

4. *Einsinken in den Körper.* Sie bitten um Erlaubnis, ob Sie sich in den Körper des anderen einfühlen dürfen. Dazu frage ich innerlich nach. Das heißt, dass mein Lichtfeld sich in das Lichtfeld meines Gegenübers einfühlt. Ich koordiniere mein Atmen mit dem seinen. Für »Anfänger«: Halten Sie einfach nur das Gefühl des Wohlbefindens in Ihrem Körper und schicken Sie es ihm … wenn er es denn will. Sie werden ein starkes Gefühl bekommen, ob er es haben möchte.

   Wenn jemand auf dem Weg nach Hause ist, dann braucht er das nicht mehr. Er geht einen anderen Weg. Es ist äußerst wichtig, dass wir akzeptieren, ob der andere unser Geschenk, unsere Liebe, unser eigenes Körperwohlbefinden annehmen will. Es geht hier nicht darum, dass wir es »schaffen«, jemanden bei seiner Heilung zu unterstützen. Wir bieten etwas an. Ob er es will, ist ganz allein seine Sache. Vertrauen Sie – auch hier – wieder Ihrer Intuition.

5. *BodyBlessing-Gebet.* Als Beispiel meines: »Himmlischer Vater, himmlische Mutter, alle Engel und alle Meister, ich segne dich als unendliches Wesen in unserer gemeinsamen Welt. Amen.«

6. *Finger halten und einfühlen*. Wenn es möglich ist und wenn es der andere erlaubt, gehen Sie auch hier durch alle Finger. Fühlen Sie sich ein. Versuchen Sie, Ihre Gedanken sauber zu halten. Es ist leichter, wenn Sie sich auf Ihr Herz oder auf das Fühlen des Fingers konzentrieren. Wann immer Ihr Verstand sich einmischt, holen Sie sich wieder zurück in die Körperwahrnehmung. Möglicherweise kommen während dieser Zeit Informationen des Patienten. Das sind dann ziemlich klare Gedanken. Bedanken Sie sich für den Kontakt. Schreiben Sie das später auf. Vielleicht ist es wichtig, das mitzuteilen. Vielleicht ist es eine schöne Erinnerung. Vielleicht ist es eine Nachricht.

7. *Tanzen*. Das Tanzen entfällt wahrscheinlich.

8. *Singen*. Singen Sie. Was Ihnen in den Sinn kommt. Gern ohne Text. Vielleicht aber eben das Lieblingslied.

   Ich habe meiner Schwiegermutter während der Zeit ihres Sterbens im amerikanischen Krankenhaus auf Deutsch »Lili Marleen« vorgesungen. Der ganze Flur wurde still, und die Schwestern haben sich darüber noch Tage später gefreut. Nur zu. Sich zu »blamieren« ist herrlich! Auch das macht frei.

26

BodyBlessing für Tiere

Fühlen Sie sich in Ihren Tierfreund ein. Sitzen Sie dabei. Haben Sie (Körper)kontakt und erinnern Sie sich daran, dass auch unsere Tiere für immer sind.

1. *Du bist für immer.* Vielleicht machen Sie dieses BodyBlessing einfach nur, weil Sie dankbar für Ihren Tierfreund sind. Vielleicht tun Sie es, weil Ihr Tierfreund krank ist oder kurz vor dem Abschied steht.

   Falls es ums Abschiednehmen geht, versuchen Sie, Ihre Trauer vorher allein zu klären. Im BodyBlessing ist es schwierig, wenn wir unsere Trauer über unser Tier schütten. Sie verstehen, was ich meine. Erinnern wir uns daran, dass wir eine Viertelsekunde Zeit haben, bis ein Gedanke ein Gefühl wird.

   Denken Sie gerührt an die schöne und wunderbare Zeit mit Ihrem Freund. Akzeptieren Sie seinen Seelenweg. So bringen Sie sich in die Stimmung des Segens und der Dankbarkeit. Wir haben Zeit miteinander verbracht. Wunderbare Zeit. Und wir werden wieder Zeit miteinander verbringen.

   Unsere Tiere haben ihre eigenen Seelenhausaufgaben. Sie sind zu uns gekommen und bleiben so lange, wie es ihre Seele möchte. Wenn sie gehen, bedeutet dies nicht, dass sie uns nicht mehr mögen. Es ist Zeit. Sie treffen uns in unserem wirklichen Zuhause wieder.

2. *Dann berühren wir unseren Tierfreund und segnen ihn.* Lassen *Sie Ihr Herz fühlen. Tiere verstehen Bilder. Schicken Sie Bilder.* Bilder von den Momenten, die Sie in gemeinsamer Erinnerung haben. Bilder, die Sie rühren. Sprechen Sie Ihren Segen.

   Wenn Sie in einer Trainingsstufe sind, dann stellen Sie sich vor, was Ihr Tierfreund machen soll (zum Beispiel draußen sein Geschäft erledigen, auf dem Boden statt auf der Couch sitzen, Gäste mit einem kurzen Schwanzwedeln statt mit langem Gekläffe begrüßen). Erinnern wir uns daran, dass Tiere in Bildern denken. So denken wir den Film – die Bilder –, wie wir es gern sähen. *Nicht*, wie das Tier es falsch macht. Legen Sie das Gefühl des Segens und das Gefühl der Freude in diese inneren Bilder.

3. *Den Fokus auf die Herzgegend legen.* Legen Sie Ihre Hand auf das Herz Ihres Tierfreunds und lassen Sie die Liebe von sich aus durch Ihre Hand fließen. Falls es sich hier um eine Heilung handelt, bleiben Sie in dieser Liebe. Seien Sie aufmerksam, dass durch Ihre Hand kein »O Gott, bitte stirb nicht, was soll ich denn ohne dich tun?« kommt. Seien Sie sauber in Ihrem Kontakt. Sie segnen ihn. Akzeptieren, dass es sein Weg ist. Wenn es in Ihrer beider Seeleninteresse liegt, dann wird er gesund.

4. *Einsinken in den Körper.* Erfühlen Sie seinen Körper. Verlassen Sie sich auf Ihre Intuition. Wenn Sie irgendwo hinlangen sollen, langen sie hin. Wenn Ihnen die Idee kommt, Ihren Tierfreund umzudrehen, drehen Sie ihn um. Wenn Sie das Gefühl haben, singen zu sollen, singen Sie. Wenn Sie ihn streicheln wollen, streicheln Sie ihn. Verlassen Sie sich auf die Weisheit Ihrer Seele und die Weisheit Ihres Körpers. Lassen Sie sich Zeit. Das ist selten in ein paar Minuten vorbei. Wenn Ihre Energie klar ist, wird das Tier Ihnen den Körperteil hinhalten, den es berührt haben möchte. Wenn es sich wegbewegt, dann ist es damit fertig. Vertrauen Sie darauf.

5. *BodyBlessing-Gebet.* Beten Sie, was Sie beten möchten. Denken Sie daran, dass ein Gebet immer auch Dankbarkeit ausdrückt.

6. *Finger halten und einfühlen.* Das mag sich mit Schritt 4, dem Einsinken, schon erledigt haben. Sonst können Sie gern noch die Pfoten halten. Dies ist aber wahrscheinlich sehr viel kürzer. Bleiben Sie in Ihrer Körperwahrnehmung. Falls Ihr Verstand sich einmischt, beobachten Sie ihn und fragen Sie sich: »Was denke ich eigentlich?« Kommen Sie dann wieder zurück zur Körperwahrnehmung.

7. *Tanzen.* Entfällt wahrscheinlich, aber Sie können natürlich mit Ihren Tieren herumspringen, was dem Tanzen ja nicht ganz unähnlich sein muss …

8. *Singen.* Das bleibt. Kann sich aber auch schon vorher (in Schritt 4) gelöst haben. Tiere lieben es, wenn ihnen etwas vorgesungen wird. Verlassen Sie sich einmal mehr auf Ihre Intuition. Töne, Silben, wahrscheinlich weniger Worte, werden da ganz natürlich aus Ihnen kommen. Es kann auch sein, dass Sie Töne in den Körper singen wollen. Das heißt, Sie legen Ihre Lippen auf den Körperteil (Rücken, Herz und so weiter) und lassen die Töne in den Körper ziehen. Alles immer in dem Gefühl der Liebe und Dankbarkeit. Ihr Tierfreund wird Ihnen Zeichen geben, wenn es vorbei ist. Meistens steht er dann auf und geht.

27

Falls es schwerfällt …

Falls … nur falls es Ihnen schwerfällt, sich selbst zu segnen … darf ich?

Du

bist einzigartig. Du gehört zu uns, wie wir zu dir gehören. Wir sind eine Seelenfamilie, die dieses Abenteuer, diesen Urlaub, diesen Planeten gemeinsam ausgesucht haben. Du bist ein Teil Gottes. In dir strahlt das Göttliche. Vergiss nicht, dass du unendlich bist. Vergiss nicht, dass du Talente hast. Vergiss nicht, dass du dich schützen darfst.

Du

bist wunderbar. Dein Lächeln wärmt. Deine Umarmung tröstet. Auch wenn du dich manchmal einsam fühlst, vergisst nicht, dass du auch für dich selbst da sein kannst. Du hast schon so viel geschafft! Schau zurück in deine Vergangenheit. Wie viele Krisen hast du schon gemeistert! Auch diese wird dir gelingen. Du bist unendlich. Du bist wie ich. Wie wir. Gott hat sich geteilt, und du bist ein Teil davon. Du bist das Zentrum deines Universums. Die strahlende Sonne. Erlaube dir zu strahlen, denn:

Du

würdest uns fehlen. Ich segne dich. Ich segne dein Sein. Deinen Körper. Dein Strahlen. Dein Leben. Die Unendlichkeit Gottes, aus der du kommst und mit der wir verbunden sind.

Du

hilfst uns, gemeinsam dieses Leben hier auf Erden zu haben. Schön, dass es dich gibt. Fühle dich umarmt.

BodyBlessing auf einen Blick

In einer meiner Meditationen kam mir die Idee, eine Zeichnung vom BodyBlessing in dieses Buch einzufügen, damit man etwas hat, was bildlich an die Reihenfolge erinnert. Ich sah vor meinem inneren Auge die Zeichnung neben dem Bett liegen.(Wenn Sie möchten, können Sie sie aus dem Buch kopieren, um sich eine Erinnerungsstütze zu schaffen.)

Zur gleichen Zeit lernte ich Mimi St. Clair kennen, deren berührende Strichzeichnungen mir sehr gefallen. Mimi entwickelte zusammen mit mir zwei Zeichnungen. Eine mit dem Tanzen und eine ohne.

Die erste BodyBlessing-Zeichnung ist eine mögliche Morgenmeditation. Die andere soll uns daran erinnern, uns während des Tages – natürlich gern auch mehrmals – dem Körper zu widmen.

Die Darstellung zeigt die einzelnen Elemente des BodyBlessings im Uhrzeigersinn:

1. Ich bin für immer
2. Umarmen
3. Ins Herz einfühlen
4. Einsinken in den Körper
5. Gebet
6. Finger halten
7. Tanzen
8. Tonen/Singen

BodyBlessing am Morgen

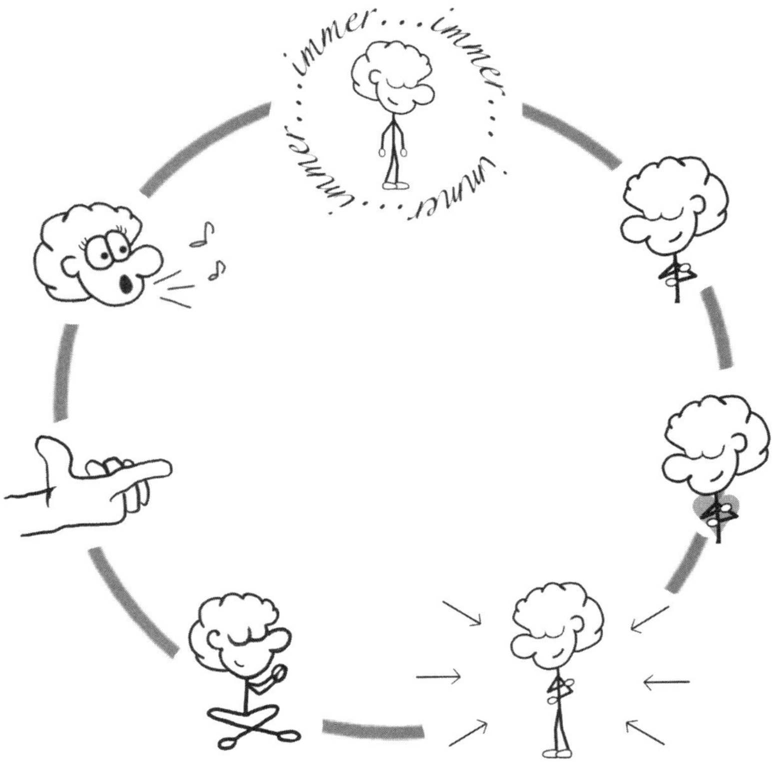

BodyBlessing für den ganzen Tag

Dank

Ich möchte mich von Herzen bei meinen Lehrern in Form und ohne Form bedanken.

Meinem Verleger Michael Görden, der sich aufmerksam und klug um dieses Buch gekümmert hat und »Buch-Hebamme« Patricia Kasimir, die viele Fragen charmant und kompetent beantwortet hat. Einen herzlichen Dank an Sukey Brandenburger für ihren Vorschlag zum Cover dieses Buches (www.style-heaven.com) und Rena Keller für ihre Sensibilität und Unterstützung bei Satz und Layout. Danke!

Und bei Mimi St. Clair bedanke ich mich aus tiefstem Herzen für die BodyBlessing Zeichnungen.

Ralf Lay, meinem Lektor, der wie immer Schliff und gute Gedanken zu jedem meiner Bücher schickt.

Ein herzliches Danke all denen, die in Workshops und Vorträgen das BodyBlessing ausprobiert und mir ihre Erfahrungen mitgeteilt haben. Besonders die »Aktiven« aus Facebook (Sabrina Fox Spirit). Danke auch den Leserinnen, die großzügig ihre Erlebnisse und Erfahrungen in diesem Buch mitgeteilt haben: Bea, Ute, Sabine, Carina, Marianne. Danke, dass ihr euch so viel Zeit genommen habt!

Ich bin sehr dankbar für die wunderbaren Freundschaften, die ich in meinem Leben habe, und möchte mich ganz besonders bei denen bedanken, die durch ihre Weisheit und Herzlichkeit mein Leben – und dieses Buch – bereichern: Neben meiner Mutter und meinen Schwestern Susanne und Renate bin ich in tiefster Dankbarkeit für meine Seelenschwestern Suzane Piela, Sheila Kenny, Sunny Swartz, Samantha Khury, Sheila Gillette, Sharon Walker und meine Seelenbrüder LD Thompson, David Rothmiller und Marcus Gillette.

Einen besonderen Dank meinen beiden Händen, die wirklich viel und wirklich schnell geschrieben haben. Und wie immer bedanke ich mich bei meinem Körper, ohne den ich diese Erfahrung nicht machen könnte. Danke.

Empfehlungen

Zur Lektüre (in alphabetischer Reihenfolge):

Anne Devillard: *Heilung aus der Mitte*, Osnabrück 2009
Masaru Emoto: *Die Botschaft des Wassers*, Burgrain 2002
Jonathan Safran Foe: *Tiere essen*, Köln 2010
Sheila und Marcus Gillette: *The Scul Truth: A Guide to Inner Peace*, Tarcher 2008
Rupert Isaacson: *Der Pferdejunge – Die Heilung meines Sohnes*, Frankfurt a. M. 2009
Byron Katie: *Lieben was ist. Wie vier Fragen Ihr Leben verändern können*, München 2002
Barbara Packl-Eberhart: *Vier minus drei – Wie ich nach dem Verlust meiner Familie zu neuem Leben fand*, München 2010
LD Thompson: *The Message: A Guide to Being Human*, Divine Arts 2011
Eckhart Tolle: *Jetzt! Die Kraft der Gegenwart*, Bielefeld 2000

Websites:

Sheila und Marcus Gillette (www.asktheo.com)
LD Thompson und David Rothmiller (www.ldthompson.com)
Zarathustra (www.zteachings.net)
Suzane Piela, Sacred Dying (www.suzanepiela.com)
Meine Massagetherapeutinnen Irmi Bauer (www.innerbalance.de) und Lucy Scibba (www.lucy-scibba.de)
Cacina Späth, EFT und Coaching (www.cacina-spaeth.com)
Mimi St. Clair, Coach, Künstlerin und »Mutter« der BodyBlessing-Zeichnungen (www.mimistclair.de)
Dr. Martin Gschwender, Arzt und Hormonexperte, München
Tamara Frühbeiss, Coaching (www.fruehbeiss.de)
Meine Alexander-Technik-Therapeutin (gesunde Körperhaltung) in München Jutta Hillebrand (www.jutta-hillebrand.de)

Ich traf Ulrike Tourneur (www.ganz-schoen-wichtig.de), als ich über das Gewicht schrieb; ihre Arbeit und sie selbst haben mich sehr begeistert.

Nick Vujicic (www.lifewithoutlimbs.org) wurde ohne Arme und Beine geboren, bei YouTube gibt es mehrere Videos von ihm, in denen er sein Leben erklärt.

Über Menstruationsschwämmchen (zum Beispiel Joydivison Soft-Tampons) finden Sie zahlreiche Websites, wenn Sie den Begriff in die Suchmaschine angeben.

Dasselbe empfehle ich auch für die Alexandertechnik.

Die elektromagnetische Matte, von der ich sprach, finden Sie auf www.Vita-Life.com.

Weitere Informationen, Downloads, Musik, Bücher und Skulpturen von Sabrina Fox unter: www.SabrinaFox.com oder www.bodyblessing.com. Oder unter Facebook: Sabrina Fox Spirit.

Über die Autorin

Sabrina Fox stammt aus München und begann als Sabrina Lallinger ihre berufliche Laufbahn als Fotoredakteurin der Zeitschrift »Bild+Funk«. Sie machte sich anschließend als Fotoreporterin selbstständig und arbeitete von 1984 bis 1994 für das deutsche Fernsehen. Unter anderem moderierte sie Sendungen für die ARD, das ZDF und SAT 1, wie z. B. das *Bayernstudio, Ein schönes Wochenende, Pink, Talentschuppen*. Sabrina Fox war die erste Moderatorin des Frühstücksfernsehens bei SAT 1 und moderierte nach ihrem Umzug nach Los Angeles (1988) die Sendungen *Wahre Wunder* und *Unter Einsatz ihres Lebens*.

In Los Angeles begann sie auch ein intensives spirituelles Training und schrieb unter anderem Bestseller wie »Die Sehnsucht unserer Seele« (Goldmann) und »Wie Engel uns lieben« (Droemer/Knaur). Sie absolvierte eine Ausbildung als staatlich anerkannte klinische Hypnosetherapeutin und studierte ab 1998 unter Jonathan Bickart Bildhauerei. Sie ist Mutter einer erwachsenen Tochter und lebt seit September 2005 wieder in München.

Ihre Bücher haben eine Gesamtauflage von über einer Mio. Exemplaren.

Bücher von Sabrina Fox:

»Wie Engel uns lieben« (Taschenbuch und Hardcover) – Droemer Knaur

»Der klitzekleine Engel« (Kinderbuch) – Aquamarin Verlag

»Der klitzekleine Engel hilft beim Abschied« (Kinderbuch) – Aquamarin Verlag

»Die Sehnsucht unserer Seele« – Goldmann Arkana (Random House)